# 古代歷史文化 研究輯刊

## 二二編

王明蓀 主編

# 第1冊

## 《二二編》總目

編輯部 編

## 九州考源

周運中 著

國家圖書館出版品預行編目資料

九州考源／周運中 著 — 初版 — 新北市：花木蘭文化事業有
限公司，2019〔民108〕
目 4+246 面；19×26 公分
（古代歷史文化研究輯刊 二二編；第 1 冊）
ISBN 978-986-485-895-8（精裝）
1. 歷史地名 2. 中國
618                                                          108011794

ISBN-978-986-485-895-8

9 789864 858958

古代歷史文化研究輯刊
二二編 第 一 冊                    ISBN：978-986-485-895-8

## 九州考源

作    者　周運中
主    編　王明蓀
總 編 輯　杜潔祥
副總編輯　楊嘉樂
編    輯　許郁翎、王筑、張雅淋　美術編輯　陳逸婷
出    版　花木蘭文化事業有限公司
發 行 人　高小娟
聯絡地址　235 新北市中和區中安街七二號十三樓
　　　　　電話：02-2923-1455／傳真：02-2923-1452
網    址　http://www.huamulan.tw 信箱 hml 810518@gmail.com
印    刷　普羅文化出版廣告事業
初    版　2019 年 9 月
全書字數　183016 字
定    價　二二編 25 冊（精裝）台幣 63,000 元        版權所有‧請勿翻印

# 《二二編》總目

編輯部　編

# 《古代歷史文化研究輯刊》
# 二二編　書目

# 《古代歷史文化研究輯刊》二二編
# 各書作者簡介・提要・目錄

## 第一冊　九州考源

### 作者簡介

　　周運中，男，1984 年生於江蘇濱海縣。南京大學學士，復旦大學博士，中國海外交通史研究會理事、中國百越民族史研究會理事。曾任廈門大學助理教授、中國南海研究協同創新中心研究員。著有《鄭和下西洋新考》（中國社會科學出版社 2013 年）、《中國南洋古代交通史》（廈門大學出版社 2015年）、《中國文明起源新考》（花木蘭文化出版社 2015 年）、《正說臺灣古史》（廈門大學出版社 2016 年）、《濱海史考》（江蘇鳳凰科學技術出版社 2016 年）等，發表論文百餘篇。

### 提　要

　　本書認爲不同的九州說源自不同地域人的地理觀，《禹貢》源自秦晉，《職方》源自燕趙，《容成氏》源自齊，《釋地》源自魯，《呂覽》源自秦，《地形》源自淮南。本書首次提出《禹貢》出自子夏學派，在戰國初年成書。本書認爲九州之名源自族名，青州源自秦晉方言的齊，豫州源自夏，梁州源自閩。本書認爲州原來是東方聚落，在晉地演變爲地區，戎狄的壓力是九州說產生的重要動力。洪水主要在東方大平原，九州說則是春秋時期爲宣揚大一統思想而寫成。九河原來是從今河南省散流，戰國秦漢時期逐漸向河北轉移。黃河的洪水可能經過浚縣之西，但是主流仍然應向東北流。碣石在今秦皇島和

綏中，《禹貢》記載經過碣石的道路是從遼寧航海到河北。東陵在今揚州宜陵，北江在揚州以東，南江在江南，這是《禹貢》作者眼中的三江。三江本義是吳越的三條江，因爲《禹貢》作者是西北人而誤解。九江主要在江漢平原，也可能延伸到今九江以北。彭蠡澤包括彭澤、蠡澤（雷池），源自彭氏、雷氏。奚養澤在今海陽，嵎夷在膠東。豬野在今固原，三危在河湟，弱水是清水河，渠搜在今武威。蔡山是古邳峽山，西傾是西羌。荊州北界荊山是今伏牛山，陪尾山在江淮之間。孤桐是梧桐，嶧山源自音樂。暨魚是貝類，包是柚。

# 目　次

## 第二、三冊　秦漢歷史地理考辨

### 作者簡介

　　周運中，男，1984 年生於江蘇濱海縣。南京大學學士，復旦大學博士，中國海外交通史研究會理事、中國百越民族史研究會理事。曾任廈門大學助理教授、中國南海研究協同創新中心研究員。著有《鄭和下西洋新考》（中國社會科學出版社 2013 年）、《中國南洋古代交通史》（廈門大學出版社 2015年）、《中國文明起源新考》（花木蘭文化出版社 2015 年）、《正說臺灣古史》（廈門大學出版社 2016 年）、《濱海史考》（江蘇鳳凰科學技術出版社 2016 年）等，發表論文百餘篇。

### 提　要

　　本書考證秦漢地理諸多問題，高闕在狼山，陰山北假中在今固陽。西河郡西北界在黃河之西，上郡西北界在今鄂托克前旗。鉅鹿之戰關鍵地點棘浦是今雞澤縣的雞丘，劉邦入漢中的褒中誤爲蝕中，垓下在今靈璧縣南，湖陽即固陵，假密即高密，百二是一百二十的簡稱。古盱眙在今縣東北 25 里，張楚是楚方言的大楚，海昏源自海氣昏，臨淮海賊源自古長江口北的長洲。犍爲郡最早治所鄨縣在今桐梓，又西遷南廣、僰道。五尺道在今邛崍、漢源間，不在宜賓、昭通間。夜郎國在今黔西南，是越人建立。陸梁是越語的河谷平地，秦軍在嶺南最早是沿河谷推進。趙佗北侵服嶺是符靈岡，在今富川、江永交界。長沙馬王堆《地形圖》南嶺唯一缺口在此，未畫今江永縣西南的謝沐縣，因爲此縣被趙佗佔領。《駐軍圖》漢軍集中在今江華縣東，因爲趙佗通過賀江北進，瀟賀道是重要通道。西漢蒼梧郡越過嶺北的是謝沐、馮乘縣，因爲長期被南越佔領。秦代象郡在今廣西，前人未發現《淮南子》說秦南界在桂林郡。漢初的南海國在今梅江流域，內遷到贛南。西漢滅閩越的出發地梅嶺在今浦城西北，白沙在今資溪東北，武林在今鉛山南。東甌內遷到江西，閩越則北遷到很多地方。本書重新考證秦三十六郡，漢武帝設刺史部在元封元年而非五年。

### 目　次

**上　冊**

# 第四、五冊　拓跋政權的政治與社會認同

## 作者簡介

　　羅文星，出生於桃園縣新屋鄉，在春耕夏耘秋收冬藏的時序中成長。自桃園農工機械工程科畢業，轉彎考入中國文化大學史學系。知識學術氛圍的薰陶下，逐漸專注於中國中古史，並考入文化大學碩士班研修。進入中正大學歷史系博士班階段，從學於雷家驥老師與毛漢光老師，在學術各層面得到充實的學習，確立以北朝史作為邁向學術研究的起始領域。生命中各式風景與廣泛教學經歷的影響，促使研究上儘量全面掌握歷史文化的脈動與完整性，這本書就是一個嘗試性的開始。

## 提　要

　　拓跋政權從北方草原逐步南下，終於在中原建立北魏帝國，過程中最大困難在胡漢民族間的文化差異，本文進一步從政治與社會認同的角度加以討論。

　　雖然部落的傳統力量在拓跋政權轉型過程中造成阻力，但北魏拓跋政權仍優先認同所屬的游牧部落群體及其文化系統，以維持政權穩固與擴張。進入中原以後，北魏政治力難以介入具強大凝聚力與認同感的漢人社會與士族群體。因此，北魏在政治上遂形成穩定的胡漢民族參與政權管道並以官爵機制來延續雙方的地位，由此來平衡政權的權力基礎並凝聚政治認同。在社會上以聯姻方式整合漢族門第的社會力量，並以各種方式整合各地方的勢力，試圖建立具一致性的社會認同。在密切的接觸、整合過程中，能發揮潛隱而穩定的效果，創造出相當程度跨民族的政治與社會認同。然而，當從中原深具傳統的士族立場觀察北魏的發展時，使其遭遇相當的挑戰。士族憑藉知識文化的優勢與創造的價值，逐步在政治與社會領域滲透、擴展而形成不小的力量，終於促使高祖突破胡族部落傳統與限制而進行政治社會體的全面改

革。因此，北魏拓跋政權政治與社會認同的凝聚塑造過程中，實已融匯了漢人士族所承載、實踐的傳統文化。

## 目 次

### 上 冊

### 下 冊

# 第六、七冊　六朝「大地」之多元思想及其詮釋

## 作者簡介

　　林敏勝，臺中市人，國立清華大學歷史學博士，高等考試文化行政科及格，歷任教育部國教署、行政院農業委員會水土保持局、臺南縣政府文化處、臺中市政府新聞局、彰化縣政府教育處、新聞處等機關。研究領域為六朝園林與農學、方志與地理學、宇宙論與陰陽五行、風水學說等。公務之餘，應邀於公私立大學通識教育中心兼課任教。

## 提　要

　　中國自古幅員遼闊，黃河、長江兩大流域及其水系，及秦嶺、南嶺等山脈險阻，各地區的土壤、氣候、物產及民俗風情不同，分割出若干的區域，因而中國自古即出現「多元文化」的現象。由於地理環境、自然條件及歷史文化的影響，及南北的分裂割據與民族間的遷移轉徙，使得六朝時期，南北地區發展出不同的特徵與表現，其政治、經濟、社會、宗教、學術思想及風俗習慣等，受到「地域環境」之影響，導致不同層面的文化現象，帶有鮮明的南北地域的差異。

　　六朝「大地」思想的淵源來自於《漢書・地理志》與《淮南子・地形訓》，象徵著官方地理學與私家地理志兩大系統，內容上涵涉行政區、地方志、農學、園林、天文、宇宙論、風水、陰陽五行等多元範疇。

　　本書於第 2 章及第 3 章，闡述地理學、園林、農學與「大地思想」之關係，揭櫫農耕之施肥、播種與收割，園林的興造與佈置，歌詠山水及土地息息相關；佛道莊老之思想滲透，使得士人以接近自然山水為樂；文藝風潮之變革，使得六朝藝術以寫繪山水大地為標榜；受到戰禍延宕之影響，使得人們對於土地之感情更加濃厚，對於墾荒闢地與保鄉衛民，有功於鄉里之賢者事蹟亦備受讚頌。

　　本書於第 4 章及第 5 章，闡述宇宙論、陰陽五行、風水學說與「大地思想」之關係，透過分析宇宙論爭之辨證，深化六朝對於天地觀察之見解，觀星、分野、與陰陽五行學說的交融解釋，使得六朝瀰漫著星占制君的機制；而六朝對於天、地、人、靈、氣、宇宙之對應探究，重視宇宙與大地之中諸氣的轉化與感應，且常參附陰陽五行作為預測吉凶與災異祥瑞的徵示。六朝時期對於環境的選擇尤重視親水土、慎擇居、護生命等細膩的環境思考，經營環境中的風與水的配置關係。

　　中國自東漢末年起四百年間，政治與社會上起了重大變局，時代思想亦在此時爲因應變局而起了蓬勃的發展。六朝「大地」思想承襲先秦兩漢的思想脈絡，起了嶄新的詮釋。分佈在地理學、園林與農學、宇宙論與陰陽五行、風水學說等四大領域之間，透過類似的「語彙」與同理類推的「知識」，互相串連，建構彼此之間的對話空間，凡此種種，皆可見六朝「大地」思想之多元樣貌。

## 目　次

# 第八冊　五代遼宋西夏金邊政史

## 作者簡介

　　周峰，男，漢族，1972 年生，河北省安新縣人。中國社會科學院民族學與人類學研究所研究員，歷史學博士，碩士生導師。主要從事遼金史、西夏學的研究。出版《完顏亮評傳》《21 世紀遼金史論著目錄（2001～2010 年）》《西夏文〈亥年新法‧第三〉譯釋與研究》《奚族史略》《遼金史論稿》等著作 11 部（含合著），發表論文 90 餘篇。

## 提　要

　　五代遼宋西夏金時期是繼南北朝之後，中國歷史上又一次大的分裂時期，與統一王朝面臨的邊政問題也有不同的一面，由於這些政權周邊都有多個政權相鄰，因而邊政更為複雜。本書力圖對於這一時期的邊政給與一個概括性的梳理，按照時代順序分為五代、遼朝、宋朝、西夏、金朝五編，對於各個政權的疆域、治邊機構、治邊思想、治邊措施、邊疆發展等進行介紹。

## 目　次

# 第九冊　鄭和下西洋續考

## 作者簡介

　　周運中，男，1984 年生於江蘇濱海縣。南京大學學士，復旦大學博士，中國海外交通史研究會理事、中國百越民族史研究會理事。曾任廈門大學助理教授、中國南海研究協同創新中心研究員。著有《鄭和下西洋新考》（中國社會科學出版社 2013 年）、《中國南洋古代交通史》（廈門大學出版社 2015 年）、《中國文明起源新考》（花木蘭文化出版社 2015 年）、《正說臺灣古史》（廈門大學出版社 2016 年）、《濱海史考》（江蘇鳳凰科學技術出版社 2016 年）等，發表論文百餘篇。

## 提　要

　　本書在作者此前出版的《鄭和下西洋新考》基礎上，繼續研究鄭和下西洋的若干問題，包括宋元時期中國航海史基礎、鄭和下西洋與中外交流、鄭和下西洋文獻研究、疑點辨析、研究史和譯文等。發掘了前人很少關注的新史料，包括《混一疆理歷代國都之圖》、《異域圖志》、《馬來紀年》等，指出了馬來文獻用閩南語記載鄭和的名字，提出了真假滿剌加國王的新觀點，還提出阿拉伯人在中世紀發現澳大利亞的新觀點。對《三寶太監西洋記通俗演義》、《海道經》等傳統資料有新考證，考證了《鄭和航海圖》龍牙門航線。研究了寶山烽堠碑、東山鄭和碑、新發現鄭和佛經等文物，還通過考察《鄭和航海圖》上的海南文昌銅鼓嶺海港，發現古代外銷瓷器的遺物。還考證了羅振玉對鄭和下西洋研究的價值，附有英國人菲利普斯研究《鄭和航海圖》的譯文。

## 目　次

# 第十、十一冊　明代北邊衛所城市平面形態與主要建築規模研究

## 作者簡介

段智君，博士畢業於清華大學建築學院建築歷史與理論專業。長期從事建築歷史、理論、設計以及文化遺產保護研究。現任教於北京工業大學建築與城市規劃學院、北京市歷史建築保護工程技術研究中心。

趙娜冬，天津大學建築學院副教授，博士畢業於清華大學建築學院建築歷史與理論專業。

## 提　要

明代北邊有軍事衛所建置的城市是明代建城活動中的重要組成部分，也是明代城市史建築史研究中不可或缺的一環。本文主要從城市平面形態與主要建築規模兩方面，根據明清地方史志，對北邊衛所城市的有關建成結果和營建規制進行研究。首先對各地區衛所城市體系形成過程的有關史實加以梳理，明確主體是在洪武永樂朝（1368～1424年）創設成型，至嘉靖隆慶朝（1522～1572年）調整完善完成。在此基礎上，廓清北邊衛所城市群作爲戰備防禦整體，需要形成一個適應交通應援的城市體系，其正常運行是建立在相應地區內城市分佈有序、距離適當的基礎之上，進一步討論了各地區衛所城市體系的平面分佈狀況和城市主要建築的規模。

## 目　次

## 上　冊

# 第十二冊　清代士人的生活世界——關於三位士人日常生活的研究

## 作者簡介

張博，男，1985 年生，山西省太原市人，現任職於中北大學人文社會科學學院，主要研究領域為明清社會史，在《中華醫史雜誌》《青海民族研究》等國內期刊公開發表論文數篇。

## 提　要

　　本書以竇克勤《尋樂堂日錄》、胡具慶《甲初日記》《庚復日記》和李棠階《李文清公日記》等史料爲中心，嘗試論述同一歷史時期不同階段的士人生活。三位士人的生活歷經清代的草創、穩步上升以及末期的亂世階段，他們推崇理學，執著於舊有道德系統，排斥佛、道及一切具有神秘主義色彩的「異端邪說」；他們注重儀禮實踐，強調秩序，並以此區別於「愚夫愚婦」；他們以脫離體力勞動，消費文化產品，注重穿著品味，處事客觀公道來彰顯自我。然而，自明末以來形成的儒、釋、道三教合一潮流強烈影響他們的日常生活，宗教世俗化的強力漩渦使他們深陷其中，無力自拔。

　　書寫並收藏日記，本即士人生活的重要內容，而文本敘述又強烈塑造了著者自身。今天我們讀到的日常，便是當事者透過文本，有意無意嘗試向我們表述的生活。討論學術並定期自省往往是日記行爲的開端，隨著持續深入，記錄內容漸次豐富多元，士人群體也可能因日記互動形成良性的交際網絡。在日記的創作過程中，著者擇優而錄，時長日久，對自我的感知也遊走在亦真亦幻之間。

## 目　次

# 第十三冊　清代新疆文人的閒適生活與人生境界

## 作者簡介

　　徐溪，1977 年生。副教授，山東大學文學博士，浙江大學亞太休閒教育研究中心博士後。研究領域爲清代休閒文化、茶藝與茶文化。作者致力於中國傳統休閒方式、休閒智慧與休閒境界對當代邊疆休閒美學引領的研究。在高校教學崗位積澱十二年，從事嶺南文化、茶藝與茶文化等人文素養課程的教學。國家一級茶藝技師，國家一級評茶技師，國家茶藝師考評員。在《西域研究》等期刊發表學術論文二十餘篇。

## 提　要

　　中國素有崇尚閒適人生的傳統，中國文人有著嚮往悠閒的浪漫情懷。古代文人無論入世與歸隱，始終將「品味閒適」視作至高境界的精神追求。文人對休閒的追求其實是一種「境界」的追尋。清代新疆文人在品閒的雅趣中感悟出人生境界，這種休閒思想與內地文人同質，但又具有地域的獨特性與創造性。

　　本書的研究從分析休閒文化產生的基礎、梳理有閒的遣官群體、考證文人的休閒方式、歸納文人的休閒境界等方面逐一展開。清代新疆文人對「閒」的消解最終都將回歸到內心的淡泊寧靜與生命的匯聚交融。中國古典哲學強調個體生命與心靈的和諧相處之道、人與自然和諧相處之道、人與人之間和諧相處之道。清代新疆文人休閒文化的核心思想是「和諧」，「和合生一」濃縮了文人對休閒的體認、心態和踐行。

　　雖然清代新疆文人的休閒遠不及京城、江浙地帶文人休閒的精緻與藝

術，但這在新疆已開先河，更帶動了清代新疆休閒文化的繁榮。探究清代新疆精英階層的休閒方式、休閒智慧與休閒境界，對於矯正當代休閒生活的異化，促進新疆各民族多元文化的和諧發展有著極其深遠的意義。

## 目　次

# 第十四冊　晚清海關年度貿易報告與西方經濟思想的輸入

## 作者簡介

　　鄭元，男，1982 年 2 月出生，河北石家莊人，祖籍山西五臺。河北師範大學歷史學博士，現就職於石家莊職業技術學院馬克思主義學院，講師。2007 年考入河北師範大學歷史文化學院，攻讀中國近現代史專業碩士研究生。2010 年在河北師範大學歷史文化學院攻讀中國近現代史專業博士研究生。在攻讀碩博期間，皆師從王宏斌教授，從事晚清經濟史方向的研究。其博士論文爲《晚清海關年度貿易報告與西方經濟思想的輸入》。本書由其博士論文修訂而成。

## 提　要

　　海關貿易報告是由近代海關造冊處負責編輯、校對、印刷、出版、發行的一類重要經濟資料。報告通過統計數據、文字描述和繪圖等形式，介紹了中國對外貿易的基本情況。貿易報告因其種類繁多、數據權威、內容廣泛，對研究近代中國經濟及社會狀況有著十分重要的價值。

　　在各種形式的海關貿易報告中，年度貿易報告是非常重要的一種。它主要通過文字描述的方式介紹各年對外貿易的基本情況，並對一些重要經濟問題進行分析。由於近代中國海關一直是洋人管理，所以貿易報告主要由外籍人士負責撰寫。撰寫者的很多經濟思想也就反映在了報告之中。因此，近代海關年度貿易報告成爲西方經濟思想輸入中國的一個重要渠道，同時也是這些經濟思想在付諸於中國經濟實踐的一個重要成果。

　　本書以晚清時期的海關年度貿易報告爲研究對象，從經濟思想角度對其進行文本解讀，主要從貿易平衡思想、貨幣思想和改善貿易條件三個方面進

行探討，力圖通過本書的研究，使我們能夠弄清晚清海關年度貿易報告在對中國的經濟問題進行分析時，都運用了哪些西方經濟思想，如何通過這些西方經濟思想來分析近代中國的經濟問題，從而對貿易報告有一個更加全面的認識，並給予它一個合理的評價。

## 目　次

## 第十五冊　趙舒翹年譜

### 作者簡介

　　閏強樂，陝西西安人，中國政法大學法學院博士研究生，本科、碩士畢業於蘭州大學歷史文化學院，研究領域，中國法律史。

## 提　要

　　趙舒翹（1848～1901）是晚清政壇的一位重要人物，歷任安徽鳳陽知府、浙江溫處道、浙江按察使、浙江布政使、江蘇巡撫、刑部左侍郎、刑部尙書、軍機大臣。因庚子事變被指爲「禍首」之一，下令「自盡」。任職刑部時著有《提牢備考》，亦是中國法制史「陝派律學」的重要人物。其人治學交遊，授業於關學大儒柏景偉，與劉古愚私交甚密，於《易》研究頗有心得，可見亦爲關學之一代表人物。本文是在民國陝西王步瀛所編《愼齋年譜》基礎之上充分吸收《愼齋文集》、《愼齋別集》、與趙氏往來先賢文集、相關檔案資料增補而成的新年譜。附錄整理趙舒翹任職提牢廳主事所著《提牢備考》，趙舒翹相關傳記資料。此年譜的寫作對於趙舒翹、晚清政治、「陝派律學」、關學的研究具有一定的參考價值。

## 目　次

# 第十六冊　晚清「蠻防」研究

## 作者簡介

　　王振（1985～），男，山東泰安人。2003 年到 2011 年，求學於山東師範大學，獲文學學士學位和中國史碩士學位。2012 年到 2016 年，求學於河北師範大學歷史文化學院，獲中國史博士學位。2016 年 7 月，於商洛學院任教，現爲商洛學院思想文化研究所講師。目前，承擔陝西省教育廳課題 1 項，參與河北省和陝西省廳局級以上課題多項，在《蘭州學刊》、《北京檔案》和《中國社會科學報》等刊物發表論文 10 餘篇。

## 提　要

　　在清王朝的天下觀念中，「蠻」既指王朝版圖以內的西南各少數民族，也

包括傳統習慣線以外的緬甸、越南等藩屬國，故「蠻防」包括內防和邊防兩個層面。清代「蠻防」之邊防則主要是指中越邊防和中緬邊防。1840 年後，中越、中緬宗藩關係趨向終結，清王朝依託宗藩體制構建的「以藩爲屏」的邊防體系在「蠻疆」徹底瓦解。隨著中越、中緬勘界工作的進行，清政府不得不面對以強爲鄰的地緣安全現實。1885 年前後，清政府依靠雲貴總督岑毓英和廣西提督蘇元春等封疆大吏在「蠻疆」推進綠營裁整，編練練勇及新軍，購置新式槍械，修整邊防炮臺，開辦軍事學校，還大力推進邊疆新政，以移民實邊、興辦近代工業、振興商業、舉辦近代教育和籌建鐵路，將「蠻疆」開發推進到一個新高度。「蠻防」安全應當構建在蠻防建設、蠻疆控制和「蠻疆」開發良性互動的基礎之上。1840 年後，清政府在「改土歸流」中構建的蠻防安全機制在內憂外困的國家頹勢及由此帶來的地緣安全危機中出現問題後，又在 1885 年後的蠻防建設、蠻疆新政和蠻疆開發中在近代化的軌道上進入到一個艱難的重建和調適過程中，對「蠻防」安全和「蠻疆」穩定產生了重大歷史影響。

## 目 次

# 第十七冊　幽燕畫卷——北京史論稿

**作者簡介**

周峰，男，漢族，1972 年生，河北省安新縣人。中國社會科學院民族學與人類學研究所研究員，歷史學博士，碩士生導師。主要從事遼金史、西夏學的研究。出版《完顏亮評傳》《21 世紀遼金史論著目錄（2001～2010 年）》《西夏文〈亥年新法・第三〉譯釋與研究》《奚族史略》《遼金史論稿》等著作 11 部（含合著），發表論文 90 餘篇。

范軍，女，漢族，1967 年生，山東省臨沂市人。北京市文物局老城保護處處長，副研究館員。主要從事文物博物館學、北京史的研究，出版有《金章宗傳》（合著），發表論文 10 餘篇。

**提　要**

本書收錄兩位作者 20 年來撰寫的有關北京史的論文與文章，其中除了《關於金中都北城牆光泰門的問題》《金代嚴行大德閑公塔銘考釋》兩篇外，其他均已公開發表。按所涉及的範圍可分三組：一組是遼金北京史諸問題，其中主要有遼南京和金中都的概略性介紹以及金章宗與北京等內容；一組是北京地區的碑刻、墓誌考述與介紹，以遼金時期為主，也有跨越明、清、民國的永定河碑刻；第三組是關於元明清北京史諸問題，有關於阿尼哥、花鄉、二閘、謠諺等。涿州雖然現在不在北京市行政區劃範圍內，但歷史上是大北京（順天府）的一

部分，因此《史道與明代涿州史氏家族》一文收入本書也沒有問題。

## 目　次

## 第十八冊　揚州歷史考古探微

### 作者簡介

　　余國江，安徽廣德人。畢業於南京大學歷史學系考古專業。現工作於揚州城大遺址保護中心，業務部主任。在《東南文化》《故宮博物院院刊》《中國國家博物館館刊》等核心刊物上發表論文多篇。研究方向：漢唐歷史與考

古，揚州地方歷史文化。

## 提　要

　　國學大師錢穆先生曾據清人龔自珍《己亥六月重過揚州記》而有一段議論，云：「揚州一地之盛衰，可以覘國運。」縱觀中國古代史與揚州城市文化變遷，此言可謂不刊之論。關於西漢、隋唐、清代等揚州繁華時期的研究著作、論文已經頗豐，而對六朝、五代等時期的研究則尚待深入。大量考古資料的公佈和研究，更有補史、證史、糾謬之作用。本稿收錄十餘篇文章，勒爲歷史、考古、資料三編，涉及歷史考述、文物研究、史料輯考等方面。餖飣短篇，雜而輯之，希望對先秦至唐宋時期的揚州歷史考古研究有襲績補苴之參考價值。

## 目　次

# 第十九冊　明清天津地區教育狀況研究

## 作者簡介

姓名：張麗敏。性別：女。出生年月：1982 年 2 月。籍貫：山東省萊蕪市。

教育經歷：2006 年 9 月至 2008 年 6 月（碩士）

所在院校：南開大學，院系：高等教育研究所，專業：教育學原理

2008 年 9 月至 2011 年 6 月（博士）

所在院校：南開大學，院系：歷史學院，專業：中國古代史，研究方向：明清文化史。

工作經歷：2011 年 7 月至今，在南開大學圖書館古籍特藏部工作。

發表論文：《明清天津地區教育生態環境初探》，《南開學報》（增刊），2010
年 4 月。《論明代科舉制中的公平理念》，《明史研究》第十一輯，2010 年 6 月。
《明清天津鹽商與教育發展》，《南開學報》（增刊），2011 年 4 月。《〈明實錄〉
功臣卒時記載研究》，《文史》，2016 年第四輯。

## 提　要

教育是一種培養人的社會活動，在中國古代社會，教育更是作爲「化民
成俗」的有效方式被歷代統治者所重視。在小農經濟獲得了普遍發展，工商
業也較發達的明清時期，教育較之前朝有了飛躍發展。而此時的天津，作爲
拱衛京師的重要城市，其教育發展自然突飛猛進。明永樂年間，天津設衛後，
行政地位不斷加強，爲教育的發展鋪平了道路，使得天津教育在進入清代以
後獲得了長足發展，並在乾嘉時期達到鼎盛。而教育日益興盛的背後，則是
各種生態環境的作用與影響。因此本文在展現明清天津地區教育全貌的基礎
上，力求運用教育生態學的理論，闡釋天津教育與生態環境之間的關係。

本文共分爲八章。

第一章緒論，主要是對前人研究進行回顧，並對本書的選題依據、研究
意義、方法及概念界定等相關問題加以說明。

第二章介紹明清以前天津地區的教育發展狀況，並按照歷史發展順序將
之劃分爲七個不同的歷史階段，分別加以敘述。

第三章從自然地理環境、文教政策環境、經濟環境、人文環境等方面探
討明清時期天津地區的教育生態環境。

第四章以天津衛城及附近地區的教育發展狀況爲研究對象，通過對儒
學、武學、商學、屯學、書院及蒙養教育的分別敘述，來展現此地區的教育
全貌。

第五章以衛城及附近地區以外的天津其他地區的教育發展狀況爲研究對
象，通過對儒學、書院及蒙養教育的分別敘述，來展現此地區的教育全貌。

第六章論述明清時期天津地區的主要教育成就。

第七章總結明清時期天津地區教育發展的特點。

第八章探討明清天津教育發展的啓示，著重從教育生態環境對教育的作
用入手，分別從經濟環境、政策環境、人口與社會需求、官員及鄉紳等方面
得出可供今日發展教育參考的諸多啓示，並在最後論述教育對其他社會事業
的作用和影響。

# 目 次

# 第二十冊　天津農業研究（1368～1840）

## 作者簡介

　　張磊，男，1982 年出生，河南省羅山縣人，漢族。2012 年畢業於南開大學，獲歷史學博士學位，研究方向爲明清史、區域史。現爲廊坊師範學院社會發展學院歷史系助理研究員。

## 提　要

　　明清兩代是天津城市興起和發展的重要歷史時期。天津城市的崛起與其京師門戶、漕運咽喉的獨特地理位置密切相關，也深深受到本地鹽業、農業等產業經濟發展的影響。本書以明清時期天津地區的農業生產活動爲考察對象，聚焦其涉及的生態環境、科學技術、土地開發、田制與經營方式、賦役、農業災害等方面，力圖勾勒出天津農業生產的基本輪廓。

## 目　次

# 第二一冊　李景星《史記評議》研究

## 作者簡介

　　黃羽訛，2012 年畢業於臺灣大學文學院中國文學研究所，著有《李景星《史記評議》研究》。

## 提　要

　　《史記評議》匯集了李景星《史記》研究的成果，內容包含分析《史記》文章的主旨與組織布局、司馬遷對歷史人物與事件的評論、《史記》闕漏增補的問題、論贊的內容與作用、對《史記》記載的考據與修訂。

　　李景星不僅是一位學識豐富的學者，更是熱心辦學的教育家。出於傳道、授業、解惑的教育熱誠，李景星《史記評議》除了處理歷來《史記》研究學者關注的議題，也指出《史記》中值得學者學習的作文述史的方法與價值判斷。

　　本文歸納李景星《史記評議》對《史記》的分析與評論，探討李景星如何理解司馬遷著作的用心與立意，指導讀者學習司馬遷作文述史的方法。期望能透過這篇論文，更深刻地瞭解《史記》之內容與旨趣，以及尋繹李景星《史記評議》的真知灼見與錯誤疏漏。

## 目　次

# 第二二、二三冊　黃慎的書畫藝術研究

## 作者簡介

陳源麟，1971 年出生於桃園

學歷：國立台灣藝術大學美術系，國立台灣藝術大學書畫藝術學系碩士，青溪國中美術教師。

## 提　要

　　本文主旨探討黃慎的繪畫與書法；清代揚州八怪，以求新求變，抒發個人情思，強調自我藝術風格，開創清代繪畫的新氣象。揚州八怪中的黃慎，以當時一般畫家較少入畫之題材創作，突破文人畫取材局限，在人物、山水、花鳥、走獸成就均可觀，尤以人物畫在揚州八怪中可稱冠，其草書亦有一番情趣。本文先就黃慎的繪畫與書法作品圖錄收集歸納彙整，編號製表，有紀年作品編爲附錄一，無紀年作品編爲附錄二，再將同類作品做一比對，試釐清黃慎各時期書畫風格轉變。

　　本書以五個章節來探討黃慎的繪畫與書法。第一章主要是說明引發研究黃慎的書畫藝術動機、目的、方法與主要引用資料內容分析。第二章是針對黃慎生平事略、交遊情形、墨緣傳承與繪畫事業開展過程作一彙整。第三章黃慎創作大觀，依畫作題材內容分類探討，圖文並列，將每類題材表現特色，作一歸整。第四章以黃慎的美學觀、筆墨線質變化、構圖造型探討其創作理念與藝術風格。第五章爲本文的結論。

## 目　次

# 第二四冊　閩東傳統民居大木作研究——以福州地區 梧桐村爲實例

## 作者簡介

　　黃曉雲，北京理工大學設計與藝術學院教師。主要研究方向：建築設計及其理論研究，中國傳統建築研究。1976 年生於福建。1999 年畢業於北京建築工程學院建築學專業。中央美術學院建築學院碩士、博士。

## 提　要

　　本課題通過對閩東傳統民居中典型的古村落——福州市羅源縣飛竹鄉梧桐村的建築進行測繪，並結合大量其他村落市鎮民居的實地調研；從歷史文獻梳理、實測數據分析兩方面入手，對閩東民居的大木作做深入研究。在對梧桐古村落的建築本體進行詳實考察基礎之上，將之置於歷史與地理的座標中觀察研究。一方面研究閩東民居大木作的歷史沿革，發展脈絡，分析中原文化傳入與建築發展的關係，通過大量的實地調研找到一些有利證據，論證了閩東居民如何從唐宋與中原相似的形制發展到明清時獨具特色；另一方面進行地域間的比較研究，通過與閩東地區內部的民居以及其他地域相似民居和不同民居的一系列　比較，發現閩東民居大木作的眞實面貌和獨特之處。

## 目　次

# 第二五冊 西王母信仰研究

## 作者簡介

黃勇，男，博士，四川大學文學與新聞學院教授，四川大學中國俗文化研究所專職研究人員。曾任韓國東國大學中文系校際交換學者，韓國延世大學中國研究院客座教授。主要研究方向爲中國古代文學、道教文學、中國宗教文化，近年來主研方向爲韓國道教史。出版過《道教筆記小說研究》等多部著作，在《世界宗教研究》《宗教學研究》《道家文化研究》《四川大學學報》

《韓國研究論叢》《淵民學志》《道教文化研究》等中國及韓國學術期刊發表論文三十餘篇。

## 提　要

　　西王母是中國宗教史上最早出現的神靈之一，也是迄今為止仍然對中國人的信仰世界有著重要影響的古老神祇。西王母信仰的來源撲朔迷離，眾說紛紜。雖然甲骨文中已出現「西母」，但是此「西母」是否即西王母，則難以確定。在眾多戰國文獻中出現了許多關於西王母神話的記載，此類神話大體可分為宗教化、歷史地理化、哲理化和祥瑞化四種類型，由此奠定了西王母神話的四種發展模式。四種發展模式中，宗教化發展模式在西王母神話的後世發展中佔據主流地位，且融攝了其他幾種發展模式，西王母神話從而逐漸發展演進為一種宗教信仰。自西漢初年起，西王母神話的內容不斷擴充，並且開始與神仙信仰合流，發生了神仙化轉型。西漢末期，民間社會出現了以西王母崇拜為核心的大規模群眾性宗教運動，預示著西王母神話此時已正式演進為西王母信仰。在漢代，西王母信仰和神仙信仰雖然密切相關，但是，同期流行的原始道教卻對其保持疏離態度。漢魏以降，隨著道教的進一步發展與成熟，以神仙思想為紐帶，道教開始吸收並改造西王母信仰，西王母信仰由此融入道教，西王母也演變為道教尊神。唐宋以來，西王母信仰逐步開始走向世俗化發展方向，並且與一些新興的民間宗教相融合，從而在民間社會產生了更為廣泛且深遠的影響。

## 目　次

# 九州考源

周運中　著

## 作者簡介

周運中，男，1984 年生於江蘇濱海縣。南京大學學士，復旦大學博士，中國海外交通史研究會理事、中國百越民族史研究會理事。曾任廈門大學助理教授、中國南海研究協同創新中心研究員。著有《鄭和下西洋新考》（中國社會科學出版社 2013 年）、《中國南洋古代交通史》（廈門大學出版社 2015 年）、《中國文明起源新考》（花木蘭文化出版社 2015 年）、《正說臺灣古史》（廈門大學出版社 2016 年）、《濱海史考》（江蘇鳳凰科學技術出版社 2016 年）等，發表論文百餘篇。

## 提　　要

　　本書認爲不同的九州說源自不同地域人的地理觀，《禹貢》源自秦晉，《職方》源自燕趙，《容成氏》源自齊，《釋地》源自魯，《呂覽》源自秦，《地形》源自淮南。本書首次提出《禹貢》出自子夏學派，在戰國初年成書。本書認爲九州之名源自族名，青州源自秦晉方言的齊，豫州源自夏，梁州源自閬。本書認爲州原來是東方聚落，在晉地演變爲地區，戎狄的壓力是九州說產生的重要動力。洪水主要在東方大平原，九州說則是春秋時期爲宣揚大一統思想而寫成。九河原來是從今河南省散流，戰國秦漢時期逐漸向河北轉移。黃河的洪水可能經過浚縣之西，但是主流仍然應向東北流。碣石在今秦皇島和綏中，《禹貢》記載經過碣石的道路是從遼寧航海到河北。東陵在今揚州宜陵，北江在揚州以東，南江在江南，這是《禹貢》作者眼中的三江。三江本義是吳越的三條江，因爲《禹貢》作者是西北人而誤解。九江主要在江漢平原，也可能延伸到今九江以北。彭蠡澤包括彭澤、蠡澤（雷池），源自彭氏、雷氏。奚養澤在今海陽，嵎夷在膠東。豬野在今固原，三危在河湟，弱水是清水河，渠搜在今武威。蔡山是古邾嶧山，西傾是西羌。荊州北界荊山是今伏牛山，陪尾山在江淮之間。孤桐是梧桐，嶧山源自音樂。暨魚是貝類，包是柚。

# 目

# 次

# 前　言

　　上古的九州學說，不限於《禹貢》，還有《職方》、《呂氏春秋》、《爾雅》、《容成》、《地形》諸書，但是以《禹貢》最有名。顧頡剛、劉起釪的《尚書校釋譯論》一共四冊，《禹貢》一篇就佔了第二冊一半多的內容，也就是說全書八分之一在解釋《禹貢》一篇，可見《禹貢》非常重要，前人非常重視。古人的《禹貢》研究著作非常多，但是很多古代著作受到時代限制，因而難以獲得突破。今人的著作以《尚書校釋譯論》搜羅最詳，但是很多時候是羅列或調和前人說法，結合的學科太少，所以也未能破解很多問題。

　　今人忽視《禹貢》與古人重視《禹貢》形成鮮明對比，近一百年來的《禹貢》研究專著不過五六部，〔註1〕不及古代《禹貢》研究專著的九牛一毛。而且近四十年來的《禹貢》研究專著僅有兩部，可見《禹貢》的研究完全沒落了。今天有不少學者自稱是《禹貢》傳人，但是從來不研究《禹貢》，這不是絕大的諷刺嗎？因為學者們長期不研究《禹貢》，今天我們常見的《尚書》研究著作和普及讀物，往往在《禹貢》的注釋中仍然沿襲前人的很多錯誤。有的錯誤從漢代以來延續了兩千多年，必須糾正。

　　本書前四章研究九州說產生的地域、時代和州名、州制的由來，第五章以下八章考證具體地名、族名，糾正三十多處，包括：

　　冀州：降水、桓水、衛水、大陸澤、碣石

---

〔註1〕　尹世積：《禹貢集解》，上海：商務印書館，1941 年、1957 年。辛樹幟：《禹貢新解》，農業出版社，1964 年。王恢：《禹貢釋地》，臺北：商務印書館，1971年。李長傅：《禹貢釋地》，中州書畫社，1983 年。高師第：《禹貢研究論集》，上海古籍出版社，2006 年。

兗州：灉水、沮水、九河

青州：奚養澤、嵎夷

徐州：嶧陽、孤桐、暨魚

揚州：三江、彭蠡澤、陪尾山

荊州：荊山、沱水、潛水、內方山

豫州：大伾山、外方山

梁州：黑水、沱水、潛水、蔡山、西傾、和夷

雍州：黑水、豬野澤、弱水、三危山、惇物山、崑崙、渠搜

　　本書糾正的九州地名中，雍州有七處，梁州有六處，冀州有五處，荊州四處，兗州三處，揚州有三處，青州有二處，豫州二處，以雍州最多。因為漢武帝把疆域擴展到河西、河套等地，所以漢代人不懂民族語言學，把豬野澤、弱水、三危山、渠搜的位置都向西北外移。要破解這些地名，需要借助語言學、考古學、民族學、生物學等學科知識和很多其他史料，比如《山海經》、《逸周書》、《穆天子傳》等其他上古重要典籍及後世中國史書，甚至包括外國史書，因為中國西北的戎狄包含了很多印歐人，所以也要借助印歐人的史料。

　　比如弱水的位置，就必須要靠《山海經》窫窳所在的弱水在開題山（隴山）的西北來定位，再借助印歐人史料，破解窫窳是印歐人的水神 varuna，也即蔚茹河（今清水河）名的由來，正是在隴山的西北。弱水尾閭的流沙在今寧夏，合黎山即賀蘭山。也正是因為弱水（清水河）在隴山以北，距離不遠，所以雍州先說弱水，再說涇渭。有以上多條鐵證，互相支撐，我們才可以確定弱水是今寧夏的清水河。漢代人把弱水的位置外移到了今張掖，無疑錯誤。

　　弱水的位置在今清水河，則豬野、三危的位置也不可能太遠，不可能是漢代人所說的武威、敦煌。豬野澤的位置必須要借助《左傳》、《國語》、《詩經》、《山海經》、《淮南子》等書，結合語言學才能確定，豬野澤即涇河源頭的大鹵（太原）、都盧，都是草原民族語言中的水澤之地 dala 的音譯。

　　根據《穆天子傳》可以確定巨蒐（渠搜）在今姑臧，其實渠搜 ga-siu 和姑臧 ka-dzang、闔蘇 hap-sa、迦畢試 Kapisa 都是同源字。此族是游牧民族，所以西漢在今內蒙古杭錦旗所設的渠搜縣自然不能證明上古渠搜的位置在此。

　　三危最接近的地名是西漢的三街谷，三危、三街、析支都是塞人 Saka 的

音譯。其北就是張掖縣（今張義鎮），所以《穆天子傳》說三苗在重㑄氏居地，上古音的張掖 tiang-jyak 和重㑄 tjiong-jiô 很近。

前人不僅不考察外國史料，連上古重要的《山海經》、《逸周書》、《穆天子傳》也不重視，如果前人看到《山海經》把伏牛山稱爲荊山，就不難發現荊州北界的荊山應該是伏牛山，而不可能是今湖北荊州西北的荊山。

班固《漢書・地理志》解釋的《禹貢》地名，已經錯了很多，不足爲據。有的是因爲《禹貢》原本就有錯簡，比如三江問題，《禹貢》導水篇漢水最末的一句話「東匯澤爲彭蠡，東爲北江，入於海」是一條錯簡，應插入下一句長江之中的九江和東陵之間。漢水在今武漢注入長江，不可能還匯爲彭蠡澤，再入海。而長江過了九江，正是經過彭蠡澤，到東陵（今揚州宜陵）入海。這條錯簡本來非常清晰，但是古人不僅看不出，而且根據這個錯誤來胡亂考證北江的位置，可謂錯上加錯。

有的是因爲戰國時期的地理形態發生巨大變化，比如趙、魏、齊爲了爭奪黃河下游的河灘地而大舉築堤，致使黃河下游原本散流的九河逐漸縮窄爲一條河道，所以漢代人看到的黃河下游散流河道和春秋時期已有很大不同。所以漢代人所說的九河不是上古的九河，上古九河的位置偏南。

雖然《禹貢》是上古著作，我們也要借助後世著作考證。比如彭蠡澤，我認爲是江南的彭澤和江北的蠡澤合稱，彭澤源自彭氏，蠡澤（雷池）源自雷氏，雷氏最關鍵的一條史料是《三國志・蜀志・先主傳》說：「廬江雷緒，率部曲數萬口稽顙。（劉）琦病死，群下推先主爲荊州牧，治公安。」此條能解釋漢代的松滋縣在蠡澤（雷池）邊的今安徽宿松縣，而東晉以後的松滋縣在今湖北公安縣之北。沈約《宋書》卷三十七《州郡志三》荊州南河東郡說：「松滋令，前漢屬廬江，後漢無，晉屬安豐。疑是有流民寓荊土，故立。」可惜沈約未認眞讀《三國志》，未能發現松滋縣僑置到荊州的原因正是因爲雷緒。可見研究《禹貢》的價值不僅在《禹貢》本身，還能連帶解決很多問題。

再如導水篇說長江：「至於東陵，東迤北會於匯。」東陵，要靠《續漢書・郡國志》廣陵郡東陵亭來破解。匯即淮的通假，這條長江的分支，從今揚州向東北，到淮河，無疑是邗溝。

考證上古地名，首要條件之一是通曉古音，否則根本不得要領。比如奚養澤，其實奚養和啓陽、辟陽、逼陽都是同源字，源自上古東方民族迎日的儀式。如果不通古音，不會發現這些有趣的史實。

再如《禹貢》的作者是西北人，我根據揚雄《方言》找到了四條證據，其中最不易被察覺的一條是《禹貢》的筐就是秦晉人所說的箄。

再如《禹貢》稱齊地為青州，我找到宋代、明代人的三則記載，證明秦晉人稱齊為青，不僅證明《禹貢》作者是西北人，也接近了青州由來的問題。語言學家魏建功曾經從語音推測青州源自齊，但是他沒有找到我列舉的這三則記載，所以不敢肯定。

再如《禹貢》青州的嵎夷，司馬遷《史記·夏本紀》轉寫為郁夷，我根據揚雄《方言》指出，嵎 ngio、鬱 iuək 的關係即《山海經·大荒東經》搖 jiô 民和有易 jiek 的關係，也即陶 du 和鞠 kiuk 的關係。

名物考證，也必須要用語言學才能獲得突破。比如徐州的淮夷暨魚，前人不僅沒有突破，還產生了新的誤解，宋代人懷疑進貢淮白魚是古代進貢暨魚的遺留制度，這本來等於沒說，但是今人竟然誤以為宋代人說暨魚是淮白魚，甚至說是鮊，真是以訛傳訛。我認為暨魚就是貝類，因為暨通介，《逸周書·王會》記載江浙一帶進貢的物品多數是貝類，後世淮海醃製的貝類仍然很有名。

考古學也很重要，碣石山的位置就是依靠考古學得以確定在今秦皇島和綏中，而不是前人誤說的昌黎或樂亭等地。

關於九州的由來，本書認為，州原來是指河流之間的洲渚，上古的州字地名在中國東部的大平原最多。州原來是指小的土丘村落，但是州在晉地演變為大區的通稱，史書記載春秋時期關於九州的具體記載多出自晉地。傳說大禹把各地進貢的金屬鑄成九鼎，九州的名字也是源自各地民族，九州原來是象徵夏朝臣服八方。但是在春秋時，因為外族侵擾中國，很多人鼓吹大一統思想，所以晉人根據九州的傳說造出了《禹貢》的具體文本。《禹貢》很可能出自子夏一派學者，子夏是溫人，又是魏文侯的老師。《禹貢》採用秦晉方言，詳於西北，分立兗州，都接近子夏的家鄉。《禹貢》重視水運，符合魏國的地理特徵。《禹貢》明辨土壤和田賦，接近李悝的盡地力之教。

雖然西周時期已有大禹治水、任地設徵的記載，春秋時期也有了九州這個詞，或許還有一些關於九州的模糊說法，但是不能說明春秋時期已經出現了我們現在看到的《禹貢》文本。春秋末年到戰國初年的學者寫出了《禹貢》文本，把九州的制度落實到了整個中國，把九州的說法上推到了夏朝，使得大一統思想更加深入人心。因此九州雖然是一篇地理文獻，但是對中國思想

史產生了深遠影響。後世中國人的大一統思想根深蒂固，其中也有《禹貢》的作用。如果我們比較面積和中國差不多大的歐洲就會發現，二者歷史進程差別很大。歐洲從未有類似九州的觀念，歐洲上古從未產生大一統思想。歐洲文明是從東南角的希臘向北部推進，而中國文明是從中心到四方，所以歐洲不可能產生大一統的思想和類似九州的地理觀念。

　　研究《禹貢》的細節，可以說是歷史地理學。但是顧頡剛深入研究《禹貢》的初衷不是爲了歷史地理學，而是爲了佐證他的疑古論。顧頡剛認爲夏朝的地域被後世放大，所以顧頡剛必須論證《禹貢》不是出自夏朝，他認爲《禹貢》是戰國時代僞造。我認爲《禹貢》的出現有一個漫長的發展過程，既有夏朝的史實基礎，又有春秋時代的社會需要。《禹貢》既可以說是僞造，也可以說是信史。因爲從《禹貢》中可以看到上古地理，其中很多地理情況不限於某一時代，而是跨越多個時代的特徵。因此《禹貢》的文本雖然不是大禹時代留下，但是《禹貢》的具體內容不能看成僞造。古書多不成於一代一人之手，很難說是某個時代寫出。比如《莊子》有內、外、雜篇，有的是莊子的話，有的是弟子闡發。《詩經》的時間跨度也很長，從商周延續到春秋。《山海經》有源自商代的古老內容，也有漢代人添入的字句，但是主體則是東周寫成。再如《周禮》的很多制度源自西周，也有很多內容是戰國人寫出。《穆天子傳》有源自西周的成分，也有源自東周的成分。所以古書很難說是眞書，也很難說是僞書，往往眞假混雜，其實是世代積累而成。

　　古人寫書往往僞託前代名人，我們研究《禹貢》也要辨僞，但主要工作不是辨僞，而是考證具體內容。我們承認顧頡剛的研究有價值，但是今天的研究不能停留在九州名目的演變，還要考證具體地名。所以本書的主體是研究九州說的具體內容，兼顧九州名目、制度、思想的研究。近來有些九州說的研究，停留在形而上的層面，稍顯浮泛。九州名物的考實，難免會有失誤，但是考實的工作可以提出很多問題，促進我們深入思考。總之，《禹貢》研究對歷史學、地理學、語言學等學科都有很重要的意義，本書是拋磚引玉。

# 第一章　九州異說的諸國來源

眾所周知，傳世古文獻中至少有五種九州說，即《尚書・禹貢》、《逸周書・職方解》（《周禮・職方氏》基本相同，以下簡稱《職方》）、《爾雅・釋地》、《呂氏春秋・有始覽》和《淮南子・地形》的九州說，前四種互有出入，後者似乎不太被學者注意。到上海博物館購買的流散文物戰國楚竹書《容成氏》問世，又多了一種九州說。

| 禹貢 | 冀 | 兗 | 青 | 徐 | 揚 | 荊 | 豫 | 梁 | 雍 | | | | |
| --- | --- | --- | --- | --- | --- | --- | --- | --- | --- | --- | --- | --- | --- |
| 職方 | 冀 | 兗 | 青 | | 揚 | 荊 | 豫 | | 雍 | 幽 | 並 | | |
| 呂覽 | 冀 | 兗 | 青 | 徐 | 揚 | 荊 | 豫 | | 雍 | 幽 | | | |
| 釋地 | 冀 | 兗 | 營 | 徐 | 揚 | 荊 | 豫 | | 雍 | 幽 | | | |
| 容成氏 | | 夾 | 競 | 徐 | 揚 | 荊 | 敘 | | 且 | | 藕 | 莒 | |
| 地形 | 冀 | 沛 | | | 陽 | 次 | | 戎 | 弇 | 薄 | | | 神 | 臺 |

## 第一節　前人諸說回顧

因爲《禹貢》是《尚書》的一篇，《尚書》是儒家的經典，所以古人一般不敢懷疑《禹貢》，九州被當作夏禹的眞實制度。先秦就有大一統的思想，秦漢以後，大家越發習慣了大一統的局面，《史記・五帝本紀》已經把大一統的情況僞推到黃帝，《漢書・地理志》把「畫野分州」也追溯到黃帝，所以各種不同的九州說開始被後世的儒生們解釋成不同時代的制度。《職方氏》九州說因爲在《周禮》中，所以被當成周代制度，東漢李巡、曹魏孫炎以《釋地》

九州爲商制，東晉郭璞注《釋地》：「此蓋殷制。」清代胡渭說：「九州之疆界，《爾雅》、《職方》不同於《禹貢》，蓋殷周之所損益也。」〔註1〕現在我們當然不相信這種時代性的解釋模式，因爲《禹貢》不是夏制，《周禮》也不是原本的周制。

但是這種歷時性思維仍然左右著現代學者，顧頡剛在研究九州時，雖然列出九州的種種異說，但是把各種不同來源的九州混在一起討論，〔註2〕忽視了各種文本的不同來源。

蔣善國的考證也有這種缺點，他認爲《呂覽》和《釋地》時代相近，所以其九州說相近，因爲此時「西南已化爲秦郡」，所以沒有梁州了，此時已知燕的地理，所以有幽州。他說：「《職方氏》因秦滅燕、代，置代郡和遼東各郡，將原燕地幽州改名并州，而以秦置代郡和遼東各郡爲幽州。」他又說：「《職方氏》的并州，就是《有始覽》和《釋地》的幽州。」〔註3〕他的錯誤很多，我們通過前人的地圖很容易發現《職方》的并州和《呂覽》、《釋地》的幽州多數不重合，〔註4〕可見他連方位都沒有分清。代郡在戰國時已經是趙地，《史記·匈奴列傳》：「其後燕有賢將秦開，爲質於胡，胡甚信之。歸而襲破走東胡，東胡卻千餘里。與荊軻刺秦王秦舞陽者，開之孫也。燕亦築長城，自造陽至襄平。置上谷、漁陽、右北平、遼西、遼東郡以拒胡。」《職方》的幽州在燕昭王破東胡後就是燕地，《職方》完全可能是戰國作品，爲何非要等到秦滅燕後呢？戰國時代設郡縣的地方很多，爲何梁州因設有郡縣就不在九州之列，其他州設有郡縣還列在九州之中呢？可見，用時代不同來解釋九州異說難以成立。

因爲《禹貢》冠以禹名，所以古人多信以爲禹作，近代學者破除成見，提出戰國成書說，辛樹幟以爲《禹貢》是西周史官所作，馬培棠提出梁惠王時魏國人作書說，邵望平提出商代已有《禹貢》藍本。劉起釪最後調和諸說，他首先修正顧說的前兩點，又根據辛、邵之文進一步把《禹貢》的初寫作者

〔註1〕 胡阿祥：《「茫茫禹跡，畫爲九州」述論》，唐曉峰主編：《九州》第三輯，北京：商務印書館，2003年。〔清〕胡渭撰、鄒逸麟整理：《禹貢錐指·略例》，上海古籍出版社，1996年。
〔註2〕 顧頡剛：《州與嶽的演變》第七《戰國時人建設具體的九州說的消息》，《中國現代學術經典·顧頡剛卷》，河北教育出版社，1996年，第568～573頁。
〔註3〕 蔣善國：《尚書綜述》，上海古籍出版社，1988年，第179～183頁。
〔註4〕 蘇甲榮編《中國地理沿革圖》之《禹貢九州圖》、《爾雅九州圖》、《周制九州圖》，上海：日新輿地書社，1936年，第1頁。

定為西周王朝的史官。〔註5〕丁山認為作者是秦國人，〔註6〕屈萬里認為作者是晉國人，〔註7〕日本學者平勢隆郎認同魏國說。〔註8〕

馬培棠，河北滿城人，1929 年畢業於北平師範大學，到保定的培德中學任國文教師。1934 到 1935 年，他在《禹貢》半月刊連發六篇文章考證《禹貢》，在《禹貢》的研究史上非常重要，可惜被現代學者遺忘。他在《禹貢》還有其他文章及未刊稿，很可惜他在 1936 年英年早逝，年僅 30 歲。〔註9〕

馬培棠提出，墨子有不同的冀州說，《墨子·兼愛中》：「古者禹治天下，西為西河漁竇，以泄渠孫皇之水；北為防原泒，注后之邸，嘑池之竇，洒為底柱，鑿為龍門，以利燕、代、胡、貉與西河之民；東方漏之陸，防孟諸之澤，灑為九澮，以楗東土之水，以利冀州之民。南為江、漢、淮、汝，東流之，注五湖之處，以利荊楚、干越與南夷之民。此言禹之事，吾今行兼矣。」他認為此處的冀州指代中原，理由是《穀梁傳》桓公五年：「鄭，同姓之國也，在乎冀州。」鄭國在《禹貢》屬豫州，說明此處冀州在中原而，不在河北。他認為冀、夏都是人形，指中州。《晏子春秋·問上》：「撫存翌州。」他認為翌州也是冀州。戰國紛亂時，人們渴望統一，形勢有利三晉，晉人擬憑藉古說，因而劃分九州。上託大禹，北移冀州到黃河之北。〔註10〕

馬培棠又提出五服制出自假託，盛周不過千里，所以五服制出自周代。導九水篇，特地加上洛水，說明出自東周。導山的北面兩列山，環繞晉地。九州以冀州居首，也是晉地，九州順序像數字 10。山東團結，山西獨立，反映戰國合眾之局。魏國在戰國初年強盛，《楚世家》宣王六年：「秦始復強，而三晉益大，魏惠王、齊威王尤強。」杜平之會，居諸侯右。十七年，圍邯鄲，楚取睢、濊之間。三十年伐韓，齊破馬陵。《史記·商君傳》商鞅說秦孝公：「秦之與魏，譬若人之有腹心疾，非魏並秦，秦即並魏。何者？魏居領阨之西，都安邑，與秦界河而獨擅山東之利。利則西侵秦，病則東收地。今以

〔註5〕劉起釪：《〈禹貢〉寫成年代與九州來源諸問題探研》，唐曉峰主編：《九州》第三輯。

〔註6〕丁山：《古代神話與民族》，北京：商務印書館，2005 年，第 459～462 頁。

〔註7〕屈萬里：《論〈禹貢〉著成的時代》，《中央研究院歷史語言研究史集刊》第 35 本，1964 年。

〔註8〕〔日〕平勢隆郎著、周潔譯：《從城市國家到中華：殷周、春秋戰國》，《講談社·中國的歷史》第 2 冊，廣西師範大學出版社，2014 年，第 176～182 頁。

〔註9〕馬殿元：《追悼馬培棠先生》，《禹貢》第六卷第一期，第 65～66 頁。

〔註10〕馬培棠：《冀州考原》，《禹貢》第一卷第五期，第 2～5 頁。

君之賢聖，國賴以盛。而魏往年大破於齊，諸侯畔之，可因此時伐魏。魏不支秦，必東徙。東徙，秦據河山之固，東鄉以制諸侯，此帝王之業也。」商鞅欺詐魏公子卬，大敗魏軍。魏獻河西之地，從安邑遷都大梁。魏惠王三十六年，改元更始，會諸侯於徐州（今滕州南），《竹書紀年》，杜預《春秋左傳後序》：「古書紀年編，惠王三十六年，改元，從一年始，至十六年，而稱惠成王卒，即惠王也。疑《史記》誤分惠成之世，以爲後王年也。」《禹貢》作者在此合眾暫時維持、稍感和平時，想像世界統一，寫出《禹貢》。《呂覽》是秦人作，怒《禹貢》割裂國土，以梁並雍，以燕削晉，名曰幽州，擢豫於冀前，藉以泯滅合眾痕跡。〔註11〕

　　馬培棠又提出，孟子是梁惠王後元十五年到大梁，鄒衍也到過大梁，鄒衍的九州包括三重：赤縣神州之九州，如赤縣神州之九州，如一區中者之九州。也即古九州、新九州、大九州。殷周天下，不出中原，是古九州。春秋戰國，擴及江河南北，是新九州。《孟子・梁惠王上》：「海內之內，方千里者九。」鄒衍集想像九州之大成，孟軻開實際九州之先聲。魏國史官取二人說，提倡恢復故都安邑，對抗強秦，史官又變鄒衍九州爲五服制。〔註12〕《穀梁傳》桓公五年疏：「鄒衍著書云，九州之內，名曰赤縣，赤縣之畿，從冀州而起。」冀與夏字形同，周爲火德，故名赤縣。《滕文公上》：「夏后氏五十而貢。」魏國人改組九州，改冀州爲赤縣，朱駿聲《說文通訓定聲》說豫與夏同部，篡改異爲冀。〔註13〕

　　馬培棠又提出，《隋書・經籍志》史部古史類：「至晉太康元年，汲郡人發魏襄王冢，得古竹簡書，字皆科斗。發冢者不以爲意，往往散亂。帝命中書監荀勗、令和嶠，撰次爲十五部，八十七卷。多雜碎怪妄，不可訓知，唯《周易》、《紀年》，最爲分了。其《周易》上下篇，與今正同。《紀年》皆用夏正建寅之月爲歲首，起自夏、殷、周三代王事，無諸侯國別。唯特記晉國，起自稱殤叔，次文侯、昭侯，以至曲沃莊伯，盡晉國滅。獨記魏事，下至魏哀王，謂之今王。蓋魏國之史記也。其著書皆編年相次，文意大似《春秋經》。諸所記事，多與《春秋》、《左氏》扶同。」顧炎武《日知錄》說：「襄、哀字相近，《史記》分爲二人。」《竹書紀年》到魏襄王，《竹書紀年》由《禹貢》產生，所以起自夏。

〔註11〕馬培棠：《梁惠王與禹貢》，《禹貢》第二卷第五期，第23～27頁。
〔註12〕馬培棠：《大梁學術》，《禹貢》第二卷第六期，第1～9頁。
〔註13〕馬培棠：《禹貢與禹都》，《禹貢》第二卷第八期，第21～24頁。

《史記集解》引荀勗曰：「和嶠云，《紀年》起自黃帝。」〔註14〕

　　馬培棠又提出，《淮南子·地形》神州在東南，因爲淮南國在東南，淮南王想謀反，所以把東南提在九州最前。淮南王的九州說源自鄒衍，《漢書·楚元王傳》：「而淮南有《枕中鴻寶苑秘書》。書言神仙使鬼物爲金之術，及鄒衍重道延命方，世人莫見。而更生父德，武帝時治淮南獄，得其書。」《論衡·談天》：「鄒衍之書，言天下有九州，禹貢之上所謂九州也。禹貢九州，所謂一州也。若禹貢以上者，九焉。禹貢九州，方今天下九州也，在東南隅，名曰赤縣神州。復更有八州，每一州者四海環之，名曰裨海。九州之外，更有瀛海。此言詭異，聞者驚駭，然亦不能實然否，相隨觀讀諷述以談。故虛實之事，並傳世間，眞僞不別也。世人惑焉，是以難論。」《難歲》：「鄒衍論之，以爲九州之內五千里，竟合爲一州，在東〔南〕位，名曰赤縣州。自有九州者九焉，九九八十一，凡八十一州。此言殆虛。」王充說中國九州統稱赤縣神州，在大地東南，因爲王充看了民間僞造的鄒衍書，不是鄒衍原義。〔註15〕

　　馬培棠的這些觀點建立在疑古論之上，深得顧頡剛賞識，但錯誤很多，他說夏、商、周的地域局限在今河南省，不僅不符合文獻，也不符合現在的考古發現。他也誤解了鄒衍的九州說，《史記·孟子荀卿列傳》云：

　　　　騶衍睹有國者益淫侈，不能尚德，若《大雅》整之後身，施及黎庶矣。乃深觀陰陽消息而作怪迂之變，《終始》、《大聖》之篇十餘萬言。其語閎大不經，必先驗小物，推而大之，至於無垠。先序今以上至黃帝，學者所共術，大並世盛衰，因載其禨祥度制，推而遠之，至天地未生，窈冥不可考而原也。先列中國名山大川、通谷禽獸，水土所殖，物類所珍，因而推之，及海外人之所不能睹。稱引天地剖判以來，五德轉移，治各有宜，而符應若茲。以爲儒者所謂中國者，於天下乃八十一分居其一分耳。中國名曰赤縣神州，赤縣神州內自有九州，禹之序九州是也，不得爲州數。中國外如赤縣神州者九，乃所謂九州也。於是有裨海環之，人民禽獸莫能相通者，如一區中者，乃爲一州。如此者九，乃有大瀛海環其外，天地之際焉。其術皆此類也。然要其歸，必止乎仁義節儉，君臣上下六親之施，始也濫耳。王公大人初見其術，懼然顧化，其後不能行之。是

〔註14〕馬培棠：《禹貢與紀年》，《禹貢》第二卷第十期，第16～21頁。
〔註15〕馬培棠：《淮南九州的前身後影》，《禹貢》第三卷第五期，第1～6頁。

> 以騶子重於齊,適梁,惠王郊迎,執賓主之禮;適趙,平原君側行
> 撇席。如燕,昭王擁彗先驅,請列弟子之座而受業,築碣石宮,身
> 親往師之。作《主運》。其遊諸侯見尊禮如此,豈與仲尼菜色陳、蔡,
> 孟軻困於齊、梁同乎哉!

這一段說,鄒衍先講述到黃帝的歷史,這是當時學者常說的話,鄒衍的神奇之處在於他把機祥度制,推而遠之,至天地未生之時。可見鄒衍造的不是五帝時代的偽,也不可能造五帝時代的偽,因爲五帝時代是當時學者熟悉的歷史。鄒衍稱引天地剖判以來,五德轉移,治各有宜,而符應若茲。司馬遷看過鄒衍的書,他在《史記·三代世表》說:「余讀諜記,黃帝以來皆有年數,稽其曆譜諜、終始五德之傳,古文咸不同乖異,夫子之弗論次。」司馬遷總結鄒衍的方法是:必先驗小物,推而大之,至於無垠。鄒衍之所以能把五德轉移,從黃帝之時推演到天地開闢之時,就是因爲五帝時代的五德轉移是時人的共識,所以他才能繼續往前推演。如果當時人連五帝時代的五德轉移都不知道,鄒衍如何推演?所以鄒衍不僅不是五德轉移說的創始者,五德轉移說也肯定不是戰國人的創造,否則不可能成爲戰國人的共識。梁啓超、顧頡剛等人都說五德始終說是鄒衍的創造,實在是沒有仔細研讀司馬遷的原文。

司馬遷的原文明確說,鄒衍說的赤縣神州,就是《禹貢》九州的統稱。但是馬培棠誤解爲赤縣神州是九州最中間的一個小州,根據是後世把都城附近的縣稱爲赤縣,這顯然是倒果爲因。赤縣出現的時間晚,應是源自赤縣神州。所謂赤縣,是指中國四面是海,孤懸在海中,縣通懸。司馬遷原文的中國,就是戰國時的中國,不是儒家所說的中原。中國之外還有七十二州,所以儒家所說中原占天下八十一分之一。

我已經指出,因爲齊國人擅長航海,認識到中國大陸以東還有日本列島、琉球群島、臺灣島,所以才有大九州說。戰國時的中國人已經認識到中國在亞歐大陸的東南部,所以說中國在大地的東南。〔註 16〕所以不是王充理解錯誤,而是馬培棠自己理解錯誤。

不是鄒衍創造了五德始終說,也不是鄒衍創造了九州說,鄒衍是把五德始終從黃帝上推到天地開始時,是把九州從中原外推到域外。但是馬培棠因爲誤信了疑古謬論,認爲上一秒的歷史也不可信,上一秒的歷史都是根據這一秒編造。所以說鄒衍也沒有創造九州說,是魏國的史官在鄒衍大九州說的

---

〔註 16〕周運中:《中國南洋古代交通史》,廈門大學出版社,2015 年,第 52 頁。

基礎上創造，這豈不是極端荒謬？

　　馬培棠的錯誤還在於誇大了史官和說客的地位，魏國已經遷都大梁，連國君也怕秦人，難道能因爲史官的一支筆就回都安邑？他誇大了文章的作用，忽視社會經濟基礎，這也是疑古派的致命缺點。其實《禹貢》九州是順時針順序排列，不是 10 形，不存在反映合眾形勢之說。

　　其實馬培棠的地理視角很好，特別是他提出《戰國策‧秦策四》：「魏伐邯鄲，因退爲逢澤之遇，乘夏車，稱夏王，朝爲天子，天下皆從。」魏惠王曾以夏王自居，所以自然有可能製作《禹貢》。這個觀點給我們很多啓發，所以馬培棠的文章還有貢獻。

　　史念海在 1979 年刊文，其核心論據、觀點竟然和馬培棠基本一致，也說《禹貢》源自梁惠王，但全文不提馬培棠，我認爲這不符合現代學術規範。史念海作爲《禹貢》學會的核心成員，深得顧頡剛的賞識，並爲顧頡剛代筆寫《中國疆域沿革史》，史念海的多篇文章在《禹貢》刊出，因此史念海不可能不知馬培棠的文章。馬培棠深得顧頡剛讚賞，早年在《禹貢》發表文章比史念海多得多。史文的不同之處僅是在開頭加上荷水是《禹貢》成書上限，又說不存在禹河，《禹貢》黃河是戰國河道。〔註 17〕其實這兩條證據也未必成立，因爲《水經注》卷二五《泗水》說：「延之蕭以《國語》云：吳王夫差起師，將北會黃池，掘溝於商、魯之間，北屬之沂，西屬於濟。以是言之，故謂是水爲吳王所掘，非也。余以水路求之，止有泗川耳。蓋北達沂西，北逕於商、魯而接於濟，吳所濬廣耳。非謂起自東北受沂西南注濟也。假之有道，非吳所趣，年載誠眇，人情則近，以今忖古，益知延之之不通情理矣。」酈道元說吳國人是拓寬荷水，不是夫差挖出荷水。如果不存在禹河，就不存在《禹貢》河道是不是禹河的問題，下文再詳考。

　　顧頡剛認爲作者是秦人，因爲文中最陝西、甘肅、四川間的地理最明白，其次是山西、河北、河南。〔註 18〕我認爲西北人的推論合理，但未必是秦人。顧頡剛也說秦的文化最低，但是他說伏勝是秦朝博士，所以《禹貢》出自秦地。我以爲此說顯然非常荒謬，伏勝是齊人，如何證明《禹貢》出自秦地呢？秦的文化在七國之中最低，未曾出國一個著名學者，所以《禹貢》作者不大可能是秦人。《禹貢》是《尙書》之一篇，儒家的學問傳承有緒，不可能隨便

〔註 17〕史念海：《論〈禹貢〉的著作年代》，《陝西師大學報》1979 年第 3 期。
〔註 18〕顧頡剛等：《中國古代地理名著選讀》，學苑出版社，2005 年，第 4～5 頁。

竄入一篇。

　　顧頡剛說《禹貢》出自秦人的主要證據還是因爲西北地理描述詳細，但是我們看雍州、冀州的詳略差別不大，冀州人也可以熟悉雍州、梁州地理。《水經注》卷三六《青衣水》引《竹書紀年》：「梁惠成王十年，瑕陽人自岷山導青衣水來歸。」有西南人來到魏國，所以魏國人也能熟悉西南地理。特別是導青衣水的用法，類似《禹貢》的導水，所以我認爲馬培棠提出的魏惠王之說尤其合理。

# 第二節　從方言看《禹貢》出自秦晉

　　上古時的中國還沒有後世那樣的帝國統一狀態，不能脫離地域討論文化。因此，我們在研究九州異說的成因時，一定要從上古的地域背景入手。前人考證《禹貢》，不關注方言。其實《禹貢》出自秦晉，有五條方言學的證據，即巨野稱大野、丘稱墳或陪、筐稱篚、致稱厎。

## 一、巨野稱大野

　　《禹貢》徐州：「大野既豬，東原厎平。」大野就是巨野澤，東方稱大爲巨，而西方人稱爲大，說明《禹貢》作者不是齊魯人，而是秦晉人。

　　西漢揚雄《方言》卷一云：

> 　　敦、豐、厖、夲、憮、般、嘏、奕、戎、京、奘、將，大也。
> 凡物之大貌曰豐。厖，深之大也。東齊海岱之間曰夲，或曰憮。宋魯陳衛之間謂之嘏，或曰戎。秦晉之間，凡物壯大謂之嘏，或曰夏。秦晉之間，凡人之大謂之奘，或謂之壯。燕之北鄙、齊楚之郊，或曰京，或曰將。皆古今語也。初別國不相往來之言也，今或同。而舊書雅記故俗語，不失其方。而後人不知，故爲之作釋也。……
>
> 　　碩、沈、巨、濯、籲、敦、夏、於，大也。齊、宋之間曰巨、曰碩……自關而西秦晉之間，凡物之壯大者而愛偉之，謂之夏。周鄭之間，謂之嘏。郴，齊語也。於，通詞也。〔註19〕

齊、宋之間說巨，上古音的巨是見母魚部 ka，嘏是見母魚部 ka，郭璞注夲：「音

〔註19〕　〔漢〕揚雄著、周祖謨校箋：《方言校箋》，北京：中華書局，1993 年，第 4、7 頁。

介。」上古音的介是見母月部 keat，讀音接近。東海海岱之間，大說夰，其實就是巨。周、鄭、宋、魯、陳、衛之間，有時也說䢋，這是受到東方齊地的影響。

《史記・楚元王世家》：「始高祖微時，嘗辟事，時時與賓客過巨嫂食。」司馬貞《索隱》：「《漢書》作丘，應劭云：『丘，姓也。』孟康云：『丘，空也。兄亡，空有嫂也。』今此作巨，巨，大也，謂長嫂也。劉氏云：『巨，一作丘。』」劉邦原籍沛縣正是在齊、宋之間，他也稱大為巨，丘是形訛。

《史記・田叔列傳》：「田叔者，趙陘城人也。其先，齊田氏苗裔也。叔喜劍，學黃老術於樂巨公所。」巨公就是大公，《史記・樂毅列傳》說：「而樂氏之族有樂瑕公、樂臣公，趙且為秦所滅，亡之齊高密。樂臣公善修黃帝、老子之言，顯聞於齊，稱賢師。太史公曰：始齊之蒯通及主父偃讀樂毅之報燕王書，未嘗不廢書而泣也。樂臣公學黃帝、老子，其本師號曰河上丈人，不知其所出。河上丈人教安期生，安期生教毛翕公，毛翕公教樂瑕公，樂瑕公教樂臣公，樂臣公教蓋公。蓋公教於齊高密、膠西，為曹相國師。」樂臣公、樂巨公都以黃老術聞名，又都是齊國人，時代也相當，所以樂臣公無疑即樂巨公。臣、巨形近，從上文巨嫂訛為丘嫂來看，樂臣公即樂巨公之形訛。

墨家首領稱鉅子，見《呂氏春秋》的《孟春紀・去私》和《離俗覽・上德》，雖然提到鉅子來到秦國，但鉅子不是秦地方言，而是沿用東方墨家的說法。墨子國籍有宋、魯兩說，不管是魯，還是宋，都在齊、宋之間。

江蘇省盱眙縣東陽城西北的小雲山西一號漢墓，出土漆器上朱書有「巨田萬歲」、「東陽盧里巨田侯外家」等。又出土有一方銅印，雙面陰文，正面是「陳何賈」，背面是「陳君孺」。發掘報告認為該墓年代不晚於西漢中期，墓內沒有五銖錢，年代似在武帝劉徹元狩五年（前 118 年）之前。〔註 20〕巨田侯，史書無載，報告認為和陳嬰有關，陳嬰就是東陽縣人。我認為，陳、田相通，巨田就是大陳，無疑是指陳嬰家族。陳君孺和陳嬰同姓，墓主陳君孺就是《史記・遊俠傳》的東陽田君孺，墓內除 2 件銀器、7 件玉器外，還有一把鐵刀和兩把鐵劍置於墓主右手位置，為墓主生前使用，這也符合墓主的遊俠身份。〔註 21〕

---

〔註 20〕盱眙縣博物館：《江蘇東陽小雲山一號漢墓》，《文物》2004 年第 5 期。
〔註 21〕周運中：《盱眙縣小雲山漢墓陳君孺、巨田侯考》，復旦大學出土文獻與古文字研究中心網站，2009 年 9 月 27 日。

## 二、丘稱墳

西漢揚雄《方言》卷十三：

> 冢，秦晉之間謂之墳，或謂之培，或謂之瑜，或謂之采，或謂之埌，或謂之壠。自關而東謂之丘，小者謂之壟，大者謂之丘，凡葬而無墳謂之墓，所以墓謂之塼。

秦晉人稱土丘爲墳，關東稱爲丘、壟。《禹貢》說，兗州土黑墳、青州土白墳、徐州土赤埴墳，而冀州土白壤、豫州土壤、雍州黃壤，又揚州、荊州土塗泥，又梁州土青黎。西北和中原的土是壤，東南荊、揚的土是泥，東方兗、青、徐的土是墳，此處的墳就是丘。

因爲兗、青、徐正好是黃河下游，所以河湖密集，洪水最多，人們住在土丘上，現代黃淮稱爲固堆、臺、墩。《禹貢》兗州：「桑土既蠶，是降丘宅土。」出自黃淮的《淮南子‧本經訓》：「舜之時，共工振滔洪水，以薄空桑，民皆上丘陵、赴樹木。」《齊俗訓》：「禹之時，天下大雨，禹令民聚土積薪，擇丘陵而處之。」又：「故江河決，沉一鄉，父子兄弟相遺而走，爭升陵阪，上高丘，輕足先升，不能相顧也。」《說文》：「昔堯遭洪水，民居水中高土，故曰九州。」

鄭逢原說，古籍地名之作丘、京、許、虛、陵之類近二百，[註22] 胡厚宣說：「與卜辭地名之作山、泉、麓、鹿、京、坵、阜、丘、土、單者至相合」。[註23]《孟子‧盡心》：「得乎丘民爲天子。」《莊子‧則陽》：「何謂丘里之言？曰：丘里者，合十姓百民以爲風俗也。」《周禮‧地官‧小司徒》：「四井爲邑，四邑爲丘。」丘作爲一種行政區劃，由古人居丘演化而來。

傳說顓頊都於帝丘，《左傳》昭公十七年梓慎說：「衛，顓頊之虛也，故爲帝丘。」《史記‧高祖本紀》：「秦軍復振，守濮陽，環水。楚軍去而攻定陶。」帝丘在濮陽，確實四周是水。

顧頡剛統計《春秋》及《左傳》中的帶丘字地名：

1. 晉地：刑丘、茗丘、瓠丘、英丘
2. 衛地：犬丘、桃丘、楚丘、帝丘、清丘、平丘
3. 齊地：葵丘、貝丘、牡丘、郣丘、句瀆之丘、重丘、廩丘、渠丘、豐

---

〔註22〕鄭逢原：《丘虛通徵》，北京大學《治史雜誌》第二期。

〔註23〕胡厚宣：《卜辭地名與古人居丘說》，《甲骨學商史論叢初集》，河北教育出版社，2002年，第491～505頁。

丘、犁丘

4. 莒地：渠丘

5. 魯地：中丘、祝丘、咸丘、乘丘、戾丘、巢丘、泉丘

6. 邾地：於餘丘、虛丘、閭丘

7. 曹丘：重丘、黍丘、揖丘

8. 宋地：楚丘、瓠（一作句瀆之丘）、梁丘、葵丘、長丘、幽丘、犬丘、商丘、赭丘、老丘、雍丘

9. 鄭地：桐丘、頃丘

10. 陳地：壺丘

11. 楚地：陽丘、宗丘

以上 48 個丘中，宋地 11 個、齊 10 個、魯 7 個、衛 6 個、晉 4 個、曹 3 個、邾 3 個、楚 2 個、莒 1 個、陳 1 個。顧頡剛用避水解釋此種現象〔註24〕，唐蘭贊同，但不贊成他把九丘解釋爲九州，唐蘭認爲九丘即《山海經・海內經》所說：

> 有九丘，以水絡之：名曰陶唐之丘、有叔得之丘、孟盈之丘、
>
> 昆吾之丘、黑白之丘、赤望之丘、參衛之丘、武夫之丘、神民之丘。

這些被水環繞的丘應該是古代居住遺址，其中陶唐、昆吾都是著名的氏族名稱，唐蘭認爲陶唐之丘最有可能即陶丘；叔得似乎是人名，孟盈似乎是姓，神民、武夫也是指人。〔註25〕我認爲他們的爭論產生的根源是沒有發現丘（州）原來是黃淮常見的小地名，後來才擴展爲大區，關於這一點，本書第四章再說。

《禹貢》導山篇說：「熊耳、外方、桐柏至於陪尾。」陪尾即阜尾，江淮丘陵在此結束，故名阜尾。揚雄《方言》說秦晉稱丘陵爲培，即陪，但是這也是東方語言用字，詳見第十三章。

## 三、筐稱篚

揚雄《方言》卷十三：

> 筲、簍、籅、䉛，籃也。江沔之間謂之籅，趙代之間謂之䉛，淇
> 衛之間謂之牛筐。籃，其通語也。籃小者，南楚謂之簍，自關而西，
> 秦晉之間謂之筲。

---

〔註24〕顧頡剛：《說丘》，《禹貢》，第 1 卷 4 期，1934 年 4 月 16 日。

〔註25〕唐蘭：《與顧頡剛論九丘書》，《禹貢》，第 1 卷 5 期，1934 年 5 月第 1 期。

筐，楚地稱為籔，趙地稱為笝，衛地稱為牛筐。小的筐，南楚稱為簍，秦晉稱為篅。

我們知道，《禹貢》稱裝貢品的筐為篚，《漢書・地理志上》引《禹貢》作棐，顏師古注：「棐與篚同，篚，竹器，筐屬也。」

篚的上古音是幫母微部 piuəi，篅的上古音是幫母支部 pie，讀音很近，所以篚就是篅的同源字，說明《禹貢》作者使用語言最接近秦晉方言而不是其他方言。東晉郭璞注《方言》：「今江南亦名籠為篅。」不過此條時代很晚，經過秦漢大一統，很可能是受到秦晉方言的影響。而且是籠和筐似乎還有一些差別，所以暫且存疑。

## 四、致稱厎

全篇出現多處厎字：

冀州：覃懷厎績

徐州：東原厎平

揚州：震澤厎定

梁州：和夷厎績

雍州：原隰厎績

厎績，司馬遷在《史記・夏本紀》轉寫為致功，《釋言》：「厎，致也。」其實厎是西北方言，揚雄《方言》卷一：「抵，厎，會也。雍、梁之間曰抵，秦、晉亦曰抵。凡會物謂之厎。」可見厎是秦晉方言，梁州人多數是秦晉移民的後代，[註26] 方言接近秦晉。

所以從大野、墳、篚、厎這四條方言來看，《禹貢》的作者無疑是西北的秦晉人，而不是東方的齊魯人。

# 第三節　從地理看《禹貢》出自北方

《禹貢》荊州貢品有四種樹木：「杶、榦、栝、柏。」都是普通樹木，只能反映南方樹林多，不能反映南方樹木高大。揚州說：「惟木。」後世南方所產的名木楠、梓、梗、樟都不提，說明《禹貢》作者不熟悉南方。《戰國策・宋衛策》：「荊有長松、文梓、梗、楠、豫樟，宋無長木。」戰國人已經知道

---

〔註26〕周運中：《當代百家姓地理的歷史成因》，《尋根》2007 年第 6 期。

楚國有很多高大的名貴木材，但是春秋時北方人還不熟悉。

《禹貢》荆州貢品又說：「礪、砥、砮、丹。」《史記・貨殖列傳》：「江南出棻、梓、薑、桂、金、錫、連、丹沙、犀、玳瑁、珠璣、齒革。」《集解》引徐廣曰：「音蓮，鉛之未煉者。」戰國中期，楚國疆域擴展到今湖南，才在今衡陽、郴州找到大型鉛鋅礦、錫礦。《禹貢》不提鉛、錫等礦物和薑、桂等香料，說明作者不熟悉南方，時代在戰國中期之前。

《禹貢》荆州貢品又說：「厥篚玄纁璣組。」僅有璣，而無珠，《說文》：「璣，珠不圓者。」南海的珍珠最好，但是此時北方人僅能得到不好的珍珠。

《禹貢》揚州僅有三江，不提五湖，但是戰國秦漢人說到揚州，經常連稱三江五湖，嶽麓書院藏秦簡有江胡郡，即江湖郡，說明作者不熟悉南方。

《國語・越語下》五次說到五湖：

> 果興師而伐吳，戰於五湖，不勝，棲於會稽。

> 遂興師伐吳，至於五湖。

> 范蠡諫曰：「……與我爭三江、五湖之利者，非吳耶？」

> 反至五湖，范蠡辭於王……遂乘輕舟以浮於五湖，莫知其所終極。

《史記・貨殖列傳》：「夫吳，自闔廬、春申、王濞三人招致天下之喜遊子弟，東有海鹽之饒，章山之銅，三江五湖之利，亦江東一都會也。」

《禹貢》揚州又說：「厥包桔柚。」桔、柚是容易長期保存的南方水果，所以最早運到北方，但是更多的南方水果則不提，說明作者不熟悉南方。

《禹貢》揚州又說：「篠簜既敷，厥草惟夭，厥木惟喬……厥貢惟金三品，瑤、琨、篠、簜、齒、革、羽、毛、惟木。」篠即筱，《說文》：「筱，箭屬小竹也……簜，大竹也。」《爾雅・釋地》：「東南之美者，有會稽之竹箭焉。」

因爲東南的竹可以做箭，所以大量輸入北方。《竹書紀年》魏襄王七年：「四月，越王使公師隅來獻乘舟，始罔及舟三百，箭五百萬，犀角象齒焉。」越國人通過邗溝進入中原，一次運箭五百萬支。中原人看到來自東南的竹箭，以爲東南箭竹最多，《禹貢》竟在草木之前先說篠簜，說明《禹貢》不熟悉南方，僅從他看到的物產去想像。荆州也有同樣的植物，但是《禹貢》荆州不提竹箭，因爲荆州和中原之間缺乏便利的運河。直到漢代，仍然如此，《鹽鐵論》卷一《通有》說：「今吳、越之竹，隋、唐之材，不可勝用，而曹、衛、梁、宋，采棺轉尸。」說明吳越的主要商品是竹，隋（今隨州）、唐（今隨州

西北）的主要商品是木材，但是很難運到北方。

　　同樣，揚州提到喬木、桔柚，而荊州不提，不是因為揚州的喬木、桔柚比荊州多，而是因為中原和揚州之間有便利的水運，所以中原人更容易看到或聽說揚州的喬木。漢武帝平東越、南越，中原人才普遍吃到很橘柚，《鹽鐵論》卷三《未通》：「孝武皇帝平百越以為園圃……而民間厭橘柚。」

　　又說：「岷、嶓既藝。」岷山、嶓冢都是很高的山，氣候寒冷，不可能在上古就發展農業，說明作者不熟悉西南。

# 第四節　《職方》：燕趙人的九州說

　　《逸周書・職方解》說：

> 職方氏掌天下之圖，辯其邦國、都鄙、四夷、八蠻、七閩、九貉、五戎、六狄之人民，與其財用九穀六畜之數。周知其利害，乃辨九州之國，使同貫利。

> 東南曰揚州。其山鎮曰會稽，其澤藪曰具區，其川三江，其浸五湖，其利金、錫、竹、箭，其民二男五女，其畜宜雞犬鳥獸，其穀宜□（吳本、王本為「稻」，《周禮》同）。

> 正南曰荊州。其山鎮曰衡山，其澤藪曰雲夢，其川江、漢，其浸潁、湛，其利丹、銀、齒、革，其民一男二女，其畜宜鳥獸，其穀宜稻。

> 河南曰豫州。其山鎮曰華山，其澤藪曰圃田，其川熒、雒，其浸陂、溠，其利林、漆、絲、枲，其民二男三女，其畜宜六擾，其穀宜五種。

> 正東曰青州。其山鎮曰沂山，其澤藪曰望諸，其川淮、泗，其浸沂、沭，其利蒲、魚，其年二男三女，其畜宜雞、犬，其穀宜稻、麥。

> 河東曰兗州。其山鎮曰岱山，其澤藪曰大野，其川河、沛，其浸盧、維，其利蒲、魚，其民二男三女，其畜宜六擾，其穀宜四種。

> 正西曰雍州。其山鎮曰嶽山，其澤藪曰弦蒲，其川涇、汭，其浸渭、洛，其利玉石，其民三男二女，其畜宜牛、馬，其穀宜黍、稷。

　　　　東北曰幽州。其山鎮曰醫無閭，其澤藪曰貕養，其川河、沛，
其浸菑、時，其利魚、鹽，其民一男三女，其畜宜四擾，其穀宜三
種。

　　　　河內曰冀州。其山鎮曰霍山，其澤藪曰揚紆，其川漳，其浸汾、
露，其利松、柏，其民五男三女，其畜宜牛羊，其穀宜黍稷。

　　　　正北曰并州。其山鎮曰恒山，其澤藪曰昭余祁，其川虖池、嘔
夷，其浸淶、易，其利布帛，其民二男三女，其畜宜五擾，其穀宜
五種。〔註27〕

王樹民認爲《職方》是戰國末年燕齊人士所作，因爲那時「有迂大之說行於
燕齊之間，《職方》之『萬里九服』說實其產物。」〔註28〕這個論據顯然很薄
弱，不能令人信服。隨著戰國時期地域的擴張，「萬里九服」說的出現可能是
當時的通行思維，不一定爲燕齊人獨有。顧頡剛對《職方》成書有所推測，
但對其成書時間、作者情況都未作定論。〔註29〕

　　丁山認爲《職方》首列東南的揚州，「與《淮南子·地形》同次，而失
尊王之誼，則其爲書，縱非成於淮南九師，亦必作僞於《淮南子》之後。」
〔註30〕他僅憑揚州在首這一點而論，忽略該篇絕大多數內容與《周禮》、《逸
周書》的總體成書情況，所以他的看法也不能成立。關於《逸周書》出自三
晉，詳見本書第五章的論證。關於《周禮》出自齊魯，我另有詳考，本書暫
不收錄。

　　我認爲《職方》是燕趙人的作品，有五個證據：

　　1.《職方》說：「東北曰幽州，其山鎮曰醫無閭，其澤藪曰貕養，其川河、
沛，其浸菑、時。」

　　醫無閭山即今遼寧醫無閭山，貕養澤在今山東海陽，下文詳考。河、沛
（即濟水）、菑（即淄水）、時（今小清河下游）四水在齊國，幽州跨了燕、
齊二國之地，這是因爲燕昭王破齊後佔領了齊國大部分土地。

　　《職方》：「正東曰青州，其山鎮曰沂山，其澤藪曰望諸，其川淮、泗，
其浸沂、沭。」

〔註27〕 黃懷信、張懋鎔、田旭東：《逸周書匯校集注》，上海古籍出版社，2007 年，
　　　　第 975～990 頁。
〔註28〕 王樹民：《〈周書〉、〈周官〉〈職方〉篇校記》，《禹貢半月刊》第 1 卷第 1 期。
〔註29〕 顧頡剛：《讀〈周官·職方〉》，《禹貢半月刊》第 7 卷第 6、7 合期。
〔註30〕 丁山：《古代神話與民族》，第 473 頁。

望諸即《禹貢》孟豬澤（在今山東曹縣、單縣、河南虞城縣交界處），《禹貢》的青州在今泰沂山地北面，這裡的青州在泰沂山地南面，因為齊國被破後，僅保有莒（在今山東莒縣）、即墨（在今山東平度東）二城，襄王在莒地即位復國，但他的活動不限於莒城，《戰國策・齊策六》：「燕人興師而襲齊墟，王走而之城陽之山中。」城陽之山應指漢代城陽國（今山東莒縣、沂南縣一帶）山區，可見齊襄王活動地域在今山東的東南部，所以《職方》把青州放在泰沂山地南面。

2. 冀州北部又獨立出并州，《職方》說：「正北曰并州，其山鎮曰恒山，其澤藪曰昭余祁，其川虖池、嘔夷，其浸淶、易，其利布帛，其民二男三女，其畜宜五擾，其穀宜五種。」此處所說的恒山在今河北唐縣之北，昭余祁澤在太原盆地，虖池即滹沱河，嘔夷即古滱水（上游即今河北的唐河上游，下游已變遷），淶水即今拒馬河，易水即今易水河或瀑河。并州本來是狄人代國（在今河北蔚縣）、白狄鮮虞國（在今保定、石家莊一帶）、肥國（在今河北槁城）、鼓國（在今河北晉州）和樓煩（在今山西、河北的北部）等北方民族之地，公元前530年晉國滅肥，10年後滅鼓，公元前476年趙襄子所滅代。鮮虞發展為中山國，魏、趙、燕、齊都圖謀吞併中山，魏國在公元前406年先滅中山，中山後又復國。《史記・六國年表》趙惠文王四年「與齊、燕共滅中山」，《韓非子・有度》：

> 燕襄王（按：應為昭王）以河為境，以薊為國，襲涿、方城，
> 殘齊，平中山。

同書《飾邪》說：

> 當燕之方明奉法，審官斷之時，東縣齊國，南盡中山之地。

〔註31〕

似乎燕國開始佔領不少土地，《戰國策・齊策五》蘇秦說：

> 燕齊戰，而趙氏兼中山。

說明因為燕、齊不和，趙國得以獨吞中山。《齊策五》蘇秦又說：

> 昔者齊、燕戰於桓之曲，燕不勝，十萬之眾盡。胡人襲燕樓煩
> 數縣，取其牛馬。

---

〔註31〕〔清〕王先謙撰、呂蘇生補釋：《鮮虞中山國事表》，上海古籍出版社，1993年，第32頁、第38頁、第66～67頁。段連勤：《北狄族與中山國》，廣西師範大學出版社，2007年，第70～71頁、第81～82頁、第134～135頁。

此戰即上文所說的燕齊之戰，〔註32〕說明燕國的勢力曾經達到樓煩。但當然這裡的樓煩不一定在今山西北部，因為北方游牧民族常有遷徙，所以這裡的樓煩也有可能在河北西北部。

3.《職方》的并州不僅獨立，而且竟然是九州中條件最好的一州，其餘八州之利為：金錫竹箭（揚州）、丹銀齒革（荊州）、林漆絲枲（豫州）、蒲魚（青州、兗州）、玉石（雍州）、魚鹽（幽州）、松柏（冀州），全是未加工或少加工的初級商品，只有并州是「其利布帛」。除了豫州和并州是「其穀宜五種」，其他七州是所宜之糧食作物一種到四種。

并州的農業不應太發達，沈長雲指出趙國北部農業不發達，〔註33〕《史記‧貨殖列傳》：「種、代，石北也，地邊胡，數被寇。人民矜懻忮，好氣，任俠為奸，不事農商。然迫近北夷，師旅亟往，中國委輸時有奇羨。中山地薄人眾，猶有沙丘紂淫地餘民，民俗懁急，仰機利而食。」可見并州的農業、絲織業都不發達，《職方》并州之所以有如此好的條件，無非是因為作者是并州人。《職方》每州除了地理，還列有「其利」，這也和并州之民好利有關，所謂中山之民「仰機利而食」。

4.《職方》對於其他諸州地理多有舛錯，比如兗州有岱山（即泰山）、濰河，插入幽州、青州之間。又每州列有澤藪、川、浸，豫州「其川滎、雒」，滎（通滎）是滎澤（在今鄭州市北部），雒是洛河，滎澤很小，怎麼能排到洛河前面？雍州「其川涇汭，其浸渭洛」，渭、洛（今陝西的北洛河）比涇、汭（今甘肅華亭、崇信、涇川三縣的汭河）大，似乎浸大於川，但是其餘各州除揚州川是三江、浸是五湖因而不能比較外，都是川大於浸，可見作者不明雍州地理。

5.《職方》說：「辨其邦國、都鄙、四夷、八蠻、七閩、九貉、五戎、六狄之人民。」這裡敘述華夏周邊民族時所加的數字也值得考究，東南的夷、蠻、閩，種類較少，西北的戎狄種類居中，北方的貉的種類卻最多。按照我們對後世民族情況的認識，華南的民族種類比北方多，至今尚且如此。

但是在《職方》中最多的居然是貉，這也說明作者是靠近貉族的燕趙人。《史記‧趙世家》霍泰山神對趙襄子說：「女亦立我百邑，余將賜女林胡之地。

〔註32〕徐中舒：《論〈戰國策〉的編寫及有關蘇秦諸問題》第六《齊燕權之戰》，《歷史研究》1964 年第 1 期。
〔註33〕沈長雲：《趙國史稿》，北京：中華書局，2000 年，第 226 頁。

至於後世，且有亢王，赤黑，龍面而鳥噣，鬢欒髭皣，大膺大胸，脩下而馮，左衽界乘，奄有河宗，至於休、溷諸貉，南伐晉別，北滅黑姑。」後世的亢王無疑是趙武靈王，修下、左衽都是指胡服，所以諸貉就是指林胡、樓煩等胡人，〔註34〕貉、胡音近可通。潘光旦引《資治通鑑》卷八李斯說「（臣）北逐胡貉」，認爲胡、貉爲二，貉是東北的貊。〔註35〕其實這個看法不對，古書經常胡貉並稱，《墨子・兼愛中》說：「古者禹治天下……灑爲底柱，鑿爲龍門，以利燕、代、胡貉與西河之民。」這裡的胡貉肯定靠近燕、代，又《荀子・強國》說：「今秦，南乃有沙羨與俱，是乃江南也。北與胡貉爲鄰，西有巴戎。東在楚者，乃界於齊。在韓者，逾常山乃有臨慮。其在趙者，剡然有苓，而據松柏之塞。」當時秦國的最北境即趙國西北舊疆，所以這裡的胡貉也和東北的貊無關。

關於上述前兩點，顧頡剛的文章已經提到，但是他沒有進一步觀察出并州更多的特異性，因此沒有對《職方》成書作出準確判斷。有學者認爲《職方》言九州和九服，必定在周王室有權力時，所以推測《職方》寫成在春秋早期。〔註36〕這種推測缺乏依據，古人經常託古而作，不可全信。〔註37〕

楊向奎、顧頡剛等學者認爲《周禮》是戰國時齊人所編，〔註38〕而戰國時期燕、齊、趙等國士人往來頻繁，趙人荀卿、慎到至齊稷下學宮，齊人鄒衍遊燕、趙，破齊的中山人樂毅父子奔趙，其後樂瑕公、樂臣公在趙亡時奔齊，「修黃老之言，顯聞於齊」（《史記・孟子荀卿列傳》、《樂毅列傳》）。因爲很多燕趙人來到齊國，所以燕趙人的《職方》很有可能因此被收入齊人的《周禮》。

## 第五節　《容成氏》：齊人的九州說

楚竹書《容成氏》的九州，李零釋爲夾州（從內容看，疑即兗州）、塗州（從明都澤的位置看，疑即徐州）、競州（疑即青州）、莒州、蓏州（簡文字

〔註34〕楊寬：《戰國史》，上海人民出版社，2003年，第287頁。
〔註35〕潘光旦：《中國民族史料彙編》，天津古籍出版社，2005年，第396頁。
〔註36〕黃懷信：《逸周書校補注譯》，三秦出版社，2006年，第61～62頁。
〔註37〕李零：《簡帛古書與學術源流》，北京：三聯書店，2004年，第197頁、第220頁。
〔註38〕楊向奎：《〈周禮〉的内容分析及其制作時代》，《山東大學學報》1954年第4期。顧頡剛：《周公制禮的傳說和〈周官〉一書的出現》，《文史》第六輯。

形近並，疑即并州）、荆州、陽州（即揚州）、敘州（即豫州）、且州（從文義看，疑即雍州，或因沮水得名）。〔註39〕

陳偉認爲蒞州是藕州，義通并州，夾州是寅州（即兗州）之誤，且州即雍州，因地形壅阻得名。〔註40〕晏昌貴等人根據《爾雅》「兩河間曰冀州」、《呂覽》「兩河之間爲冀州」認爲夾州是冀州，這個九州說形成於兩周之際或春秋前期。〔註41〕

目前關於夾州的解釋還有爭論，〔註42〕有人說《容成氏》九河不提入海，所以不是兗州九河，〔註43〕我認爲此說不確，因爲冀州不存在九河，九河一般是指黃河下游散流的河道，而且原文是夾州和徐州並列，冀州和徐州並不接壤，兗州才和徐州接壤。尹宏兵在前人認爲《容成氏》爲墨家作品的基礎上，〔註44〕結合九州劃分，進一步認爲這個九州說代表了殷人的地理觀，是戰國早中期的作品。〔註45〕

我們還可以從具體的描述上來看其形成地域：

1.《容成氏》說：「禹乃通涇與渭，北注之河，於是乎且州始可處也」，涇河、渭河是東流的，卻被認爲是北流，可見不熟悉西北地理。

2.《容成氏》說：「禹乃通蔞與易，於是乎藕州始可處也」，易水不是直接入海的，而是注入滱水或淶水，蔞水，李零疑爲淶水，陳偉疑即淶水，後二者在先秦的情況不清楚，但是漢代也不是直接入海的，而冀、兗合併爲一個夾州，可見作者不熟悉北方地理。

---

〔註39〕馬承源主編：《上海博物館藏戰國楚竹書（二）》，上海古籍出版社，2002 年，第 268～271 頁。

〔註40〕陳偉：《竹書〈容成氏〉所見的九州》，《中國史研究》2003 年第 3 期。

〔註41〕晏昌貴：《竹書〈容成氏〉九州考略》，陝西師範大學西北歷史環境與經濟社會發展研究中心編：《歷史環境與文明演進——2004 年歷史地理國際學術研討會論文集》，北京：商務印書館，2005 年。

〔註42〕陳劍：《上博楚簡〈容成氏〉與古史傳說》，《中央研究院成立 75 週年紀念論文集—中國南方文明學術研討會》，中央研究院歷史語言研究所，2003 年。

〔註43〕孟繁璞：《上博簡〈容成氏〉「九州」補說》，復旦大學出土文獻與古文字研究中心網站 2018 年 4 月 20 日發佈，網址：http://www.gwz.fudan.edu.cn/Web/Show/4238。

〔註44〕有學者認爲該篇是墨家作品，見黃海烈：《上博簡〈容成氏〉的發現及其學派歸屬問題》，復旦大學出土文獻與古文字研究中心網站 2008 年 5 月 26 日發佈，網址：http://www.gwz.fudan.edu.cn/Web/Show/443。

〔註45〕尹宏兵：《〈容成氏〉與九州》，丁四新主編：《楚地簡帛思想研究（三）》，湖北教育出版社，2007 年。

3.《容成氏》說：「禹乃通三江、五湖，東注之海，於是乎荊州、揚州始可處也」，這裡的三江、五湖全是長江下游揚州的地理，關於荊州的描述居然缺失，可見不熟悉荊州。

4.《容成氏》說：「禹通淮與沂，於是乎競州、莒州始可處也」，這裡的淮水、沂水都在莒州，沒有描述競州。我認爲，競通爭，爭的上古音 tzheng 接近青 tsieng，所以競州是青州。

5.《容成氏》說：「禹親執畚耜，以陂明都之澤，決九河之阻，於是乎夾州、徐州始可處」，還單獨設立莒州，可見作者熟悉的是黃淮下游地區。

《容成氏》九州說最大的特色是莒州，莒州因莒國得名，這裡的主體民族東夷是列國關注的對象，《左傳·僖公四年》陳國轅濤塗對鄭申侯說：

> （齊）師出於陳、鄭之間，國必甚病。若出於東方，觀兵於東夷，循海而歸，其可也。

所謂觀兵於東夷，指楚國向東夷顯示兵力以威懾之。《國語·吳語》王孫雒對夫差說：

> 無會而歸，越聞章矣，民懼而走，遠無正就。齊、宋、徐、夷曰：『吳既敗矣！』將夾溝而㒒我，我無生命矣。

說明春秋末年東夷仍有戰鬥力。《戰國策·秦策三》有人勸魏冉說：

> 齊有東國之地，方千里。楚苞九夷，又方千里。南有符離之塞，北有甘魚之口……利有千里者二，富擅越隸。

這裡說秦人擔心的是齊國得到楚國東部九夷的千里之地，從而更加強大。莒國君主是嬴姓少昊氏的後代，屬於東夷集團。前人已經指出：春秋中葉，莒國入向、滅鄫，取杞、伐齊、魯，一度強盛，疆域曾經北達今山東安丘、膠州，東到今黃海，西達今沂水、蒼山（2014 年改名蘭陵），南到今江蘇贛榆，是一個中等國家。〔註46〕戰國時期，莒是越、楚、齊反覆爭奪之地。

馬王堆帛書有一段論述分野的材料提到：

> 嫛女，齊南地也。虛，齊北地【也】。【危】齊西地也。〔註47〕

這裡把齊地分爲南、北、西三塊，「齊北地」無疑是泰沂山地以北的部分，而「齊西地」即齊的「西壤」，《荀子·強國》荀卿子說齊相說：

> 今巨楚縣吾前，大燕鰌吾後，勁魏鉤吾右，西壤之不絕若繩，

---

〔註46〕楊善群：《莒國史諸問題探討》，《學術月刊》2001 年第 4 期。

〔註47〕劉樂賢：《簡帛數術文獻探論》，湖北教育出版社，2003 年，第 245 頁。

楚人則乃有襄賁、開陽以臨吾左，是一國作謀，則三國必起而乘我。
這是齊國被破之前的情況，「西壤」即濟水以東的汶水、泗水流域，「齊南地」
即泰沂山地以南的沂水、沭水流域，即《史記・魯仲連鄒陽列傳》魯仲連所
謂「齊之南陽」。齊湣王滅宋，又取得楚的淮北地。「齊北地」即《禹貢》、《容
成氏》青州之地，「齊西地」即《容成氏》徐州之地，「齊南地」即《容成氏》
莒州之地。

《詩經・魯頌・閟宮》：「泰山巖巖，魯邦所瞻。奄有龜蒙，遂荒大東。
至于海邦，淮夷來同。莫不率從，魯侯之功。保有鳧繹，遂荒徐宅。至于海
邦，淮夷蠻貊。及彼南夷，莫不率從。」這裡把原爲「徐宅」的魯邦和位於
「大東」的海邦分開，其實就是徐州和莒州成立的原型，莒州正是沂、沭流
域及淮河下游的一些東夷國家。

尹宏兵認爲《容成氏》以莒爲山東的代表，表明其作者對東夷系統具有
親近感。我認爲此說合理，《漢書・藝文志》陰陽家有《容成子》十四篇，《漢
書》記載陰陽家的主流是齊人，有齊人鄒子、鄒奭，又說：「《周伯》十一篇。
齊人，六國時……於長《天下忠臣》九篇，平陰人。」還說：「《乘丘子》五
篇，六國時。」前秦王嘉《拾遺記》卷一說：「皇娥生少昊，號曰窮桑氏，亦
曰桑丘氏。至六國時，桑丘子著《陰陽書》，即其餘裔也。」桑丘即乘丘，讀
音接近。桑丘即乘丘，漢成帝鴻嘉元年（前 20 年）封東平思王指頗爲桑丘侯，
即《漢書・地理志》泰山郡乘丘縣，[註 48] 在今兗州市西北堰頭村，鄰近曲
阜之北的窮桑。《乘丘子》非常重要，《拾遺記》的一些珍貴資料很可能來自
燕齊方士，所以才能記載海外五大神山。[註 49] 今山東榮成的名字出現在《史
記・秦始皇本紀》，榮成即容成，說明《容成氏》的作者很可能是齊魯人。

日本學者平勢隆郎認爲，《容成氏》說大禹：「乃從漢以南爲名谷五百，
漢以北爲名谷五百。」因爲特別強調漢水的地位，所以作者是楚人。[註 50]
我認爲《容成氏》自然是楚人所作，但是其中的九州說則是楚人吸收的齊人
學說。所以開頭是兗州，其次是塗州（徐州）、競州（青州）、莒州，都靠近
宋地，荊州、揚州被排在最末，看不出對荊州的特別關注。

〔註 48〕周振鶴：《漢書地理志匯釋》，安徽教育出版社，2006 年，第 221 頁。
〔註 49〕周運中：《上古東南海外五大神山考實》，《海交史研究》2016 年第 1 期。
〔註 50〕〔日〕平勢隆郎著、周潔譯：《從城市國家到中華：殷周、春秋戰國》，第 184
頁。

# 第六節 《呂覽》：秦人的九州說

《史記·呂不韋列傳》：

> 當是時，魏有信陵君，楚有春申君，趙有平原君，齊有孟嘗君，皆下士喜賓客以相傾。呂不韋以秦之彊，羞不如，亦招致士，厚遇之，至食客三千人……呂不韋乃使其客人人著所聞……號曰《呂氏春秋》。

《呂氏春秋》是呂不韋代表秦國所作，其說九州爲：

> 何謂九州？河漢之間爲豫州，周也。兩河之間爲冀州，晉也。河、濟之間爲兗州，衛也。東方爲青州，齊也。泗上爲徐州，魯也。東南爲揚州，越也。南方爲荊州，楚也。西方爲雍州，秦也。北方爲幽州，燕也。〔註51〕

這裡把九州和東周列國對應，在九州諸說中最有現實性。因爲呂不韋作書的目的就是要在文化方面超過東方六國，秦人的意志就是吞併天下，所以其九州的目的也是敘時務而非追往古。

# 第七節 《釋地》：魯人的九州說

《爾雅·釋地》：

> 兩河間曰冀州，河南曰豫州，河西曰雝州，漢南曰荊州，江南曰揚州，濟、河間曰兗州，濟東曰徐州，燕曰幽州，齊曰營州。

漢南爲荊州，則河、漢之間爲豫州，同於《呂覽》。西漢劉向《說苑·辨物》九州除了「齊曰青州」外全同於《釋地》，說明營州即青州。《釋地》九州說和《呂覽》九州說不同處有四：

1. 《呂覽》：「泗上爲徐州，魯也。」《釋地》說：「濟東曰徐州。」濟水之東比泗水之上，地域要大得多，現在學界多以爲《爾雅》是戰國到漢初的齊魯儒生編纂，〔註52〕魯地是儒學的發源地，所以《爾雅》成書於魯地的可能性大於齊地。春秋時期魯國的疆域，西到今山東鄆城、巨野、成武、單縣，北到泰山及汶水之北，南到山東、江蘇交界處，東到今沂水縣之東，〔註53〕

---

〔註51〕 王利器：《呂氏春秋注疏》，巴蜀書社，2002年，第1231～1235頁。

〔註52〕 竇秀豔：《中國雅學史》，齊魯書社，2004年，第8～21頁。

〔註53〕 童書業：《春秋史》，上海古籍出版社，2003年，第127頁。

正是所謂的「濟東」，而不止在「泗上」之地。所以《漢書‧地理志》說：「東平、須昌、壽良，皆在濟東，屬魯，非宋地也，當考。」這裡把魯的範圍確定在「濟東」，實有所本。戰國時的魯國疆域縮小很多，最後僅有曲阜周圍一小塊地區，但是魯地儒生認為自己是西周禮樂制度的眞正傳人，仍然懷念當年魯國的廣闊疆域，所以《爾雅》要把徐州的西界擴大到濟水。

2.《呂覽》：「東南爲揚州，越也。」《釋地》：「江南曰揚州。」東南地區應以淮河爲北界，《禹貢》揚州的北界就是淮河，但是《釋地》的揚州則是以長江爲北界，江南比東南小很多。從上引《詩經‧魯頌‧閟宮》可以看出魯國勢力範圍達到海邦、淮夷及其南面的夷人，已經越過淮河了。戰國早期越國佔領魯國東南諸小國，楊寬考訂越國滅滕（在今山東滕州）、滅郯（在今山東省郯城）、滅繒（在今山東蘭陵）分別在公元前 414、413、405 年，〔註54〕越國勢力直逼魯國，這當然被魯地儒生反對，他們認爲越國的範圍不能越過長江，所以《釋地》不說「東南爲揚州」，而說「江南曰揚州」。

3.《呂覽》：「南方爲荊州，楚也。」《釋地》：「漢南曰荊州。」南方的範圍很大，《呂覽》說南方爲荊州，是楚地，這接近事實，因爲楚國確實佔領了當時中國南方的多數地區。但是《釋地》把荊州的範圍限定在漢水以南，荊州得名於荊楚的國名，這反映《釋地》的作者認爲楚國的範圍應在漢水以南。其實楚國的疆域在西周時就越過漢水了，《史記‧楚世家》記載周夷王時，「熊渠甚得江漢間民和，乃興兵伐庸、楊粵、至於鄂。……乃立其長子康爲句亶王，中子紅爲鄂王，少子執疵爲越章王，皆在江上楚蠻之地。」庸國在今湖北省西北部，楊粵舊說在今長江以南，但是根據 2001 年鄖縣五峰鄉出土的帶有「揚（字原從牛從易）子」銘文的青銅器，我們可以知道楊粵也在湖北西北部的漢水兩岸。孫啓康認爲《左傳‧文公十一年》的錫穴與漢晉時期的錫縣就得名於鄖縣的古揚族，〔註55〕其實也即楊粵。熊渠所伐的鄂國所在，舊有二說，一在今湖北鄂州市，即漢晉時期的鄂縣，一在今南陽市，即漢晉時期的西鄂縣。現在看來，應以南陽的西鄂較爲合理。上引「皆在江上楚蠻之地」一句會使人認爲楊粵、鄂在長江沿岸，其實司馬遷還有誤漢水爲長江的例子，如《史記‧楚世家》說：「昭王南巡狩不返，卒於江上。」但是根據《竹

〔註54〕楊寬：《戰國史料編年輯證》，上海人民出版社，2001 年。
〔註55〕孫啓康：《丹江口水庫庫區出土三起銅器銘文考釋——讀〈塵封的瑰寶〉覓王侯之蹤跡》，《江漢考古》2008 年第 1 期。

書紀年》、《呂氏春秋》記載，周昭王是死在漢水。〔註56〕春秋時期，漢水以北的南陽盆地全部被楚佔領，但是幾百年後的齊魯儒生作《釋地》時仍然要把荊州限定在漢水以南。

4.《呂覽》：「西方爲雍州，秦也。」《釋地》：「河西曰雝州。」雝即雍，西南的巴蜀地區早已爲秦佔領，也屬於西方的秦地，但是《釋地》的河西則局限在西北，河西比西方小很多。《漢書・地理志》：「故秦地於《禹貢》時，跨雍、梁二州。」《呂覽》的西方雍州爲秦，表明《呂覽》的雍州包括了《禹貢》的雍、梁二州。陸德明《爾雅音義》引《太康地記》說：「雍州兼得梁州之地。」後世多數學者認同這一觀點，清代姚正父《爾雅啓蒙》說：「《爾雅》、《職方》無梁州，豫、雍兼之也。」〔註57〕豫州不可能兼得梁州，但是從古人的歧見可以看出梁州之地在《釋地》中沒有明確的地位。《釋地》對梁州未作說明，因爲《釋地》的作者是東方人，對廣闊的西南地區不太瞭解，可能不太注意巴蜀早已屬於秦地，或者是不願意承認秦國開疆拓土，所以仍然說「河西曰雝州」，而不說「西方爲雍州」。

# 第八節　《地形》：淮南人的九州說

《淮南子・地形》：

> 何謂九州？東南神州曰農土，正南次州曰沃土，西南戎州曰滔土，正西弇州曰並土，正中冀州曰中土，西北台州曰肥土，正北泲州曰成土，東北薄州曰隱土，正東陽州曰申土。〔註58〕

據《史記・孟子荀卿列傳》，鄒衍的大九州說把《禹貢》的九州合爲一個「赤縣神州」，有不少學者以爲《地形》的神州就說鄒衍的赤縣神州，所以《地形》的九州是鄒衍的大九州說。〔註59〕這些看法都很片面，因爲神州只是其中一州，其餘八州還要分析，具體如下：

1. 正中是冀州，這裡把冀州當作中土，是因爲秦漢大力開拓北邊，原來在北邊的冀州已經內化爲中土。

〔註56〕楊寬：《西周史》，第557頁。
〔註57〕朱祖延主編：《爾雅詁林》，湖北教育出版社，1996年，第2508～2510頁。
〔註58〕張雙棣：《淮南子校釋》，北京大學出版社，1997年，第417頁。
〔註59〕楊樹達：《淮南子證聞》，上海古籍出版社，2006年，第34頁。丁山：《古代神話與民族》，第474頁。顧頡剛：《浪口村隨筆》大九州條，遼寧教育出版社，1998年，第33～34頁。

2. 正北是沛州，沛即濟，因爲濟水在淮南國的正北面，所以把沛（濟）州當作正北的州。

3.正東的陽州，就是揚州，二者都從易，《容成氏》作陽州。揚州地區主要在淮南國的東面，所以稱爲正東。

4. 正南爲次州，次可通茨，《莊子‧徐无鬼》「將見大隗於具茨之山」，陸德明《釋文》：「具茨，一本作次。」〔註60〕《小雅‧楚茨》：「楚楚者茨，言抽其棘。」《毛傳》：「楚楚，茨棘貌。」《鄘風‧牆有茨》：「牆有茨，不可掃也。」《毛傳》：「茨，蒺藜也。」〔註61〕蒺藜和荊（楚）、棘都有刺，所以用「楚楚」形容蒺藜有刺的樣子，則次（茨）州即荊州。

5. 東北的薄州，無疑是源自貊族，這也證明上文所說并州源自貊。隱土無疑來自最東北方的幽州一名，幽、隱同義。

6. 正西的弇州來自弇州山，《山海經‧大荒西經》：

> 有弇州之山，五采之鳥仰天，名曰鳴鳥。爰有百樂歌儛之風。……西海陼中，有神人面鳥身，珥兩青蛇，踐兩赤蛇，名曰弇茲。〔註62〕

弇州山又名弇山，《穆天子傳》卷三：「天子遂驅陞於弇山。」郭璞注：「弇山，弇茲山，日入所也。」弇山在西王母之國，《山海經‧西次三經》裏西王母所居的玉山西面就是軒轅之丘，和《大荒西經》對應。弇茲山也作崦嵫山，《離騷》：「吾令羲和弭節兮，望崦嵫而勿迫。」《史記‧匈奴列傳》有焉支山，《正義》引《括地志》云：「焉支山一名刪丹山，在甘州刪丹縣東南五十里。《西河故事》云：匈奴失祁連、焉支二山，乃歌曰：亡我祁連山，使我六畜不蕃息；失我焉支山，使我婦女無顏色。」若弇茲山（崦嵫山）即此焉支山（在今甘肅山丹縣東南），則離中原更近。焉支山爲因胭脂得名，〔註63〕既是通名，則弇茲山可能在很多地方都有。弇茲、崦嵫很可能是奄蔡的同源字，因爲這個游牧民族的遷徙，而分佈在中亞到甘肅的廣大地域，詳見本書第十一章第七節。

〔註60〕〔清〕郭慶藩撰、王孝魚點校：《莊子集釋》，北京：中華書局，2004年，第830頁。

〔註61〕十三經注疏整理委員會整理：《詩經正義》，北京大學出版社，2000年，第215、945頁。

〔註62〕袁珂校注：《山海經校注》，巴蜀書社，1993年，第458～459頁。

〔註63〕唐曉峰：《山地對於匈奴的重要意義》，侯仁之、鄧輝主編：《中國北方乾旱半乾旱地區歷史時期環境變遷研究文集》，北京：商務印書館，2006年，第288頁。

7. 西南的戎州源自戎人，《史記‧西南夷列傳》：

> 其外西自同師以東，北至楪榆，名爲巂、昆明，皆編髮，隨畜
> 遷徙，毋常處，毋君長，地方可數千里。

漢代疆域已經到達西南地區的高原，西南的高原民族從事游牧，和西北的戎狄相近，有些就是南下的西北戎狄，所以把西南稱爲戎州。

所以，《地形》的九州還是小九州，至於神州一詞的加入，是因爲劉安的門客龐雜，《淮南子》以道家思想爲主，必然要受鄒衍的學說影響。《地形》東南爲農土、正南爲沃土，顯然也和成書於淮南有關。因爲漢代的南方農業雖然比先秦發達，但是在當時中原人的眼中仍然不是農耕佳地。但是《淮南子》成書於南方，所以《地形》自然說南方的土地很肥沃、適宜農耕。

九州諸說雖異，其實形成時間的跨度不大，除《淮南子》外，都在戰國時期。而《淮南子》九州說的源頭，很可能也來自戰國，《淮南子》產生的時代距戰國也不遠。

九州異說產生的主要原因是地域性原因，次要原因是歷史性原因。即使在燕國破齊後，楚人也寫不出《職方》，燕人也不會設計出莒州。即使到了秦漢時期，秦人、越人也寫不出《釋地》，淮南以外的人也不會把沛州當作正北的州。九州說歧義紛呈，正是戰國時代中國多元地域文化的反映。到了秦漢大一統以後，各地文化趨於統一，人們也就不從地域的角度去思考九州的種種異說了。我們把各種九州說的地域源頭考證清楚，才能看到上古中國文化的原貌。

# 第二章 《禹貢》出自子夏

　　我認為，《禹貢》最有可能出自子夏一派儒家。《禹貢》能進入《尚書》，不是普通人所為，一定出自著名學者之手。春秋到戰國之際的儒家著名學者，唯有子夏和《禹貢》關係最密切，所以《禹貢》作者很可能是子夏一派學者。

## 第一節 《禹貢》出自子夏

　　子夏是著名學者，《史記‧仲尼弟子列傳》：

　　　　文學：子游，子夏……卜商，字子夏，少孔子四十四歲。子夏
　　問：「巧笑倩兮，美目盼兮，素以為絢兮。何謂也？」子曰：「繪事
　　後素。」曰：「禮後乎？」孔子曰：「商始可與言詩已矣。」子貢問：
　　「師與商孰賢？」子曰：「師也過，商也不及。」「然則師愈與？」
　　曰：「過猶不及。」子謂子夏曰：「汝為君子儒，無為小人儒。」孔
　　子既沒，子夏居西河教授，為魏文侯師。其子死，哭之失明。

子夏是溫國人，戰國屬衛，所以後世稱為衛人。裴駰《集解》：「《家語》云，衛人。鄭玄曰，溫國卜商。」《索隱》按：「《家語》云衛人，鄭玄云溫國人，不同者，溫國今河內溫縣，元屬衛故。」此處說溫原屬衛，是從後世來看。

　　子夏教書的西河，很多人誤以為是山西、陝西之間的黃河，也即晉之西河，但是錢穆提出是河南北部的黃河，是魯之西河。錢穆的證據是：

　　1.《史記‧孔子世家》說孔子到衛國，衛靈公問是否可以伐蒲，孔子曰：「其男子有死之志，婦人有保西河之志。」

　　2.《呂氏春秋‧音初》：「殷整甲，徙宅西河。」《太平御覽》卷八三引《竹

書紀年》：「河亶甲居相。」

3.《北堂書鈔》卷一三引《紀年》：「啓征西河。」今本《紀年》啓：「十五年，武觀以西河叛，彭伯壽帥師征西河，武觀來歸。」朱右曾《逸周書集訓校釋》：「西河即相，今之河南安陽，與觀地相近。」

4.《孟子·告子下》：「昔者，王豹處於淇，而河西善謳。」河西即西河，說明靠近淇水。

5.《藝文類聚》卷六四《尚書大傳》：「子夏讀書畢，見夫子，夫子問焉，子何爲於書，對曰：書之論事，昭昭若日月之明，離離若參辰之錯行，上有堯舜之道，下有三王之義，商所受於夫子者，志之不敢忘也，雖退而窮思河濟之間，深山之中，壞室編蓬爲戶，於中彈琴，詠先王之道，則可發憤慷慨矣。」

6.《史記·魏世家》：「是以東得卜子夏、田子方、段干木。」說明子夏居地在魏國故都安邑之東。〔註1〕

我認爲，錢穆此說總體可信，子夏所居西河是衛地。但是第四條證據不能成立，因爲淇水在黃河之西，河西不必解釋爲西河。因爲子夏事蹟來自儒家，多是魯人，衛在魯之西，所以稱今河南省北部的黃河爲西河。

子夏是溫地人，屬於廣義的晉地，衛國基本被三晉吞併，所以《禹貢》在冀州、雍州最詳細，方言也是秦晉方言，這是《禹貢》出自子夏的第一個證據。

司馬貞《史記索隱》：

> 子夏文學，著於四科，序《詩》，傳《易》。又孔子以《春秋》
> 屬商。又傳《禮》，著在《禮志》。而此史並不論，空記《論語》小
> 事，亦其疏也。

司馬貞認爲，司馬遷的《史記》不應僅抄錄《論語》子夏小事，子夏傳承了六經中的四科，是孔門第一流大學者。

其實司馬遷之所以如此，就是因爲孔子認爲子夏不是他心目中最理想的弟子。雖然子夏最努力，而且非常尊重老師。但是孔子認爲子夏身上有小人之風，提醒他不要做小人儒！

所謂小人，就是關注經世致用之學，這是因爲子夏家鄉靠近晉國，三晉學術最大的特點是經世致用，主流是法家。法家主要出自三晉，荀子是趙人，

〔註1〕 錢穆：《子夏居西河考》，《禹貢》第三卷第二期，第1～3頁。

雖然屬儒家，但是他的儒學帶有法家色彩，他的弟子李斯、韓非都是法家。子夏出自三晉，關注經世致用，所以他做了魏文侯的老師。

子夏的家鄉溫是重要商業都市，《史記・貨殖列傳》：「昔唐人都河東，殷人都河內，周人都河南。夫三河在天下之中，若鼎足，王者所更居也，建國各數百千歲，土地小狹，民人眾，都國諸侯所聚會，故其俗纖儉習事。溫、軹，西賈上黨，北賈趙、中山。」

《禮記・檀弓上》：

> 有子曰：「……昔者夫子失魯司寇，將之荊，蓋先之以子夏，又申之以冉有，以斯知不欲速貧也。」

子夏和冉有一樣，有經世濟用之才，能為孔子提供政治經濟的依靠，孔子也要依靠這樣的弟子。

《論語・子路》：

> 樊遲請學稼，子曰：「吾不如老農。」請學為圃，曰：「吾不如老圃。」樊遲出。子曰：「小人哉，樊須也！上好禮，則民莫敢不敬；上好義，則民莫敢不服；上好信，則民莫敢不用情。夫如是，則四方之民襁負其子而至矣，焉用稼！」

孔子認為樊遲是小人，因為他關心農業！樊遲很可能出自樊國（在今河南濟源），緊鄰子夏的老家溫縣。孔子勸告子夏不做小人儒，很可能因為子夏也很關心農業等經世之學。《禹貢》帶有濃厚的科學色彩，詳細記載各地土壤、草木、山川、田賦、物產、交通，這正是孔子最鄙視的學問，這是子夏關注的學問，這是《禹貢》出自子夏的第二個證據。

子夏出身貧困，《荀子・大略》：

> 子夏家貧，衣若縣鶉。人曰：「子何不仕？」曰：「諸侯之驕我者，吾不為臣；大夫之驕我者，吾不復見。柳下惠與後門者同衣，而不見疑，非一日之聞也。爭利如蚤甲，而喪其掌。」

這是子夏早年情況，或許不是晚年做了魏文侯老師時的情況。因為子夏出身底層，所以關心經世之學。

《呂氏春秋》卷二十二《察傳》：

> 子夏之晉，過衛，有讀史記者曰：「晉師三豕涉河。」子夏曰：「非也，是己亥也。夫己與三相近，豕與亥相似。」至於晉，而問之，則曰晉師己亥涉河也。

子夏的校勘學工夫一流，一眼就能看出三豕是己亥之形訛，他的學問根基非常深厚。

《禮記·檀弓上》：

> 子夏喪其子，而喪其明。曾子弔之曰：「吾聞之也：朋友喪明則哭之。」曾子哭，子夏亦哭，曰：「天乎！予之無罪也。」曾子怒曰：「商，女何無罪也？吾與汝事夫子於洙泗之間，退而老於西河之上，使西河之民疑女於夫子，爾罪一也。喪爾親，使民未有聞焉，爾罪二也。喪爾子，喪爾明，爾罪三也。而曰女何無罪與！」子夏投其杖而拜曰：「吾過矣！吾過矣！吾離羣而索居，亦已久矣。」

子夏學習認真，晚年失明，兒子也去世了，曾參是黃鼠狼給雞拜年，說子夏失明喪子都是罪過，正是欲加之罪，何患無辭！子夏學富五車，在西河教書，影響很大，西河人尊稱他為夫子，儼然另立中央，引發魯地門生的強烈嫉妒，所以曾參表面上是來慰問，實際上是來宣佈儒學中央的權威。

曾參的學術不能超過子夏，但是他是魯國本省人，而子夏是外省人，好像天然帶有一種原罪。《禮記》出自魯國一派，把子夏寫得如此不堪。曾參的父親曾點就是師從孔子，出自名門。子夏這樣來自西部的小人，就是再努力，也不能和曾參拼爹。

清代陳玉澍《卜子年譜·自敘》：

> 無曾子則無宋儒之道學，無卜子則無漢儒之經學。宋儒之言道學者，必由子思、孟子而溯源於曾子。漢儒之言經學者，必由荀、毛、公、穀而溯源於卜子。

漢宋對立是中國古代儒學的主線，陳玉澍把漢宋對立的源頭追溯到子夏和曾參的對立，可謂抓住了問題本質。曾子是理學的鼻祖，理學不重格物致知，眼睛不容易失明。子夏是實學的鼻祖，要學太多知識，眼睛容易失明。

《荀子·非十二子》：

> 正其衣冠，齊其顏色，嗛然而終日不言，是子夏氏之賤儒也……
> 彼君子則不然：佚而不惰，勞而不僈，宗原應變，曲得其宜，如是然後聖人也。

荀子說子夏門人是賤儒，衣冠楚楚，沉默寡言，真正的君子是能隨機應變，說明子夏門人注重實學。

宋明理學昌盛，子夏的地位也就逐漸衰弱。清代樸學大興，《禹貢》研究

登峰造極，可惜古人沒有想到《禹貢》就出自子夏。

　　子夏遷居魏國的西河，所以《禹貢》九州唯有冀州無貢品，所有貢品集中到冀州，也即夏朝都城安邑，雍州：「浮於積石，至於龍門、西河，會於渭汭。」說明貢品運輸終點是河東，這是《禹貢》出自子夏的第三個證據。

　　子夏的弟子有很多名人，比如李悝、段干木，《漢書・藝文志》儒家：「《李克》七篇。子夏弟子，爲魏文侯相。」法家：「《李子》三十二篇。名悝，相魏文侯，富國強兵。」兵家：「《李子》十篇。」李悝即李克，古音接近。

　　李悝爲魏文侯的相國，成就了戰國最早的霸主，《史記・孟荀列傳》：「魏有李悝，盡地力之教。」《平準書》：「魏用李克，盡地力，爲強君。自是以後，天下爭於戰國，貴詐力而賤仁義，先富有而後推讓。故庶人之富者或累鉅萬，而貧者或不厭糟糠。有國強者或並群小以臣諸侯，而弱國或絕祀而滅世。以至於秦，卒並海內。」

　　魏國是戰國七雄中人口密度最大的一國，《史記・蘇秦列傳》記載蘇秦說魏襄王曰：「大王之地，南有鴻溝、陳、汝南、許、郾、昆陽、召陵、舞陽、新都、新郪，東有淮、潁、煮棗、無胥，西有長城之界，北有河外、卷、衍、酸棗，地方千里。地名雖小，然而田舍廬廡之數，曾無所芻牧。人民之眾，車馬之多，日夜行不絕，輷輷殷殷，若有三軍之眾。臣竊量大王之國不下楚……今竊聞大王之卒，武士二十萬，蒼頭二十萬，奮擊二十萬，廝徒十萬，車六百乘，騎五千匹。此其過越王句踐、武王遠矣。」楚國地域比魏國大數倍，但是人口稀少，所以蘇秦說魏國實力不下楚國。

《漢書・貨殖列傳》：

　　　　李悝爲魏文侯作盡地力之教，以爲地方百里，提封九百頃，除山澤、邑居參分去一，爲田六百萬畝，治田勤謹則畝益三升，不勤則損亦如之。地方百里之增減，輒爲粟百八十萬石矣。又曰：糴甚貴傷民，甚賤傷農。民傷則離散，農傷則國貧，故甚貴與甚賤，其傷一也。善爲國者，使民毋傷而農益勸。今一夫挾五口，治田百畝，歲收畝一石半，爲粟百五十石，除十一之稅十五石，餘百三十五石。食，人月一石半，五人終歲爲粟九十石，餘有四十五石。石三十，爲錢千三百五十，除社閭嘗新、春秋之祠，用錢三百，餘千五十。衣，人率用錢三百，五人終歲用千五百，不足四百五十。不幸疾病死喪之費，及上賦斂，又未與此。此農夫所以常困，有不勤耕之心，

而令糴至於甚貴者也。是故善平糴者，必謹觀歲有上、中、下孰。
上孰其收自四，餘四百石。中孰自三，餘三百石。下孰自倍，餘百
石。小饑則收百石，中饑七十石，大饑三十石，故大孰則上糴三而
捨一，中孰則糴二，下孰則糴一，使民適足，賈平則止。小饑則發
小孰之所斂、中饑則發中孰之所斂、大饑則發大孰之所斂而糴之。
故雖遇飢饉、水旱，糴不貴而民不散，取有餘以補不足也。行之魏
國，國以富強。

因為魏國地處中原，人口密集，而土地不多，所以李悝必須充分利用土地，
這就是盡地力之教。李悝的老師是子夏，《禹貢》區分九州土壤、田賦等級，
這正是子夏關注的學問。

　　子夏的另一個著名弟子是段干木，《史記・魏世家》：

文侯受子夏經藝，客段干木，過其閭，未嘗不軾也。秦嘗欲伐
魏，或曰：「魏君賢人是禮，國人稱仁，上下和合，未可圖也。」文
侯由此得譽於諸侯……（李）克對曰：「……魏成子以食祿千鍾，什
九在外，什一在內，是以東得卜子夏、田子方、段干木。此三人者，
君皆師之。子之所進五人者，君皆臣之。子惡得與魏成子比也？」

段干木是大商人，《淮南子・氾論訓》：「段干木，晉國之大駔也，而為文侯師。」
《呂氏春秋》卷二《當染》：「子貢、子夏、曾子學於孔子，田子方學於子貢，
段干木學於子夏。」子貢經商，田子方也是商人。卷四《尊師》：「段干木，
晉國之大駔也，學於子夏。」卷二十一《察賢》：「魏文侯師卜子夏，友田子
方，禮段干木，國治身逸。」

　　《貨殖列傳》：

白圭，周人也。當魏文侯時，李克務盡地力。而白圭樂觀時變，
故人棄我取，人取我與。夫歲孰取穀，予之絲漆。繭出取帛絮，與
之食。太陰在卯，穰。明歲衰惡。至午，旱。明歲美。至酉，穰。
明歲衰惡。至子，大旱。明歲美，有水。至卯，積著率歲倍。欲長
錢，取下穀。長石斗，取上種。能薄飲食，忍嗜欲，節衣服，與用
事僮僕同苦樂，趨時若猛獸摯鳥之發。故曰：「吾治生產，猶伊尹、
呂尚之謀，孫吳用兵，商鞅行法是也。是故其智不足與權變，勇不
足以決斷，仁不能以取予，強不能有所守，雖欲學吾術，終不告之
矣。」蓋天下言治生，祖白圭。白圭其有所試矣，能試有所長，非

苟而已也。猗頓，用鹽鹽起。而邯鄲郭縱以鐵冶成業，與王者埒富。
白圭是周人，靠近魏國，學習李悝思想，注意農業收成，用法家權謀來經商，
成爲巨富。猗頓在猗氏（今山西臨猗縣），《集解》引《孔叢子》說猗頓：「乃
適西河，大畜牛羊於猗氏之南，十年之間其息不可計，貲擬王公，馳名天下。
以興富於猗氏，故曰猗頓。」猗頓是西河人，西河介於華夷之間，再往西北，
就到了戎狄之地，所以產生很多富商，《禹貢》能記載各地物產和交通，正是
因爲西河有很多富商，熟悉各地商業情報，這是《禹貢》出自子夏第四個證據。

從地域來看，魏國是戰國七雄之中，國境最曲折的一國，東南到今河南
省東南部，西北到今陝西省北部，中間爲韓國阻隔，其實分爲東西兩大地區。
而其他六國的國境都是一塊整體，中間沒有阻隔，四周也沒有過分地伸展。

魏國的國境對於統治來說不利，但是居於天下之中，又向東南、西北兩
個方向伸展，所以能融入四方文化。魏國的西北部分在雍州、冀州，中間在
豫州，東北在兗州，東部在徐州，西南還可以通往梁州，東南通往揚州。魏
國地通九州，這是《禹貢》出自子夏的第五個證據。

魏國遷都大梁，地處天下水運中心。《史記・河渠書》開頭說完大禹治水
之後就說：「自是之後，滎陽下引河東南爲鴻溝，以通宋、鄭、陳、蔡、曹、
衛，與濟、汝、淮、泗會。」但是戰國之前的史籍沒有記載鴻溝，所以鴻溝
是戰國時期開挖，但是司馬遷不知道其具體時間，所以語焉不詳。我認爲，
鴻溝的開挖很可能因爲魏國遷都大梁，魏惠王後九年，魏國從安邑遷都到大
梁。大梁的意思就是大橋，反映這個城市建在河網之上。大梁原來不過是宋
國西部的蠻荒之地，此時居然一躍成爲國都。

梁、宋地區在西周初年的分封中沒有一個姬姓國家，不僅如此，連潁河
流域也是這樣。與之形成鮮明對比的是，其北部的濟水北岸到泗水上游，其
南部的汝河流域，有很多姬姓及姻族的同盟國，爲什麼極其重視分封諸侯的
周人不在這裡建立一些姬姓的國家呢？原因很簡單，梁宋地區原來有很多湖
沼，不適宜發展農業。見於史書的大沼澤有巨野澤、圃田澤、萑苻澤、逢澤、
孟諸澤、空澤等。巨野澤在今山東巨野縣和鄆城縣之間，非常廣闊。圃田澤、
萑苻澤在今鄭州市和開封市之間，是春秋時期鄭、宋兩國之間的隙地，就是
雙方都不管的地方。其他一些小湖在宋國東部（今商丘東北），還有很多不見
於史籍的小湖。戰國時期的大梁（今開封市）有個地名叫沙海，可見這裡不是
農耕佳地。沙海應該是源自黃河氾濫形成的沙地，古代黃河也曾經向南氾濫。

　　《山海經・中次六經》陽華山：「門水出於河，七百九十里入雒水。」這是全書唯一的水路里程記載。在早期的史書中，很少有水路里程記載。《漢書・地理志》雖然記載河流的長度，但不是水路里程。《宋書・州郡志》有水路里程，但是限於政區之間，而且晚到六朝。《山海經》的這一句話非常罕見，不合全書體例，必然至關重要。我認爲從門水（西澗河）到洛河的水路，是戰國時期最重要的一條航路。門水就是函谷關所在地，所以這條水路必然是韓魏，尤其是魏國的重要水路。以前的學者發現魏國的疆域分爲兩塊，一塊是河南，一塊在河東，故都在安邑，新都在大梁（開封市），一直不知道魏國如何聯繫兩塊國土。

　　我認爲魏國主要是利用黃河水路聯繫兩塊國土，證據有二：

　　1.《史記・吳起傳》說：

　　　　魏文侯既卒，起事其子武侯。武侯浮西河而下，中流，顧而謂

　　吳起曰：「美哉乎山河之固，此魏國之寶也！」

吳起和魏武侯順黃河而下，起點是西河，也即黃河的山西、陝西之間河段，終點很可能是新都大梁。

　　2.《孟子・梁惠王》說：

　　　　梁惠王曰：寡人之於國也，盡心焉耳矣！河內凶，則移其民於

　　河東，移其粟於河內，河東凶亦然。

魏國的河東發生災荒，災民被移到河內（今河南省西北部），河東糧食運到河內，河內發生災荒，也是一樣。災民在飢餓時，不可能走河東、河內之間的山路，最有可能是利用黃河水路。

　　門水以東的曲沃、陝、焦，原來都是魏地，這一帶被秦國佔領後，魏國只能利用黃河水路聯繫河東。

　　秦國之所以能夠穿過韓國土地，突然攻打到魏國的河內，就是因爲取得河東郡之後，順流而下，沿用魏國人使用的黃河水路。《戰國策・齊策一》：「秦欲攻梁絳、安邑，秦得絳、安邑以東，下河，必表裏河而東攻齊。」這裡說秦國得到魏國的河東地區，一定會順流而下，佔領黃河沿岸。

　　戰國時越國人用三百條船，送給魏國竹箭五百萬支和很多東南物產，《竹書紀年》：「魏襄王七年，秦王來見於蒲阪關。四月，越王使公師隅來獻乘舟，始罔及舟三百，箭五百萬，犀角象齒焉。」此條輯自《水經・河水注》，雷學淇《竹書紀年義證》卷四已經考證這裡的秦王即秦惠文王，《秦本紀》曰：「惠

王後元十二年，王與梁王會臨晉。」《魏世家》亦云：「（襄王）六年，與秦會臨晉。」雷學淇說：「蓋會在此年孟春，《史記》誤以為前年。」此事在秦惠王後元十三年，也即楊寬年表的楚懷王十七年。越國此舉無疑是聯合魏國，抵抗楚國，和上文引《越世家》越王要魏國出兵大梁，配合越國伐楚之言，正好吻合。

戰國的魏國有最發達的水運，《禹貢》記載各地水運交通，這是出自子夏的第六個證據。

子夏的老家在溫縣，屬衛國，正是在河濟之間的兗州。兗州的地域最小，是黃河散流之地，人口也不多，但是竟然分立為一州，正是因為《禹貢》作者老家溫縣就在河濟之間，這是《禹貢》出自子夏的第七個證據。

《禹貢》徐州：「大野既豬，東原底平。」大野就是巨野澤，已經在徐州的最西部了，在齊魯之西，《禹貢》作者稱為東原，說明作者在徐州之西，正是魏地，這是《禹貢》出自子夏的第八個證據。

東原本來很平，但是《禹貢》說東原底平，似乎是指大禹平整，我認為這正說明作者不是大平原上的人，否則他們每天看見平原司空見慣，還會強調東原的平嗎？《禹貢》的底，有冀州覃懷底績、揚州震澤底定、梁州和夷底績、雍州原隰底績，底通致，《史記·夏本紀》底績作致功，無論底績如何解釋，原文都不應提底平。

《禹貢》兗州：「九河既道，雷夏既澤，灉、沮會同。」灉水、沮水的具體走向，酈道元也說不清，這是兩條不出名的小河，但是《禹貢》作者知曉，正是因為作者家鄉靠近兗州，這是《禹貢》出自子夏的第九個證據。

我認為灉水或許在衡雍（垣雍）附近，在今原陽縣一帶。《爾雅·釋水》：「水自河出者為灉。」這一帶出自黃河的支流太多。又說：「灉，反入。」衡雍一帶，水網密集，或許符合。《說文》：「灉，河灉水也，在宋。」這一帶不是宋地，許慎所說的是另一條灉水。

我認為沮水在鉏丘附近，《水經注》卷二四《瓠子河》：「又東右會濮水枝津，水上承濮渠，東逕鉏邱城南。京相璠曰：今濮陽城西南十五里有沮邱城。六國時沮、楚同音，以為楚邱，非也。」顯然鉏丘即沮丘，則沮水在附近，其西是白馬瀆，很可能就是沮水。《元和郡縣志》卷十一濮州雷澤縣：「灉水、沮水，二源俱出現西北平地，去縣十四里。」在今山東鄄城縣，顯然不可信，這是後人根據雷澤附會。沮丘在今濮陽西南，鄄城距離太遠。

　　《禹貢》冀州：「覃、懷底績。」覃、懷都是很不出名的小地名，懷在今河南武陟縣。前人提出覃即沁河的沁，〔註2〕可備一說。這樣的小地名出現，說明作者家鄉在此附近。

　　《禹貢》青州：「厥貢鹽絺，海物惟錯。」青州即齊地，在今山東的北部，古代鹽業發達，貢品有鹽。我們知道，秦晉主要吃鹽湖的池鹽，而黃河下游吃齊國的海鹽，《禹貢》說到齊國的鹽，正是因為子夏的家鄉衛國在黃河下游，有來自齊國的海鹽，《禹貢》出自子夏的第十個證據。

　　子夏和孔子的對話故事不多，《史記》唯一的學術討論記載是《詩經》，子夏為《詩經》作序，所以孔子把子夏歸入孔門文學類。《禹貢》的風格極其類似《詩經》，四字一句，而且押韻。荊州：「江漢朝宗于海。」這句話出自《詩經・小雅・流水》：「沔彼流水，朝宗于海。」

　　其實《禹貢》和《詩經》的關係非常密切，請看《詩經》提到大禹治水的一些字句：

　　《大雅・韓奕》：奕奕梁山，維禹甸之

　　《小雅・信南山》：信彼南山，維禹甸之

　　《魯頌・閟宮》：奄有下土，纘禹之緒

　　《商頌・長發》：洪水芒芒，禹敷下土方

　　《大雅・文王有聲》：豐水東注，維禹之績

　　《商頌・殷武》：天命多辟，設都於禹之績

　　《小雅・黍苗》：原隰既平，泉流既清

　　《大雅・公劉》：度其隰原，徹田為糧

　　《禹貢》提到梁山、豐水，長安附近有八水，但是《禹貢》雍州除了涇、渭之外唯獨提到灃水。《禹貢》雍州：「原隰底績。」原隰是《雅》的常用語，也即周人的語言。《詩經》還經常說山有某，隰有某。《禹貢》常說底績，《詩經》也提到禹績。所以《禹貢》受到《詩經》的強烈影響，寫作《禹貢》的動機中很可能包含了解釋《詩經》。

　　《禹貢》荊州、梁州都提到沱、潛，其實兩個沱不是一條河，也不是大河，但是作者一定要提到，我認為就是因為《召南・江有汜》說到江有汜、江有渚、江有沱，所以《禹貢》深受《詩經》影響。

　　戰國前期的魏國，是儒學的一個中心。《逸周書》保留了很多《尚書》的

〔註2〕郭豫材：《覃懷考》，《禹貢》第三卷第六期，第11～12頁。

佚篇，出自魏國。子夏在魏國傳授儒學，影響很大，所以《禹貢》很可能是由子夏的門人編入《尚書》。

## 第二節 《禹貢》年代諸說辨析

《禹貢》冠以禹名，古人多迷信為禹作，近代顧頡剛提出戰國成書說，顧說的論據有五：

（1）內方、外方為戰國說法

（2）「浮於淮泗，達於菏」的菏水為春秋末年吳國開鑿

（3）揚州得名於越國，而越國在戰國時疆界才達到淮河

（4）《禹貢》有梁州，這要等到 316 年秦滅蜀後

（5）梁州貢品有鐵、鏤（鋼）

秦雍城外的秦公大墓（周運中攝於 2016 年 8 月 25 日）

辛樹幟以為《禹貢》是西周史官所作，邵望平根據考古學上的文化區域劃分，提出商代已有《禹貢》藍本。辛說太早，他引用丁山豫州源自謝國的

觀點，但是不引用丁山斷定《禹貢》成書的關鍵觀點。丁山認爲，雍州之名源自雍城（今陝西鳳翔），秦德公遷居雍城，秦惠文王攻佔巴、蜀，所以《禹貢》不能早於秦惠文王。〔註3〕我認爲《禹貢》不能早於秦德公遷居雍城，但是可以早於秦惠文王，因爲秦人可以在攻佔巴、蜀之前瞭解巴、蜀。丁山認爲《禹貢》晚於秦遷都雍城的觀點，我認爲可以成立。辛說雍州之名源自雍水，此說顯然不能成立。如果不是秦國遷都雍城，雍水作爲一條很小的河，不可能出名，所以雍州不可能源自雍水。辛說九州之名都能證明《禹貢》是西周成書，我認爲此說不能成立。辛書從西周農業技術來論證九州土田賦有可能定級，但是這不能證明西周從九州徵收田賦，這違背歷史常識。

徐復觀的西周說證據是《尚書·立政》周公對成王說：「其克詰爾戎兵，以陟禹之跡，方行天下，至於海表。」我認爲這是周人的願望，不能爲據。〔註4〕

至於商代說更不可能成立，此說不過是把一些長期不變的地理特徵作爲論據。但是這種論證顯然不能成立，考證年代應該關注時代特性。商、周時期的物產和風俗和《禹貢》吻合，不等於《禹貢》就能出現在商、周時期。因爲從商、周到春秋各地域的差異變化總體不大，所以商、周時期各州的物產和風俗和《禹貢》吻合，春秋戰國時期往往也吻合。即便是到今天，中國各地仍然有很大差異，《禹貢》時代的山川和一些物產、風俗仍然保留至今。

劉起釪調和顧、辛、邵等說，他首先修正顧說的前兩點，指出《春秋》僖公四年已有方城，則內方、外方不必等到戰國才有，又據《水經注·泗水》菏水只是被吳國疏濬，但是他認爲顧說的後三點不能推翻，他又列出五條證據來說明不晚於春秋：

（1）《禹貢》不知周定王五年（公元前602年）「河徙」

（2）「沿於江海，達於淮泗」說明在春秋末年邗溝開鑿之前

（3）冀州是兩河之間的本義，而《逸周書·嘗麥》、《楚辭·雲中君》、《晏子春秋》、《山海經》裏已經引申爲中原

（4）徐州貢品有「五色土」，九州土壤未按五行體系的五色分配，說明在戰國前

（5）《禹貢》於「其地（魏國）只稱滎而不稱鴻溝」

劉起釪又根據辛、邵之文進一步把《禹貢》的初寫情況定爲西周王朝的

〔註3〕 丁山：《古代神話與民族》，第462頁。
〔註4〕 徐復觀：《中國思想史論集續篇》，上海書店出版社，2004年，第22頁。

史官，並指出顧的秦國人說和史的魏國人說都不能成立。〔註5〕

問題是劉起釪沒有提出西周成書的具體理由，這只是他的推測。而且承認顧說的後三條，那麼揚州、梁州是戰國才有，西周時只有七州，我們何曾聽說七州的說法？可見這樣的調和論還有進一步推敲的餘地。就是不晚於春秋的五條證據也有問題：

（1）即使《禹貢》在公元前 602 年前，也還有可能在春秋時。

（2）古代長江入海口在廣陵（今揚州市），從江南到江北必須要過海口，所以不管邗溝有無，總要經過大海。

（3）《逸周書‧嘗麥》：「（黃帝）執蚩尤，殺之中冀。」中冀即冀州之中，並非指中土。《雲中君》說：「覽冀州兮有餘，橫四海兮無窮。」這裡也沒有說冀州是中土。但是《禹貢》中的冀州本來就相當於中土之義，因為九州貢道最後集中到黃河，而且雍州最後說：「浮於積石，至於龍門、西河，會於渭汭。」渭汭即渭水注入黃河的水口，雍州貢物最後彙集到冀州無疑。九州中，只有冀州沒有貢物。既然冀州在《禹貢》中就是中土，則不能通過冀州的意義來確定《禹貢》的時間。

（4）即使五行體系出現在戰國，也不一定非要用五色來配五方的土地，如果要配的話，怎麼把五色分配給九州呢？

（5）《禹貢》兩次提到榮，一次是豫州的「滎波既豬」，一次是「導沇水，東流為濟，入於河，溢為滎」，後者是講濟水，當然提到滎澤，而不必提到鴻溝。滎澤和鴻溝不同，《禹貢》裏沒有提到的運河還有很多，不能因為沒有提到，就說《禹貢》作者不知道。

其實顧說最後三條證據也都有問題，因為：

（1）揚州不是得名於越國，而是得名於上古的東南民族揚越，這一點顧頡剛、劉起釪合著的《尚書校釋譯論》已經自我修改。

（2）《禹貢》有梁州，根本不需要等到秦進軍西南。過去人經常低估古人的視野，認為古代中原人只瞭解中原。其實不但西周時期的中原人早已知道西南地區，就是在商代也早已和西南地區有直接交往了。《尚書‧牧誓》說周伐商時率領「庸、蜀、羌、髳、微、盧、彭、濮人」，蜀國就在西南，庸在今湖北省竹山縣，盧在今襄樊市，彭在今房縣，濮人也在漢水流域，這五族

〔註5〕劉起釪：《〈禹貢〉寫成年代與九州來源諸問題探研》，唐曉峰主編：《九州》第三輯。

都是通過漢水流域和周人有交往的。安陽殷墟婦好墓發現的有領玉璧、跪坐人像都很接近三星堆、金沙遺址的類似器物，說明商代的四川已經和中原有交流。西安老牛坡、岐山賀家村遺址出土類似三星堆、城固蘇村的銅獸面具，也說明商代四川和陝西有交流。寶雞茹家莊、竹園溝魚國遺址出土的銅立人、尖底罐、尖底盞都很接近三星堆、金沙遺址的類似器物。竹園溝出土的銅爵上有銘文覃父癸，彭縣竹瓦街出土的銅觶有完全一致的銘文。竹園溝出土的銅觶有銘文父己，彭縣竹瓦街出土的銅觶有銘文牧正父己，隴縣韋家莊出土的銅尊有銘文牧正，說明魚國是從四川北上的一支部落。西周時期西南地區和中原的往來更加密切，周幽王寵愛的褒姒就是來自褒國（在今漢中市）。《史記‧貨殖列傳》說：「及秦文、德、繆居雍，隙隴、蜀之貨物而多賈。」這說明春秋時期的秦人已經和巴蜀地區有大宗貿易，梁州不需要等地秦滅蜀才出現。

（3）《禹貢》雖然不提鴻溝，但是這很可能是因爲鴻溝水系是戰國最新出現，所以《禹貢》作者不可能說到。

現在我們看到《詩經》有三百多首詩，但是看不到任何一句說到九州，說明西周時還不流行九州說。《詩經》也找不到任何一首詩談到長江下游，因爲西周和春秋前期的吳、越還極少交流和中原交往。從這一點來說，詳細描述揚州的《禹貢》不可能早於春秋前期。《禹貢》九州按照順時針次序排列，南方的揚州、荊州竟然排到了中原的豫州、雍州前面，看不出有歧視吳、越、楚的情感，體現不出華夷之別，這應該是春秋時期才能出現的情況。春秋時期，周天子喪失權威，四方異族強國崛起。所以《禹貢》索性按照順時針次序排列，這樣就不存在排序的紛爭。

日本學者宮崎市定認爲《禹貢》出自秦漢，理由是《呂氏春秋》的豫州排首位，按照順時針順序，越國是春秋末年極端時間內出現，這個九州說反映春秋末年的知識。燕國是戰國才崛起，所以在戰國又得到修正。《禹貢》的田賦，雍州的田排第一，因爲經過鄭國渠的改造，又是秦漢首都所在。徐州的田排第二，魯國不是農業大國，但是徐州是劉邦的家鄉所在，所以才排第二，證明《禹貢》是漢代人所寫。〔註6〕

我認爲，宮崎的說法大錯特錯：

（1）越國不是春秋末年極短時間內出現，戰國前期的越國也很強大，滅

---

〔註6〕〔日〕宮崎市定著、馬雲超譯：《宮崎市定解讀〈史記〉》，中信出版社，2018年，第92～98頁。

滕、郯、繪等國，佔有今山東省的南部和江蘇省。楊寬考訂，楚懷王二十三年（前306年）才滅越。〔註7〕燕國崛起比較晚，燕和越同時出現在《呂氏春秋》的九州中，要晚到戰國晚期，而非春秋晚期到戰國早期。《禹貢》不提燕地的幽州，說明早於《呂氏春秋》九州說。

（2）田賦和治水無關，不能根據田賦來考證九州順序。田的等級是由自然決定，關中的土壤本來非常好，不是由政治決定。鄭國渠是提升了關中的水利條件，不是改變了關中的土壤。

（3）徐州的田排第二，也不是由政治決定。魯國的農業非常發達，魯人就是周人，周人非常重視農業。司馬遷《史記・貨殖列傳》：「鄒、魯濱洙、泗，猶有周公遺風，俗好儒，備於禮，故其民齪齪。頗有桑麻之業，無林澤之饒。地小人眾，儉嗇，畏罪遠邪。」魯國的農業顯然非常發達，農業條件也很好，所以才能有很多人口。

因爲《呂氏春秋》九州說是在《禹貢》基礎上改訂，所以都是按照順時針順序排列，不同之處僅是《呂氏春秋》的起點從冀州改爲豫州，又用幽州替代了梁州。幽州的出現是因爲燕國在戰國晚期崛起，所以替代了梁州。豫州雖然是夏朝興起之地，但是冀州才是大禹治水之地，所以《呂氏春秋》改動《禹貢》九州的起點未必合理。宮崎說《禹貢》是秦漢人所寫，其實是基於他極端的疑古論，這種極端疑古論早已過時，曾經對顧頡剛影響很大。但是顧頡剛也認爲《禹貢》不會晚到秦漢，秦漢說實在不能成立。雖然宮崎的觀點促使我們思考一些問題，但他的結論畢竟錯誤太多，而且不符合常識。

## 第三節　《禹貢》成於戰國初期新證

我認爲，《禹貢》的今本只能出現在戰國時期，還有很多前人未曾提到的證據，需要說明：

### 一、先秦古書不引《禹貢》

我們知道，《尚書》研究中，首先要關注先秦古書徵引內容。所以陳夢家《尚書通論》第一章就是《先秦引書篇》，詳細考證各書對《尚書》的徵引，

---

〔註7〕楊寬：《戰國史》，第364頁。

我們發現《禹貢》未被任何古書徵引。〔註8〕在其他多篇皆有徵引的情況下，這不是很可疑的嗎？

劉起釪說先秦古書7次徵引《禹貢》，其實一條也不能成立，請看：

（1）《國語·周語下》太子晉說：「其後伯禹念前之非度，釐改制量，象物天地，比類百則，儀之於民，而度之於群生，共之從孫四嶽佐之，高高下下，疏川導滯，鍾水豐物，封崇九山，決汩九川，陂鄣九澤，豐殖九藪，汩越九原，宅居九隩，合通四海。」劉起釪說：「與《禹貢》基本相合。」

（2）《墨子·兼愛中》墨子說：「古者禹治天下，西為西河漁竇，以泄渠孫皇之水。北為防原泒，注后之邸，呼池之竇，灑為底柱，鑿為龍門，以利燕、代、胡、貉與西河之民。東方漏之陸，防孟諸之澤，灑為九澮，以楗東土之水，以利冀州之民。南為江、漢、淮、汝，東流之，注五湖之處，以利荊楚、干越與南夷之民。此言禹之事，吾今行兼矣。」劉起釪說：「與《禹貢》內容同。」

（3）《孟子·滕文公上》孟軻說：「禹疏九河，瀹濟、漯，而注諸海；決汝、漢，排淮、泗，而注之江，然後中國可得而食也。」劉起釪說：「皆同《禹貢》，惟敘述有不同，說明轉印有歧異。」

（4）《荀子·成相》說：「禹有功，抑下鴻，辟除民害，逐共工。北決九河，通十二渚、疏三江。」劉起釪說：「以韻語引敘《禹貢》。」

（5）《周禮·職方》兗州「其浸盧維」，鄭玄注：「盧維當作雷雍，字之誤也。《禹貢》曰：雷夏既澤，灉、沮會同。」

（6）《周禮·職方》豫州「其川滎雒，其浸波溠，其利林漆絲枲」。鄭玄注：「滎在滎陽，波讀為播，《禹貢》滎播既都。」劉起釪說：「此二語及絲枲等皆明引《禹貢》。

（7）《考工記》：「荊之榦。」劉起釪說：「此據《禹貢》荊州貢物有杶榦。」

顯然，劉起釪的所謂徵引一條也不能成立，《國語》、《墨子》、《孟子》、《荀子》完全講述的是禹治水故事的其他說法，和《禹貢》差別很大，而非相同。鄭玄拿《禹貢》來解釋《職方》，怎麼能說《職方》引《禹貢》呢？《考工記》一條更是荒謬，荊州出榦是古人熟知的，古書不止一次提到，怎麼能說是《考工記》引用《禹貢》呢？

## 二、古人從不並稱治水和九州

古人要麼單說禹治水，不提九州，要麼單說禹分九州，不提治水，從未相提並論。

（1）只說治水，不說九州的有上引《墨子》、《孟子》、《荀子》等書，戰國時代還是如此，西周時期也是這樣。

西周中期的遂公盨銘文說：「天命禹敷土，墮山濬川，乃任地設徵」。〔註9〕這裡說大禹的治水，還有任地設徵，就是不提九州。九州兩個字很簡單，但是銘文不提，說明九州的故事出現很晚，或者在當時不流行。西周青銅器銘文也不提九州，常說的有四方、東國、南國等。戰國的諸子百家之書，在敘述大禹功業時加上九州二字豈是難事？但是古人就是不加，說明西周時九州觀念仍未流行。

自從遂公盨現世，很多學者認為大禹治水的傳說可以追溯到西周，其實這是不用說的證據，因為《詩經·大雅·文王有聲》說：「豐水東注，維禹之績。」同書《韓奕》說：「奕奕梁山，維禹甸之。」《小雅·信南山》說：「信彼南山，維禹甸之。」《商頌·長發》說：「洪水芒芒，禹敷下土方。」同書《殷武》說：「天命多辟，設都於禹之績。」《雅》應是西周作品，《商頌》很可能也是，說明大禹治水的故事很早就有。即使有人認為是春秋時期作品，那麼多關於禹治水土的傳說也不可能一下子在春秋時期冒出來。但是還有學者進一步地據遂公盨銘文說《禹貢》也是西周成書，這就完全不能成立，因為銘文連九州都沒提，哪有今本《禹貢》的影子呢？

（2）只說九州，不說治水的有兩則，一是《左傳·襄公四年》魏絳說：「昔周辛甲之為大史也，命百官，官箴王闕。於《虞人之箴》曰：『芒芒禹跡，畫為九州，經啟九道。民有寢廟，獸有茂草，各有攸處，德用不擾。在帝夷羿，冒於原獸，忘其國恤，而思其麀牡。武不可重，用不恢於夏家。獸臣司原，敢告僕夫。』《虞箴》如是，可不懲乎？」二是春秋齊靈公時的叔夷鍾銘文說：「咸有九州，處禹之都。」這說明春秋時期已有禹分九州的說法，但是既沒有和治水聯繫，也沒有九州的明文。

所以《國語·周語下》太子晉說禹：「封崇九山，決汨九川，陂鄣九澤，豐殖九藪，汨越九原，宅居九隩。」列了五個九，就是沒有九州。如果當時九州已有成說，何必不加一句呢？

---

〔註9〕李學勤：《論遂公盨及其重要意義》，《中國歷史文物》2002 年第 6 期。

## 三、導山由墮山而誤

　　遂公盨銘文說：「天命禹敷土，墮山濬川。」原義是說禹削低小山，所以叫墮。此字的原形就是一隻手挖掘泥土，因爲墮字和隨字很像，所以先秦時期就已經錯成了隨字，這一點古文字學者早已指出。〔註10〕

　　正是因爲錯成了隨字，所以《禹貢》中間有一段畫蛇添足的導九山、九水，前面既然在九州部分已經講過治水過程，何必再綜述一次？顯然這一段是後人附會，關鍵是水可以疏導，山能疏導嗎？附會者不管這麼多，他看見開頭的「隨山」二字就要鋪陳一番。開頭一句中也有附會之詞，「隨山刊木」就是。因爲有隨山的訛傳，所以後人進一步地想既然是沿著山脊線走，一定要經過很多森林，必然要砍伐樹木，於是造出「刊木」的故事。其實砍伐森林不是造成水土流失，加劇洪水嗎？古人不考慮這麼多，因爲這些穿鑿附會的儒生都是在紙上設想的。

　　九州部分的地理景物敘述種類，有以下幾種類型：

　　（1）川、山、澤都有：冀州、徐州、梁州、雍州

　　（2）只說川：青州

　　（3）只有川、澤：兗州、荊州、揚州、豫州

　　兗州山很少，但是荊州北部靠近中原的地方、豫州西部有很多山，揚州南部都是丘陵，揚州南部即使不爲中原人熟悉，豫州、荊州的山爲什麼不說呢？其實講到山的四州中，除了梁州和中原被崇山峻嶺隔絕外，其他三州的山中，只有冀州的山是實指，雍州說：「荊、岐既旅，終南、惇物，至於鳥鼠。」看不出和治水有什麼關係，徐州說：「蒙、羽其藝。」這裡說蒙山、羽山都開墾種植，不僅和治水無關，也不可能。蒙山很高，上古人煙稀少，不可能墾殖。

## 四、九州是順時針順序

　　九州的順序是：冀、兗、青、徐、揚、荊、梁、雍，畫在圖上可以看出是從冀州開始的順時針圓圈。禹治水時當然不可能按照順時針順序，古今中外的任何治水都不可能按照順時針順序。

　　九州如此排序，只能說明《禹貢》的作者心中先有了九州地圖，然後按

〔註10〕師玉梅：《說「隨山濬川」之隨》，《古文字研究》第二十五輯，北京：中華書局，2004 年。

照順時針順序畫一個圓滿的圈。看似完美，實爲僞作。這個順序不符合治水，也不符合任何一種地理順序。

## 五、宋國在戰國和豫州相連

《禹貢》徐州說：「大野既豬，東原底平。」豫州說：「滎波既豬。導菏澤，被孟豬。」楚竹書《容成氏》九州部分說：「禹親執畚耜，以陂明都之澤，決九河之阻，於是乎夾州、徐州始可處。」九河屬夾州（或釋寅州），相當於兗州，〔註11〕明都之澤即《禹貢》豫州孟豬澤，《容成氏》卻屬徐州。

上引《墨子》提到孟諸澤，《呂氏春秋・有始》九藪有：「梁之圃田，宋之孟諸。」孟諸澤就在宋國都城商丘的東北，靠近泗水，所以《容成氏》在徐州。宋國不僅地近徐州，文化上也和徐州相近。因爲宋國繼承商，旁邊都是東夷聚居之地。《續漢書・郡國志》琅邪國臨沂縣注引《博物記》曰：「縣東界次睢有大叢社，民謂之食人社，即次睢之社。」次睢之社見於《左傳・僖公十九年》，指宋國在睢水邊的人牲之社，《藝文類聚》卷三九引伍緝之《從征記》：「臨沂、厚丘間，有次睢里社，常以人祭，……魏初乃止。」〔註12〕這種人祭石社可以追溯到新石器時代和商代土著文化，連雲港將軍崖和銅山縣丘灣遺址就是例證。〔註13〕

宋國之所以在《禹貢》歸屬豫州，因爲戰國時期宋國和黃河中游交通發達了。原來夾在中間的圃田澤是宋、鄭兩國的隙地，也是一個大澤。戰國時期魏國首都從安邑遷到大梁，大梁原來是一片荒野，不見於史書，完全是戰國時期才開發出來。正是因爲魏國的遷都，使得原來鄭、宋之間的蠻荒之地變成人煙稠密之區，所以宋國自然和豫州連爲一體了。

## 六、青州貢道爲何走汶河？

《禹貢》兗州：「浮於濟、漯，達於河。」青州：「浮於汶，達於濟。」奇怪的是，青州明明也可以走濟水入黃河，爲何要走汶河呢？齊國得名於濟

---

〔註11〕 馬承源主編：《上海博物館藏戰國楚竹書（二）》，上海古籍出版社，2002年，第268～271頁。陳偉：《竹書〈容成氏〉所見的九州》，《中國史研究》2003年第3期。
〔註12〕 〔唐〕歐陽詢撰、汪紹楹校：《藝文類聚》，上海古籍出版社，1982年。
〔註13〕 俞偉超：《銅山丘灣商代社祀遺跡的推定》、《連雲港將軍崖東夷社祀遺跡的推定》，俞偉超：《先秦秦漢考古學論集》，文物出版社，1985年。

水，走濟水最方便，走汶河還要翻越泰山。

我認為之所以如此安排，因為戰國時期齊地早已漢化，貢道是指遠方民族進貢，作者認為齊國唯有東南還有一些地方未漢化，所以是從山東的東南到汶河，再入濟水，這證明《禹貢》在戰國寫成。

## 七、雍州貢道為何走黃河？

同樣的問題出現在雍州：「浮於積石，至於龍門、西河，會於渭汭。」竟然不是走渭河，而是從黃河上游繞一圈，到渭河的河口。

春秋時期關中還有不少異族，但是戰國時期的渭水流域已經漢化，作者認為進貢是遠方民族，所以此處貢道指的是黃河上游的民族進貢，走黃河而不走渭河，這也證明《禹貢》在戰國寫成。

## 八、揚州北界是淮河

同樣，《禹貢》揚州竟不提吳、越！揚州是吳越之地，吳國疆域到達今江蘇和山東邊界，遠遠超過淮河。而淮河正是春秋戰國之際的越國邊界。《越世家》說：「句踐已平吳……以淮上地與楚，歸吳所侵宋地於宋，與魯泗東方百里。當是時，越兵橫行於江、淮東，諸侯畢賀，號稱霸王。」〔註14〕《楚世家》說：「（楚惠王四十四年）是時，越已滅吳而不能正江、淮北。楚東侵，廣地至泗上。」揚州的北界也可以是長江，雖然淮河是中國南北分界，但是荊州的北界就不是淮河，可見揚州的北界也不必是淮河。揚州的北界之所以是淮河，因為戰國初年越國的北界就是淮河。

## 九、荊州有三邦而無荊楚

荊州也不提荊人，《左傳》僖公四年管仲對楚國使者說：「爾貢包茅不入，王祭不共，無以縮酒，寡人是徵。」楚使說：「貢之不入，寡君之罪也，敢不共給。」昭公十二年楚王說：「昔我先王熊繹，辟在荊山，篳路藍縷，以處草莽。跋涉山林，以事天子。唯是桃弧、棘矢，以共御王事。」說明荊人在西周時還要進貢，而《禹貢》荊州僅有不知名的三邦，說明《禹貢》不可能早於春秋。

---

〔註14〕〔漢〕司馬遷：《史記》，北京：中華書局，1959 年，第 1746 頁。

## 十、梁州有和夷而無巴蜀

梁州是巴、蜀之地，但是全文竟未提到巴、蜀，而僅有遠在邊遠之地的和夷，這就是《禹貢》作於戰國的鐵證！《逸周書・王會》講四方民族進貢，還有巴、蜀，到春秋、戰國之際，巴、蜀和內地交通頻繁，使得中原人熟悉巴、蜀，秦國又吞併巴、蜀，所以《禹貢》竟不提巴蜀。

總之，《禹貢》是戰國時期出現的作品，在此前有大禹治水、任地設徵的傳說，但是沒有現在我們看到完整的《禹貢》文本。出現大禹治水、任地設徵的傳說，不等於出現完整的《禹貢》文本，這中間要經過一個發展的過程，這個過程就在春秋時期。傅斯年認爲《禹貢》從西周到戰國緩慢成書，[註15]大體正確。

郭沫若認爲《洪範》是子思所作，連帶認爲《禹貢》也是子思所作，[註16]王成組認爲是孔子所作，我認爲子夏更符合，《禹貢》和《洪範》差別很大。孔子的時代太早。金景芳從文風推斷《禹貢》在春秋時寫出，又說在戰國中期齊、趙、魏築河堤之前，[註17]我認爲這和我的戰國初期說很接近。

雖然《禹貢》出現在戰國時期，但是很可能是在戰國初年，因爲《墨子・兼愛中》墨子說：「古者禹治天下，西爲西河漁竇，以泄渠孫皇之水。」前人不能解釋渠孫皇之水，我認爲是渠孫、皇之水，渠孫即《禹貢》雍州的渠搜，在姑臧（今武威），詳見本書第十章第七節。皇水即今青海皇水，《山海經・西次二經》第11山薰吳山，應在漢代允吾縣（在今蘭州西），薰、允讀音很近。其西的第14山皇人之山，出皇水（湟水）。湟水注入黃河的地方在今蘭州之西，靠近渠搜之地。這一帶的黃河有很多非常峽谷，歷史上多次發生地震造成山石堵塞黃河，所以有治水的傳說。說明墨子的時代，大禹治水傳說的地域已經到了黃河的西北，範圍和《禹貢》差不多，說明《禹貢》很可能在墨子之前已有雛形。

日本學者平勢隆郎認爲《墨子》說大禹治水，給四方民眾帶來福利，唯獨西方沒有提到福利，說明這是對《禹貢》以冀州爲中心的批判。他又說《墨子》的話沒有強調荊州，所以是對《容成氏》的批判。[註18]我認爲此二說

---

〔註15〕傅斯年：《中國古代文學史講義》，上海三聯書店，2017年，第81～83頁。

〔註16〕郭沫若：《青銅時代》，科學出版社，1957年，第54頁。

〔註17〕金景芳：《〈尚書・虞夏書〉新解》，遼寧古籍出版社，1996年，第290～297頁。

〔註18〕〔日〕平勢隆郎著、周潔譯：《從城市國家到中華：殷周、春秋戰國》，第189頁。

未必成立，因爲他沒有解釋渠孫皇之水的位置，不知渠孫（渠搜）、皇（湟）之水不在冀州，所以我認爲墨子不是批判《禹貢》。從《墨子》我們看到，墨子非常崇拜大禹，爲何要批判《禹貢》呢？或許是《墨子》脫落了造福西北民眾的一句，或許是因爲治水的傳說本來出自華北大平原，所以墨子看到的文本原來就沒有寫造福西北民眾。《墨子》說：「以利荊楚、干越與南夷之民。」荊楚排在南方最前，所以不能說《墨子》批判《容成氏》，《容成氏》的成書時間未必比《墨子》說大禹治水的這一段話早。如果《墨子》在《禹貢》之後的觀點能夠成立，則印證《禹貢》很可能出自子夏。

# 第三章　九州之名源自族名

　　九州的名字，主要源自民族之名，多數顯而易見，比如冀州源自冀戎，徐州源自徐，荊州源自荊楚、揚州源自越，雍州源自秦人的都城雍。而且這種名稱很早就產生了，比如冀州，《左傳·哀公四年》孔子說：「《夏書》曰：『惟彼陶唐，帥彼天常，有此冀方。』」同書昭公四年司馬侯說：

> 恃險與馬，而虞鄰國之難，是三殆也。四嶽、三塗、陽城、大室、荊山、中南，九州之險也，是不一姓。冀之北土，馬之所生，無興國焉。

冀的北部是產馬地區，卻沒有興盛的國家，可見冀是一個很大的區域，包括山西的北部，應該是指冀州。

　　徐州之名最遲在西周初年已有，《逸周書·作雒》：「周公立相，天子三叔及殷東徐、奄及熊盈以略。」《大雅·常武》：「率彼淮浦，省此徐土……徐方繹騷，震驚徐方，如雷如霆，徐方震驚……濯征徐國，王猶允塞。徐方既來，徐方既同……四方既平，徐方來庭。徐方不回，徐方還歸。」《魯頌·閟宮》：「遂荒徐宅，至于海邦，淮夷蠻貊，及彼南夷，莫不率從。」說明魯國東南原是徐地。

　　九州的名稱中，有的則很難解釋，比如兗州、青州、豫州、梁州。我認為，這四個州名也是源自民族。

　　丁山認為九州之名源自族名雖然正確，他解釋兗源自閻也正確，但是他解釋青州源自青丘，揚州源自陽夷，豫州源自謝國，梁州源自參狼羌，[註1]

---

〔註1〕　丁山：《古代神話與民族》，第 462～471 頁。

則不合理。青丘不在青州，《山海經‧南山經》的青丘在今江蘇鹽城，我的《山海經》專著有論證，本書不能展開，青州源自齊國。丁山說陽國在今山東的東南部，顯然不在揚州。謝在今南陽，也不在豫州，丁山不知南陽屬荊州。參狼羌的狼，讀音雖然接近梁，但是參狼不等於狼。

## 第一節　兗州源自閣、灈

兗州的名字，舊說兗州源自沇水，《夏本紀》作沇州，錢大昕認為《禹貢》下文導九水，作沇水，所以兗州本作沇州。今按原文：「導沇水，東流為濟，入於河，溢為榮。東出於陶丘北，又東至於菏，又東北，會於汶，又北，東入於海。」沇水，《說文》沇：「出河東東垣王屋山，東為沇。」沇即濟水。

沇水是今濟源的蟒河，古人不明地理，誤以為這條河是濟水的源頭，其實濟水是黃河下游散流的支流，而沇水是注入黃河的支流，二者本來毫無關係。來自中國西北部的人，看慣了山間的河流，不知道東部很多河流是大河散流出的支流。他們不能接受一條沒有源頭的大河，認為濟水必須要有一個源自高山的上游。而沇水注入黃河的地方，恰好靠近濟水從黃河分出的地方，於是沇水被強加作濟水的上游。其實按照酈道元《水經注》記載，沇水注入黃河的地方和濟水從黃河分出的地方，還有一段距離。所以沇水是古人穿鑿附會才產生的一條河流，兗州不可能源自沇水。

還有一種可能，沇水是古人誤以為這是濟水的源頭，把濟水下游的地名追溯到上游，這是古代河流地名常見情況，酈道元《水經注》經常提到。沇水的名字未必很古老，或許本身就是附會的結果。

酈道元《水經注》卷七《濟水》：「《山海經》曰：王屋之山，聯水出焉，西北流注於秦澤。郭景純云：聯、沇聲相近，即沇水也。」聯是來母，沇是以母，還有差別。

我認為，兗州源自有閣氏，衛國之地原屬有閣氏，《左傳》年子魚說西周初年分封衛國：

> 封畛土略，自武父以南，及圃田之北竟，取於有閣之土，以共
>
> 王職。取於相土之東都，以會王之東搜。

圃田澤以北，到武父，是有閣氏之地，閣至今是晉地大姓。有閣氏之地即衛國之地，就在兗州，閣、兗音近。

我認為，兗州之名源自閻，根本原因是指此地低窪，閻通潤，指低窪之地，揚雄《方言》卷三：

> 泛、浣、潤、窪，洿也。自關而東或曰窪，或曰泛。東齊海岱之間或曰浣，或曰潤。

低窪，齊國人稱為潤。兗州地處黃河下游散流地，地勢最低窪，所以稱為潤，也即兗州。齊國緊鄰兗州，位置吻合。

潤和湮、淹是同源字，湮沒的地方自然是地勢低窪。就在河濟之間的兗州，有個地方叫鄄城，即今山東鄄城，這個鄄源自湮。

衍也是同源字，衍的字形就是水的通道，《說文》：「衍，水朝宗于海也。」河道密集、低窪的地方都是衍，《周禮·地官·大司徒》：「辨其山、林、川、澤、丘、陵、墳、衍、原、隰之名物。」鄭玄注：「下平曰衍。」《管子·輕重丁》：「北方之萌者，衍負處海。」衍和演也是同源字，演指水流、推演。

至於楚簡《容成氏》稱兗州為夾州，顯然是字形的訛誤，兗、夾字形接近。九州原來是北方學說，傳入楚地，傳抄有誤。

西周有一個南燕國，在今河南延津縣，本名就是燕，後人為了區別戰國七雄之一的燕國，稱為南燕。燕、兗音近，靠近衛國，很可能源自有閻氏。

## 第二節　青州源自齊的語言學新證

徐旭生認為，青州得名於齊，他請語言學家魏建功從音韻學的角度分析青、齊是否可通，魏建功在回信中說：

> 故謂青帝與齊地之音變而來，在聲類問題上，雖不能斷其必可，亦不能決其必不可……齊韻字和青韻字，在向來分韻系統上，則無合此條件之例。即舊書記載無〔i〕韻與〔ing〕相轉也。然此亦不能絕對不許其可轉。試於今方音求之，西北晉、隴一帶（據高本漢《方音字典》，所錄興縣、太谷、文水、鳳臺、蘭州、平涼方音），青韻陽聲字之鼻音韻尾音〔ng〕，皆變為與韻母同時讀出之鼻音，而別成一種鼻韻。此種鼻韻，聽者往往與陰不分。《敦煌掇瑣》七十六《開蒙要訓》之旁音讀（唐開成四年寫本），合於齊、青兩韻可以相轉之例者，無慮十數事……〔註2〕

---

〔註2〕徐旭生：《中國古史的傳說時代》，廣西師範大學出版社，2003 年，第 245～246 頁。

魏建功認為，青、齊未必可通，但是在西北方言也能找到可通的例子，他不能肯定。其實古人早已明確指出，青、齊在西北方言可通，我在宋代的文獻中找到了兩條證據：

南宋陳鵠《西塘集耆舊續聞》卷七：

> 鄉音是處不同，惟京師天朝得其正……關中人言清濁之清，不改清字。丹青之青，則爲萋音。又以中爲蒸，蟲爲塵。不知旗，本是芹音，亦周人語轉，如青之言萋也。五方言若是者多，閩人以高爲歌，荊楚人以南爲難、荊爲斤。文士作歌，亦多不悟。〔註3〕

陝西人讀青爲萋，上古音的青是清母耕部 tsieng，妻是清母脂部 tsyei，齊是從母脂部 dzyei，陝西人把耕部讀成脂部，齊也是脂部，清母、從母都是齒頭音，關係最近，所以齊寫成青州，正是因爲《禹貢》的作者是秦晉人，寫的是青州，其實讀音就是齊。

南宋陸游《老學庵筆記》卷六說：

> 四方之音有訛者，則一韻盡訛。如閩人訛高字，則爲高爲歌，謂勞爲羅。秦人訛青字，則謂青爲萋，謂經爲稽。蜀人訛登字，則一韻皆合口。吳人訛魚字，則一韻皆開口，他仿此。中原惟洛陽得天地之中，語音最正，然謂弦爲玄、謂玄爲弦、謂犬爲遣、謂遣爲犬之類，亦自不少。〔註4〕

陸游說，方言的訛誤會一韻全訛，陝西人讀青爲萋不是孤例，還讀經爲稽。中古音的經是見母耕部 keng，稽是見母脂部 kei。

宋代陝西人的這種訛誤，可能是源自上古。因爲魏建功提供的西北方言證據，可以追溯到唐代。

直到明代，山西話仍然保持這種特點，明代陸容《菽園雜記》卷四，講到各地方言訛誤，說：

> 如山西人以坐爲剉，以青爲妻……如此者不能悉舉，非聰明特達常用心於韻書者，不能自拔於流俗也。〔註5〕

他再次提到山西人讀青爲妻，他也列舉出陝西話的一些訛誤，但是在陝西話

---

〔註3〕 〔宋〕陳鵠著、孔凡禮點校：《西塘集耆舊續聞》，北京：中華書局，2002 年，第 355 頁。

〔註4〕 〔宋〕陸游撰、李劍雄、劉德權點校：《老學庵筆記》，北京：中華書局，1979 年，第 77 頁。

〔註5〕 〔明〕陸容：《菽園雜記》，北京：中華書局，1985 年，第 41～42 頁。

的訛誤已經不提這個特點，或許是他調查不周，或許是因為明代陝西已經沒有這個特點了。因為山西四周多山，所以保留了這個特點。山西靠近陝西，有的方言特點類似。

## 第三節 豫州源自夏

丁山認為豫州得名於謝國，在今南陽東南，我認為未必成立，因為謝是一個很小的國家，也不出名。而且南陽其實屬荊州而非豫州，荊州北界荊山不是今湖北荊山，而是《山海經·中次十一經》荊山，是今河南伏牛山。楚人原來在南陽崛起，荊山原來在河南，詳見第十二章。

我認為，豫州源自夏，夏人在豫州，《史記·貨殖列傳》：「潁川、南陽，夏人之居也。夏人政尚忠樸，猶有先王之遺風。潁川敦願。秦末世，遷不軌之民於南陽。南陽西通武關、鄖關，東南受漢、江、淮。宛亦一都會也。俗雜好事，業多賈。其任俠，交通潁川，故至今謂之夏人。」夏人原居潁川郡，是夏朝故地，南陽原來不是夏地。

上古音的豫是以母魚部 jia，雅是疑母魚部 nga，夏是匣母魚部 hea，有所差別，但是西北的秦晉方言可能稱夏為雅，所以《詩經》有《雅》，即貴族的音樂。《論語·述而》：「子所雅言，《詩》、《書》、《執禮》，皆雅言也。」雅言本義是夏人的話，引申為貴族的話、經典的話，清代王引之《讀書雜志》：「古者夏、雅二字互通，故《左傳》齊大夫子雅，韓非子《外儲說右篇》作子夏。」郭店楚簡的《大雅》、《小雅》寫成《大夏》、《小夏》，所以豫州就是夏州。豫的本義是安逸，《小雅·白駒》：「爾公爾侯，逸豫無期。」《爾雅·釋詁》：「豫，樂也。」現在我家鄉江蘇省濱海縣的方言還把安逸稱為雅，這也證明豫源自雅、夏。

有人認為豫州源自安逸，我認為此說不確，豫州在上古是人口最稠密之地，生活壓力很大，《史記·貨殖列傳》說：「昔唐人都河東，殷人都河內，周人都河南。夫三河在天下之中，若鼎足，王者所更居也，建國各數百千歲，土地小狹，民人眾，都國諸侯所聚會，故其俗纖儉習事。」人口和城市最為集中的地方，人們的生活不可能舒緩。《蘇秦列傳》說洛陽人蘇秦問他的嫂子為何前倨後恭，嫂子回答說因為他現在位高金多，可見豫州人的特性是見利忘義，他們的生活不可能很安逸。

還有人說豫州的名字源自大象，我認為此說也不正確。因為上古的中原雖然也有大象，但是應該分佈到豫州的南部。豫州的中北部，人口稠密，不應有大象。而且《禹貢》是戰國初年成書，此時氣溫比起商代已經低了一些。《呂氏春秋》卷五《古樂》說：「商人服象，為虐於東夷，周公遂以師逐之，至於江南。」商代的氣溫確實比較高，但是商朝晚期已經變冷，所以西周初年才有周公驅逐大象到南方的說法，其實根源是氣候變冷。何況我們看不到九州之名源自動物的通例，所以豫州之名不可能源自大象。

## 第四節　梁州源自閬、獽、儂

梁州的名稱，舊說因梁山得名，顧頡剛反駁說，一山怎能代表一州？白鳥庫吉說，得名於十二星次的大梁，因為大梁在此方。高重源說，得名於棧道，棧道為飛橋，橋樑同義。其實大梁星次可能為後人附會，古籍中也未見梁指棧道的例子。顧頡剛認為梁州得名於山梁之梁，因為梁州多山。〔註6〕顧說的疑點是：山梁一詞出現太晚，而且冀州、雍州等都有梁山，為何不名梁州？

我認為要探討梁州的由來，必須從交通地理考慮，秦人必須經過漢中，首先瞭解四川北部地名。而閬中恰好在四川北部，閬、梁讀音很近。閬中，類似吳中、巴中、蜀中、秦中，很可能是指一片地區。則閬也是族名，也是地名。閬中在嘉陵江流域，所以梁州很可能源自閬中。

比之諸州命名由民族之例，梁州、閬中應得名於一個族名。梁州之著名種族，除了巴蜀，就是獽。常璩《華陽國志》卷一《巴志》說巴地：

> 其屬有濮、賨、苴、共、奴、獽、夷、蜑之蠻。

說巴東郡：「有奴、獽、夷蜑之蠻民。」說涪陵郡：

> 土地山險水灘，人多戇勇，多獽、蜑之民。縣邑阿黨，鬥訟必
> 死。無蠶桑，少文學，惟出茶、丹、漆、蜜、蠟。漢時赤甲軍常取
> 其民，蜀丞相亮亦發其勁卒三千人為連弩士，遂移家漢中。

又說涪陵郡諸縣：「諸縣北有獽、蜑，又有蟾夷也。」

卷三《蜀志》說蜀郡廣都縣（今成都市南）：

〔註6〕顧頡剛：《浪口村隨筆》卷一《梁州名義》，遼寧教育出版社，1998年，第15～16頁。

　　　　漢時，縣民朱辰字元燕，爲巴郡太守，甚著德惠。辰卒官，郡

　　民北送及墓。獠蜑鼓刀辟踴，感動路人，於是葬所草木頃許皆仿

　　之曲折。迄今蜀人莫不歡辰之德，靈爲之感應。今朱氏爲首族也。

北宋樂史《太平寰宇記》卷七十六簡州風俗：

　　　　　　有獽人，言語與夏不同……李膺記曰：此四郡獽也。又有夷人，

　　與獽類一同。又有僚人，與獽、夷一同但名字有異而已。

李膺是東漢人，簡州在漢代屬犍爲郡，廣漢郡在巴、蜀、犍爲三郡之間，所

以四郡應指巴郡、蜀郡、廣漢郡、犍爲郡。說明獽人的分佈很廣，不是小族。

獽人既不是巴人、蜀人，則很可能是越人，也即僚人。

　　《隋書・南蠻傳》將獽列入南蠻，同書《地理志》梁州說獽族「居處、

風俗、衣冠、飲食頗同於僚，而亦蜀人相類。」

　　既然獽人的風俗類似僚人，則很可能是僚人。梁不是僚的音轉，因爲僚

是仡僚的簡寫，又譯爲仡佬、閣僚等字，這是侗臺語系民族的通名。〔註7〕

　　其實獽的讀音很接近儂，儂是壯傣語支民族的通稱，廣西南部到越南一

帶的很多民族自稱都以儂開頭，還有人以儂爲姓。

　　儂也是人的意思，而東南沿海的浙江、福建、臺灣、海南、廣東等地，

也即南部吳語和閩南語的人稱爲儂，讀音接近 lang。

　　北部吳語的人，吳語原來把我、你、他稱爲我儂、你儂、渠儂，萬曆《常

熟縣私志》卷三《方言》有「誰儂，我儂，你儂」，這本來是太湖片吳語的底

層，不只常熟如此。但是在元代的蘇州城附近人已經不這樣說，《平江記事》

說：「嘉定州去平江一百六十里，鄉音與吳城尤異。其並海去處，號三儂之地。

蓋以鄉人自稱曰吾儂，我儂，稱他人曰渠儂，你儂，問人曰誰……好事者遂

名其處爲三儂之地。」〔註8〕嘉定被蘇州人嘲爲三儂之地，因爲嘉定在蘇州的

邊緣，所以保留了古語，現在的嘉定、常熟已經都不說我儂、你儂、渠儂。

　　我還曾經指出，原來江蘇、安徽一帶的丹陽郡越人也稱爲囊，《搜神記》

卷十二說：「吳諸葛恪爲丹陽太守，嘗出獵，兩山之間，有物如小兒，伸手欲

引人。恪令伸之，乃引去故地。去故地，即死。既而參佐問其故，以爲神明。

恪曰：此事在白澤圖內；曰：兩山之間，其精如小兒，見人，則伸手欲引人，

---

〔註7〕　戴裔煊：《僚族研究》，《民族學研究集刊》第 6 期，國家圖書館出版社影印，
　　　　2010 年。

〔註8〕　〔元〕高德基：《平江記事》，陳其弟點校《吳中小志叢刊》，廣陵書社，2004
　　　　年，第 24 頁。

名曰傒囊，引去故地，則死。無謂神明而異之。諸君偶未見耳。」這裡說諸葛恪在丹陽郡的山間打獵，看到一種小人，稱爲傒囊。如果帶到別的地方，就會死去。我認爲所謂的傒囊，其實就是溪人，囊是越語的人，馬來語的人是 orang。〔註9〕漢語的郎，也是同源字。

明代廣西出一種狼兵，源自狼人，其實就是壯族。羅香林等人已經研究過狼人的歸屬，劉錫蕃《嶺表紀蠻》：「狼，僮族之支派也……最初亦居黔邊，及東蘭、南丹、慶遠一帶，與僮人同一區域。」〔註10〕

其實獽、儂、囊、狼、郎都是同源字，證明獽人是越人。

既然閬中、梁州源自獽人，說明嘉陵江流域原來以獽人爲主，那時巴人尚未大舉西遷。

而這些獽人無疑是從重慶北遷，再具體地說，很可能是從綦江北遷。綦江南鄰貴州，貴州現在還是仡佬族的分佈地。綦江有豐富的僚人文物遺存和傳說故事、文獻記載，現在還有不少典型的越語地名。我曾經到綦江考察，看到珍貴的古越文碑刻和岩畫。現在綦江區博物館還有一塊中國罕見的古代越人文字碑刻，目前這塊碑刻上的文字還沒有人能夠破解，但是字體很像今天的泰國和老撾文字，泰國和老撾的主體民族就是說侗臺語的越人。

綦江博物館藏古代僚人文字碑刻（周運中攝於 2016 年 6 月 13 日）

綦江向北，直對重慶，是越人從雲貴進入四川的最方便通道，所以綦江

---

〔註9〕 周運中：《六朝東南溪人考實》，《地方文化研究》2014 年第 1 期。
〔註10〕 羅香林：《狼兵狼田考》，《百越源流與文化》，中華叢書編審委員會，1978 年，第 281～293 頁。

渝水通道是僚人北遷的重要通道。在上古就有大量越人從這條通道北遷，所以出現了閬中、梁州地名。

因爲僚人北遷時間很久，所以不免和巴人、蜀人融合，特別是經過戰國秦漢時期的漢化，保留的原有習俗更少。所以六朝時期，又有一波僚人北遷入蜀，此時記載頗多，致使人們誤以爲此前沒有僚人大舉入蜀了。

而這一波僚人大舉入蜀，經過南北朝的融合，到了隋代，《隋書》說獽人的習俗雖然最接近僚人，但是也接近蜀人，說明是經過南北朝的融合。從六朝時期獽人風俗向蜀人趨同，不難想像，在戰國秦漢時期，前一波大舉北遷的僚人也經歷了這個過程。

至於雍州之名，很可能源自秦都雍城，楚簡《容成氏》稱爲且州，且通阻，源自雍阻之義，是把雍理解爲壅塞。《雍錄》：「雍，壅也。四面有山，壅塞爲固也。」此說可疑，因爲九州之名都不是源自地形。

總之，九州之名基本源自民族，唯獨雍州源自秦國都城。九州之名最遲在西周已經出現，唯獨雍城是春秋才成爲秦都。九州之名，應在春秋已經形成。此時可能僅有九州之名，而《禹貢》成書要到戰國。

雍州之名的特例，可能正是因爲所謂九州之制原來不存在，所以雍州原來沒有總名，不得已用春秋時期的秦都來命名。然而《禹貢》作者不稱秦州，或許是爲了託古，或許是因爲九州多數源自邊疆民族之名，而秦人雖然有戎狄色彩，但畢竟不是眞正的戎狄。因爲《禹貢》作者是晉人，秦晉文化接近，所以他多少對秦懷有一些好感，所以稱爲雍州。也有可能是因爲現在我們看到的《禹貢》經過秦人的改動，所以使用雍城來稱雍州。

# 第四章　九州制度由來與演變

　　現在《禹貢》最末附有一篇五服制，五服制明顯是圈層結構，而九州似乎是分塊結構，五服制和九州制似乎矛盾！

　　但是我以為，九州是內一州、外八州，本來就是兩圈，實質就是圈層結構。九州制最初不僅不和五服制矛盾，而且就是源自五服制。五服制是歷史上真實存在的制度，九州也是真實存在的制度，有人誤以為九州制是戰國人才偽造出來，這是因為未認真研究五服制的本源。

## 第一節　九州源自東方的郊野、鄉遂

《左傳‧襄公四年》：

　　無終子嘉父，使孟樂如晉，因魏莊子，納虎豹之皮，以請和諸戎。晉侯曰：「戎狄無親而貪，不如伐之。」魏絳曰：「……《夏訓》有之曰：有窮后羿。」公曰：「后羿何如？」對曰：「……昔周辛甲之為大史也，命百官，官箴王闕。於《虞人之箴》曰：芒芒禹跡，畫為九州，經啟九道。民有寢廟，獸有茂草，各有攸處，德用不擾。在帝夷羿，冒於原獸，忘其國恤，而思其麀牡。武不可重，用不恢於夏家。獸臣司原，敢告僕夫。《虞箴》如是，可不懲乎？」公曰：「然則莫如和戎乎？」對曰：「和戎有五利焉：戎狄薦居，貴貨易土，土可賈焉，一也。邊鄙不聳，民狎其野，穡人成功，二也。戎狄事晉，四鄰振動，諸侯威懷，三也。以德綏戎，師徒不勤，甲兵不頓，四也。鑒於后羿，而用德度，遠至邇安，五也。君其圖之！」公說，

　　使魏絳盟諸戎，修民事，田以時。

魏絳說，后羿代夏時，侵擾游牧民族，最終亡國。他引用西周的《虞人之箴》，虞人管理山林川澤，此處說到九州、九道，又說到野獸的茂草，對照上下文的戎狄，無疑是指牧草，爲何九州源自游牧民族？

　　《爾雅·釋地》：

　　　　邑外謂之郊，郊外謂之牧，牧外謂之野，野外謂之林，林外謂之坰。

《周禮》地官《載師》引《司馬法》：

　　　　王國百里爲郊，二百里爲州，三百里爲野，四百里爲縣，五百里爲都。

《爾雅》說郊野之間是牧，《司馬法》說郊野之間是州，可見州就是牧，這也就是九州源自游牧的由來！

1997 年新鄭裴李崗村 T2M5 出土裴李崗文化紅陶鼎
（周運中 2016 年 5 月 11 日攝於河南省博物院）

九州的首領稱爲九牧，這是周代之前的制度，《左傳・宣公三年》：

> 楚子伐陸渾之戎，遂至於洛，觀兵於周疆。定王使王孫滿勞楚
> 子。楚子問鼎之大小輕重焉。對曰：「在德不在鼎。昔夏之方有德也，
> 遠方圖物，貢金九牧，鑄鼎象物，百物而爲之備，使民知神、奸。
> 故民入川澤山林，不逢不若。螭魅罔兩，莫能逢之，用能協於上下
> 以承天休。桀有昏德，鼎遷於商，載祀六百。商紂暴虐，鼎遷於周。
> 德之休明，雖小，重也。其姦回昏亂，雖大，輕也。天祚明德，有
> 所底止。成王定鼎於郟鄏，卜世三十，卜年七百，天所命也。周德
> 雖衰，天命未改，鼎之輕重，未可問也。」

可見，九州源自九牧進貢，據說源自大禹的時代，九牧就進貢了金屬，鑄成
九鼎。此條雖然出自春秋，但是話事人是周天子家的王孫，不會亂說典制。
此時楚人問鼎周室，王孫搬出的理由必須有充分的說服力，否則如何說服蠻
楚？所以我認爲，此說可信。

中國現在發現最早的鼎是河南省裴李崗文化的紅陶鼎，距今 8700 到 6800
年前。鼎原來是炊具，現在溫州話、閩南話的鍋仍然叫鼎，這是上古中原話
的遺存。鼎逐漸演變爲禮器，並變成權力的象徵。最遲在夏代出現了青銅鼎，
夏人興起的地方正是裴李崗文化的分佈地。

商代也有九牧，《逸周書・度邑解》：

> 維王克殷，國君諸侯、乃厥獻民徵主、九牧之師見王與殷郊。

同書《商誓》：

> 王若曰：「告爾伊舊何父□□□□幾耿肅執，乃殷之舊官人序
> 文□□□□，及太史比、小史昔，及百官、里居、獻民。

同書《作雒》：

> 俘殷獻民，遷於九畢。

孔晁注獻民：士大夫也。李學勤說，獻民排在里君之下，孔說不確。或釋爲
遺，然而 1978 年陝西扶風齊村出土的胡（周厲王）簋銘稱：「肆余以□士獻
民稱盩先王宗室。」獻民不是遺民，看來傳統解釋爲賢民最貼切。[註1] 鮮民
是賢民，屬於國人，所以前面是百官、里居。九牧之師排在其下，確實是郊
野的長官。

---

〔註1〕 李學勤：《〈商誓〉篇研究》，李學勤：《古文獻叢論》，上海遠東出版社，1996
　　　 年，第 83 頁。

商代甲骨文確實有牧，裘錫圭指出，商代甲骨文有侯田、多田，田是甸，多田如同多侯，指諸田。商代甲骨文有在某牧、右牧，商代銅器有牧、亞牧，1956 年四川彭縣發現了商代的牧正父己，牧正是牧的總管。〔註2〕

《荀子·解蔽》：

> 昔人君之蔽者，夏桀、殷紂是也。桀蔽於末喜、斯觀，而不知關龍逢，以惑其心而亂其行。紂蔽於妲己、飛廉，而不知微子啓，以惑其心而亂其行。故群臣去忠而事私，百姓怨非而不用，賢良退處而隱逃，此其所以喪九牧之地而虛宗廟之國也。桀死於亭山，紂縣於赤斾，身不先知，人又莫之諫，此蔽塞之禍也。成湯監於夏桀，故主其心而慎治之，是以能長用伊尹而身不失道，此其所以代夏王而受九有也。文王監於殷紂，故主其心而慎治之，是以能長用呂望而身不失道，此其所以代殷王而受九牧也，遠方莫不致其珍。

此處的商代九牧，似乎表示天下，所以說紂喪九牧之地，周有遠方之珍。這不是郊野之牧，而是戰國時期的九州之牧。荀子是戰國末年人，而且來自趙地偏遠的西北，他說的商代九牧，時間太久，所以未必可信。

《周禮·天官冢宰》大宰：

> 以九兩系邦國之民：一曰牧，以地得民。二曰長，以貴得民。三曰師，以賢得民。四曰儒，以道得民。五曰宗，以族得民。六曰主，以利得民。七曰吏，以治得民。八曰友，以任得民。九曰藪，以富得民。

此處的牧列在首位，似乎指邦國之諸侯。但是在周代找不到印證，很可能因為《周禮》寫成較晚，而不是史實。

牧原來靠近國都，不過二百里。牧源自游牧，在牧居住的人主要從事游牧，所以稱為牧。

但是《禹貢》九州的民族已經距離中原都城很遠，這是因為商代未有周人的宗法制、分封制，所以商朝分封的國家不多。周人崇尚生育，在四方殖民的國家、人口太多，所以非華夏的各族逐漸被同化或外遷。

九牧為何聯繫九道呢？我以為，這要從鄉遂制度來解釋。古代國都之外，

---

〔註2〕裘錫圭：《甲骨卜辭中所見的「田」「牧」「衛」等職官的研究——兼論「侯」「甸」「男」「衛」等幾種諸侯的起源》，《文史》第 19 輯，1983 年，收入裘錫圭：《古代文史研究新探》，江蘇古籍出版社，1992 年，第 343～365 頁。

有鄉、遂兩種政區，鄉在郊，遂在野。

《周禮》地官司徒，分爲鄉、遂兩大系統：

1. 鄉大夫之下有鄉、州、黨、族、閭、比六級政區官員，再下是封人、鼓人、舞師，封是邊界官員。再下是牧人、牛人、充人，是牧業官員，對應郊外的牧。再下是財政、教育、民政、市場官員。

2. 遂人：「掌邦之野。」遂人、遂師之下有遂、縣、鄙、酇、裏、鄰六級政區官員，再下是財政、地理、山川、工匠官員。

遂即隧，《尙書・費誓》：「魯人三郊三遂。」《史記・魯世家》作三郊三隧。隧的原義是道路，不是現代所說的洞。古代人煙稀少，道路非常重要，維護困難，所以遂源自道路，也即都城和山野的道路。所以九州的制度中特地說到九道，這就是《禹貢》九州都說到貢道的原因。當然，今本《禹貢》的九道具體內容是戰國人所寫，已經不是三代貢道的原貌。

遂的系統中有虞人，就是《虞人之箴》的虞人。虞人掌管山林，所以《爾雅》野之外是林，《周禮》虞人在遂人之下，也即在其外。

九州之所以是九個州，也來自鄉遂系統。因爲《費誓》魯國三郊、三遂，《周禮》是六鄉、六遂，《國語・齊語》說管仲三其國而伍其鄙：「制國以爲二十一鄉：工商之鄉六，士鄉十五；公帥五鄉焉、國子帥五鄉焉、高子帥五鄉焉。參國起案，以爲三官，臣立三宰，工立三族，市立三鄉，澤立三虞，山立三衡。」魯國三桓有三軍，三軍源自三郊。《周禮》出自齊地，三、六、十五，都是三的倍數，九州也是三的倍數，無疑屬於這一系統。

另外《商頌・玄鳥》：「奄有九有。」《長發》：「帝命式於九圍……九有九截。」這種大地分爲九塊的思想源自八方加上中間，九有即九域，《國語・魯語上》：「共工氏之伯九有也，其子曰后土，能平九土，故祀以爲社。」九有、九圍、九截都是修辭，不是制度。

# 第二節　九州源自關東土丘村落例證

因爲州原來在郊、野之間，所以往往根據民族來命名，有戎州、揚州、徐州、夏州。

戎人住的州是戎州，衛國城外有戎州，《左傳》哀公十七年：

> 初，公登城以望，見戎州。問之，以告。公曰：「我，姬姓也，

何戎之有焉？」劓之。

同書哀公四年：

> 夏，楚人既克夷虎，乃謀北方……單浮餘圍蠻氏，蠻氏潰。蠻
> 子赤奔晉陰地……士蔑乃致九州之戎，將裂田以與蠻子而城之，且
> 將爲之卜。蠻子聽卜，遂執之與其五大夫，以畀楚師於三戶。司馬
> 致邑立宗焉，以誘其遺民，而盡俘以歸。

九州之戎，不是天下九州，而是九個戎人村落，其地正好建一個城。上文說過，這種聚落之州，都是九個。所以《國語·鄭語》說謝西有九州，謝在今南陽，這個九州也是聚落之州。

這種小的州，在齊魯也有，《春秋左傳》襄公三十一年：

> 齊子尾害閭丘嬰，欲殺之，使帥師以伐陽州。

哀公四年：

> 夏四月，齊陳恒執其君，寘於舒州……（六月）齊人弒其君壬
> 於舒州。

《史記·齊太公世家》：

> 庚辰，田常執簡公於徐州。甲午，田常弒簡公於徐州。

司馬貞《史記索隱》：「徐音舒，其字從人。左氏作舒，舒，陳氏邑。《說文》作郐，郐在薛縣。」薛縣，在今山東滕州。《史記·田敬仲完世家》宣王十年：「楚圍我徐州。」此徐州在薛地，近楚國。《水經注》卷二十五《泗水》：「《竹書紀年》梁惠成王三十一年，邳遷於薛，改名徐州。」邳國都城在今睢寧縣北的古邳鎮，靠近今日徐州。邳國北遷到薛地，改名徐州，是用其地古名，大概因爲邳人是徐方的土著。

《史記·田敬仲完世家》又說：

> 吾吏有黔夫者，使守徐州，則燕人祭北門，趙人祭西門，徒而
> 從者七千餘家。

這個徐州，靠近燕、趙，可能是另一個徐州，不是在薛地的徐州。有人認爲是漢代的勃海郡東平舒縣，在今河北省大城縣。〔註3〕徐是大姓，所以有兩個徐州，也很正常。

值得注意的是，揚州（陽州）、徐州（舒州）恰好對應揚州、徐州，但是

---

〔註3〕譚其驤主編：《中國歷史地圖集》第一冊，中國地圖出版社，1982 年，第 41頁。

這兩個小地方在齊魯，顯然不是大揚州、大徐州。究其原因，其實是因爲這兩個小地方源自遷居到齊魯的揚人、徐人，如同戎州之名源自戎人。

其實齊、州是同源字，齊字的上方就是州，齊的上古音 dzyei 也很接近州的上古音 tjiu。齊、濟的本字都是洲渚的象形，濟水是黃河散開的支流，所以水力不強，有很多洲渚。齊國都城就在濟水下游，又靠海岸，所以洲渚很多。從齊、濟之名源自洲渚，也可以證明東方原來有很多州。

如果是華夏人到了南方，組成的聚落就叫夏州，《春秋左傳》宣公十一年：

> 楚子爲陳夏氏亂故，伐陳……乃復封陳，鄉取一人焉以歸，謂之夏州。

陳國是華夏，楚國從陳國各鄉遷一人到楚地，在楚地組建的州，稱爲夏州，也即夏人所居之州。

這種聚落之州，源自齊、魯、衛、陳、周的丘。州是洲的本字，原形是河流之中的沙洲，所以州就是丘。許慎《說文》：

> 水中可居曰州，水周遶其旁，從重川。昔堯遭洪水，民居水中高土，或曰九州。《詩》曰：「在河之州。」一曰州，疇也。各疇其土而生之。

上文說過，《春秋左傳》的丘，分佈在宋、齊、魯、衛等地，所以州作爲聚落，最早誕生在東方。

揚雄《方言》卷十二：

> 水中可居爲洲，三輔謂之淤，蜀漢謂之壑。

可見州這個字不是源自西北，西北的河網不如東方大平原密集，也沒有那麼多州。

州就是丘還有兩個證據：

1. 屈原《天問》：

> 洪泉極深，何以窴之？地方九則，何以墳之？

王逸注：「墳，分也。」我認爲此說不確，《禹貢》說，兗州土黑墳、青州土白墳、徐州土赤埴墳。《天問》的墳，顯然是指土丘。可見，原來有一種傳說認爲，九州就是九墳，就是九丘。

2.《左傳》昭公十二年說，楚國的左史倚相，能讀《三墳》、《五典》、《八索》、《九丘》，《三墳》指三皇之典，《五典》是五帝之典，《三墳》、《五典》是歷史，《八索》、《九丘》是地理，九丘就是九州。

《周禮》小司徒：

> 乃經土地而井牧其田野：九夫爲井，四井爲邑，四邑爲丘，四
> 丘爲甸，四甸爲縣，四縣爲都，以任地事而令貢賦，凡稅斂之事。
> 乃分地域而辨其守，施其職而平其政。

此處有丘，因爲《周禮》出自齊，此處的丘僅有 144 家，大概符合州的原來
大小。

這種聚落的州，到了春秋時代，仍然有一點影子，《周禮》地官大司徒：

> 令五家爲比，使之相保。五比爲閭，使之相受。四閭爲族，使
> 之相葬。五族爲黨，使之相救。五黨爲州，使之相賙。五州爲鄉，
> 使之相賓。

這種州是 2500 家，規模太大，比 144 家的丘，擴展了 20 倍，源自齊國法家
的誇張。而且本來在郊、野之間的州也被納入了鄉的系統，無疑源自春秋各
國疆域的擴張。

這種 2500 家的州已經不是西周的州了，不過我們可以從這種誇大，想到
州從土丘村落向天下九州發展的原因。

# 第三節　天下九州中的五服制因素

《左傳》哀公十三年：

> 吳人將以公見晉侯，子服景伯對使者曰：「王合諸侯，則伯帥
> 侯、牧以見於王。伯合諸侯，則侯帥子、男以見於伯。

伯比侯、牧高，侯比子、男高，牧不是侯。

《禮記・曲禮下》：

> 五官致貢，曰享。五官之長，曰伯，是職方。其擯於天子也，
> 曰天子之吏。天子同姓，謂之伯父，異姓謂之伯舅。自稱於諸侯，
> 曰天子之老，於外曰公，於其國曰君。九州之長，入天子之國曰牧。
> 天子同姓，謂之叔父，異姓謂之叔舅，於外曰侯，於其國曰君。其
> 在東夷、北狄、西戎、南蠻，雖大曰子。於內自稱曰不穀，於外自
> 稱曰王老。庶方小侯，入天子之國曰某人，於外曰子，自稱曰孤。

天子的五官，各職掌一方，故名職方，長官是伯。對外稱公，國內稱君。九
州之長，名爲牧。如果是同姓，則是侯。蠻夷戎狄的君主，只能稱子。

這一段話，也有可信之處，伯之下就是牧、侯。牧、侯的差別是，天子同姓也即分封的是侯，異姓則是牧。這就對應《左傳》哀公十三年的侯、牧，其實侯在牧前，此處是牧在侯前，有誤。

至於錯的地方，是公、伯的差別。前人結合金文研究發現，公比伯高，公不是伯的對外之名。〔註4〕

另外，此處說五方，不是九方，非常正確。因爲早期沒有天下九分，但是有五分。商代人就有四土觀念，胡厚宣早有詳考。周文王就是商王所封西伯，西伯就是西方之長。《左傳》昭公九年，周王使詹桓伯辭於晉，曰：

> 我自夏以后稷，魏、駘、芮、岐、畢，吾西土也。及武王克商，蒲姑、商、奄，吾東土也。巴、濮、楚、鄧，吾南土也。肅愼、燕、亳，吾北土也。

都城周圍，有九州。但是天下不分九州，僅有五方。因爲當時交通還不發達，不必分爲九方。

《逸周書・王會》及其附錄《伊尹四方令》，記載商周四方民族的貢品，雖然不是商周原文，但是全文按照四方分佈，而不是按照九州分佈，反映了早期的樣貌。

九牧其實是九州原來的主人，分封來的諸侯是殖民者，侯、牧並列，但是侯在牧之前。

《左傳》襄公十五年：「王及公、侯、伯、子、男，甸、采、衛大夫，各居其列，所謂周行也。」

《尚書》、《國語・周語上》、《職方》、《禹貢》、金文記載的五服制，如下表：

| 康誥 | 侯、甸、男、邦、采、衛 |
|---|---|
| 酒誥 | 侯、甸、男、衛、邦伯 |
| 召誥 | 侯、甸、男、邦伯 |
| 顧命 | 侯、甸、男、衛 |
| 矢令方鼎 | 侯、甸、男 |
| 大盂鼎 | 侯、甸 |
| 周語 | 邦內甸服、邦外侯服、侯衛賓服，蠻夷要服，戎狄荒服 |
| 職方 | 侯、甸、男、采、衛、蠻、夷、鎭、藩 |
| 禹貢 | 甸、侯（采、男邦、諸侯）、綏、要、荒 |

〔註4〕楊寬：《西周史》，第336～341頁。

《左傳》昭公十三年，子產說：

> 昔天子班貢，輕重以列。列尊貢重，周之制也。卑而貢重者，
> 甸服也。鄭伯，男也，而使從公侯之貢，懼弗給也，敢以爲請。

西周制度，位卑而貢多的是甸服，鄭伯在男服，不應有公、侯之貢，說明公、侯、甸貢獻多，而男貢獻少。

《尚書》有金文印證，而春秋戰國才成書的《國語》、《職方》、《禹貢》晚出，而且越來越失眞。《國語》顚倒了甸、侯，缺了男，又把蠻夷和戎狄滑稽地分開。《職方》則把蠻夷分開，增加了鎮、藩，變成九服，顯然也不可信。因爲《周禮》處處強調九，經常推衍出很多一組九個的制度，所以出現了九服制。純粹是爲了湊足九個數，而分開蠻、夷，加上鎮、藩。

而《禹貢》不僅顚倒了侯、甸，還在侯之中分出采、男邦、諸侯，又把男和邦合一，諸侯就是侯，但是侯服的位置不可能在采、男、邦之後，可見《禹貢》這一段五服制是大錯特錯。《禹貢》是兼用《國語》和《尚書》，但是未讀懂《尚書》。《國語·鄭語》：「妘姓鄔、鄶、路、偪陽，曹姓鄒、莒，皆爲采衛，或在王室，或在夷、狄，莫之數也。」《尚書》采衛簡稱爲衛，邦伯簡稱爲邦。衛和邦的位置，有時顚倒。

邦的原義是封，也即邊界。邦、封是同源字，讀音、字形都很接近。上古音的封是 piong，邦是 peong，都是幫母東部。封、邦的字形都是在土上種樹，設立邊界。衛是守衛邊界，所以衛和邦靠近。

西周《尚書》各篇的五服制不提蠻夷，最外就是邦伯。邦伯，很可能就是蠻夷。九州之牧，也即邦伯，邊界上的國君。

西周有九州之伯，《逸周書·嘗麥解》：

> 維四年孟夏，王初祈禱於宗廟，乃嘗麥於太祖⋯⋯乃命太史尚
> 大正，即居於戶，西南向。九州□伯咸進在中，西向⋯⋯用我九宗
> 正、州伯。

李學勤認爲，這篇是周穆王初年文獻，[註5] 此處說九州之伯，因爲地位太高，不是五服制中遠方的邦伯，但是西周金文中看不到朝廷有九州之伯，所以此處的九州之伯恐怕是春秋戰國時人的誤解。因爲《左傳》哀公十三年說伯率侯、牧，所以有人從九州之牧，附會出九州之伯。其實九州之牧是最外之服，

〔註 5〕李學勤：《〈嘗麥〉篇研究》，李學勤：《古文獻叢論》，上海遠東出版社，1996年，第 94 頁。

朝廷不可能有對應的官員。因爲春秋戰國，正是遠方的秦、楚、吳、越等異族興起，所以才有這種誤解。

《國語‧周語上》：

　　夫先王之制：邦內甸服，邦外侯服，侯衛賓服，蠻夷要服，戎狄荒服。甸服者祭，侯服者祀，賓服者享，要服者貢，荒服者王。

此處把蠻夷和戎狄分開，其實唯有蠻夷戎狄才進貢，也即九州之牧進貢，這就是《禹貢》九州之名基本源自蠻夷戎狄的原因。所以《禹貢》不是戰國人的編造，確實有遠古時代和夏、商、周的根據。九州和五服不僅不矛盾，而且九州制就有五服最外一服的因素。

周宣王時的兮甲盤銘文：

　　淮夷舊我貟晦人，毋敢不出其貟、其責。其進人，其貯，毋敢不即餗、即市。

楊寬認爲，此處說淮夷是西周舊日進貢帛賄之臣屬，必須進貢其布帛、委積、奴隸。

甸即田，需要繳納糧食，《禹貢》：「五百里甸服：百里賦納總，二百里納銍，三百里納秸服，四百里粟，五百里米。」

九州進貢原來僅僅是指遠方民族，而《禹貢》九州竟然包括中原！遠方民族僅僅是進貢各種物產，不交田賦，但是《禹貢》九州竟有田賦等級！可見，《禹貢》不僅最後那篇由後人增附的五服制不是三代事實，九州的地域、田賦都不是三代事實。

## 第四節　州在晉地變成大區

晉國的州似乎就是魯國、鄭國等東方諸國的丘，《左傳》僖公十五年（前645年）說晉國爲了更多的田賦和士兵，開始作爰田、作州兵。成公元年（前590年）魯國爲了抵抗齊國，開始作丘甲。昭公四年：「鄭子產作丘賦，國人謗之。」丘賦類似晉國的爰田，不過東方諸國的動作晚於晉國，變革先從晉國開始。晉國地處西北，周圍全是戎狄，所以變革動力最大。

晉地也有類似的州字小地名，北京故宮博物院藏有一枚三晉官印，羅福頤《古璽彙編》編號是 0046，有學者改釋爲「陽州左邑右小司馬」。〔註6〕文

〔註6〕汪凱：《古印章探微——戰國官璽的文字、歷史與構成釋例》，中國美術學院出版社，2015 年，第 96～97 頁。

獻未記載陽州，應在晉地。

但是晉國的州似乎變得更大，《左傳》成公十三年，晉厲公使呂相致秦桓公書說：「白狄與君同州，君之仇讎，而我之昏姻也。」此處的州，顯然不是一個村落，而是指大區域，即後世九州之州。

同書襄公十四年，范宣子對戎子駒支說：「來！姜戎氏！昔秦人迫逐乃祖吾離於瓜州。」昭公九年，周王使詹桓伯辭於晉：「先王居檮杌於四裔，以禦螭魅。故允姓之奸，居於瓜州。伯父惠公歸自秦，而誘以來，使偪我諸姬，入我郊甸，則戎焉取之。」此處的瓜州，似乎是一個大州，而不是一個小村。

同書昭公四年，晉人司馬侯說：

> 恃險與馬，而虞鄰國之難，是三殆也。四嶽、三塗、陽城、大室、荊山、中南，九州之險也，是不一姓。冀之北土，馬之所生，無興國焉。

此處的九州，就是後世的九州，荊山在荊州，終南山在雍。此處的冀，就是冀州。

伯率侯、牧之說也出自晉人之口，《虞人之箴》九州也出自晉人。可見，最早的天下九州之說，全部來自晉地。這就與《禹貢》、《職方》都出自晉地吻合，所以天下九州之說最早來自晉地。

晉國在春秋時期疆域擴展最大，而且晉地開拓的疆域和齊魯不同，很多是戎人之地。戎人原來住在郊野之間的州，也即戎州，這是村落之州。晉人收取這種戎州，作為新的疆域，產生了天下九州之說。又把原來的村落之州，混同於五方之方。晉地原來就有大禹治水的傳說，所以晉人摻雜了五服制四方戎狄進貢的因素，最早造出天下九州制。從春秋到戰國，由子夏等儒家逐漸踵事增華，寫成今本《禹貢》、《職方》。

齊、魯的州，大約一百多家，也就是一個土丘的規模。但是晉國地廣人稀，所以州才可能演變為大區。

九州說在晉地產生，還有重要的社會和思想來源。《左傳》說九鼎本來是四方進貢金屬築成，用以圖繪各地的神怪，雖然有囊括四方疆土的象徵，但是畢竟不太明顯。春秋時期，所謂南夷與北狄交，中國不絕若線。孔子說，如果沒有管仲輔佐齊桓公尊王攘夷，則中國人要披髮左衽。此時中國人特別害怕被夷狄征服，所以特別需要強調華夷秩序，所以九鼎的傳說就被儒家賦予了新的意義。原來不過是貢金鑄鼎，此時的儒家則把九州的面貌具體化，

造出中國原本管轄九州的文本。戎狄對中原的危害特別大，主要來自晉地，晉國滅戎狄最多，所以晉地有製造《禹貢》的社會和思想基礎。

九州是晉人之說，影響深遠。晉處在東西方之間，是上古東西方文化的交流地。晉國雖然以法家爲主，也有儒家、名家等多種學派，產生了很多名人。雖然秦、晉文化接近，但是秦國的文化地位極地，基本找不出一位本土的學者。學術地位最高的是齊魯，齊魯文化對三晉影響很大，子夏就是一個例證。晉國人能綜合各種學術，再去秦國、楚國實踐。商鞅、范雎、李斯、韓非、吳起都是晉人，改變了秦、楚和中國的歷史進程。

過去我們不能探明九州的本源，就是因爲缺乏地理學的視角。往往用現代的中華大一統觀念去思考上古歷史，自然不能發現九州的流變過程。九州起源於東方的土丘村落，在晉國向大區演變，到了秦漢最終推廣全國。所以從九州的演變過程，可以看到中國歷史的進程。

晉國的州制首次變化，源自戎狄環伺的險惡環境，所以草原游牧民族是推動中國歷史進程的主要動力。我曾經論證，共工、蚩尤用來自西方的冶金術打敗炎帝，推動了中國歷史的進程。〔註7〕其實周、秦、漢、唐之所以從西北崛起，都是因爲地處抵禦戎狄的前線，吸納了戎狄的技術，才統一中國。

## 第五節　十二州說的由來

上古似乎僅有九州，但是《尚書》竟然出現了十二州說，今本《舜典》是割裂《堯典》的內容僞造，《舜典》說：

> 正月……禋於六宗，望於山川，遍於群神。輯五瑞，既月乃日，觀四嶽群牧，班瑞於群后。歲二月，東巡守，至於岱宗，柴。望秩於山川，肆覲東后。協時月，正日……五月，南巡守，至於南嶽，如岱禮。八月，西巡守，至於西嶽，如初。十有一月，朔巡守，至於北嶽，如西禮。歸，格於藝祖，用特。五載一巡守……肇十有二州，封十有二山，濬川。

值得注意的是，《史記・五帝本紀》抄錄，僅說：「肇十有二州，決川。」不提封十二山，《封禪書》的巡狩，則不提十二州、十二山。《五帝本紀》和《封

---

〔註7〕周運中：《中國文明起源新考》，臺北：花木蘭文化出版社，2015 年，第 207～221 頁。

禪書》都提到黃帝封禪，如果司馬遷看到的《尚書》有封十二山，不應不提，說明他看到的《尚書》很可能就沒有封十二山之說。

十二州，《史記集解》引馬融曰：「禹平水土，置九州。舜以冀州之北廣大，分置并州。燕齊遼遠，分燕置幽州，分齊爲營州，於是爲十二州。」《爾雅釋文》引鄭玄：「舜以青州越海，而分齊爲營州，冀州南北太遠，分衛爲并州，燕以北爲幽州。」此說顯然荒謬，青州和營州、幽州地域重合，這是漢代人拿《職方》多出的州來拼湊出十二州。

上古從來沒有十二州說的確證，《尚書》此句是孤證，很可能是後人僞添，因爲《尚書》上文說巡狩四嶽，用的是柴祭，根本不是封禪，而封禪說出自齊魯人，《封禪書》引《管子》說：「古者封泰山禪梁父者七十二家，而夷吾所記者十有二焉。」此條不見於今本《管子》，下文又說封禪時需要：「鄗上之黍，北里之禾，所以爲盛。江淮之間，一茅三脊，所以爲藉也。」從需要江淮之間的物品來看，封禪說來自齊魯，在中原正統典籍中找不到根據。

顧頡剛認爲十二州是因爲漢武帝開拓才僞添，但是陳夢家認爲是秦人僞添，他說舜詔二十二人，如果把十二牧還原爲九牧，則加上四嶽和九官，正好是二十二人，否則是二十五人。秦以六爲紀，十二是六的倍數，《封禪書》記載秦祭祀的名山正是十二個。《呂氏春秋·有始》：「天有九野，地有九土，土有九山。」《天官書》：「二十八宿，主二十州。」十二州之名也可能來自天官家，他又認爲顧頡剛的漢武帝時僞添說不能成立。〔註8〕

我認爲不是漢武帝時僞添，而是漢武帝看到《尚書》十二州才設十二刺史，關於漢代的刺史，我在另書詳考。陳夢家把十二牧還原爲九牧是天才的發現，證明上古原本很可能是九牧、九州、九山。十二州很可能是秦代僞添，或許是齊魯的儒生爲了迎合秦以六爲紀，或許是雜湊《禹貢》、《職方》的兩套九州爲十二州。或許還有可能是爲了和四嶽配對，如果是十二州，則每一方岳管理三州，才相吻合。當然，上古不存在四嶽之制，四嶽是炎帝部落的制度，所以如果有四嶽配十二州的想法，則違背古制。

九州改爲十二州，說明齊魯人對九州非常陌生，他們或許是看到兩種九州說，不知所措，索性雜湊爲十二州說。因爲九州說本來源自晉地，不是齊魯人的發明，所以齊魯人原本看不到《禹貢》、《職方》這樣確定描寫九州的著作，所以才會如此輕率地對待州的數量。

# 第六節　九州的影響

　　九州說因爲宣傳了大一統思想，所以歷代帝王都非常重視，以證明自己是正統。秦始皇爲了得到九鼎，專門派人在泗水中尋找，可惜沒有找到。《史記・秦始皇本紀》說嬴政二十八年：「過彭城，戒禱祠，欲出周鼎泗水。使千人沒水求之，弗得。」漢武帝沒派人去撈九鼎，但是他直接實行了州制，也是爲了證明自己傳承了上古的制度。周人傳承的九鼎雖然一直沒有找到，但是鼎和州的概念對中國人影響深遠，三分則稱爲鼎立，政權則稱爲鼎祚。東晉和南朝在南方僑置了北方淪陷的州，象徵自己仍然擁有九州。唐代人撰寫的《隋書・地理志》仍然按照九州來總結各地風俗，但是《舊唐書》、《新唐書》已經採用道制來分類，不再按照九州分類。南北朝末年的州有幾百個，所以《隋書》只好分爲九州，反而回歸了最原始的數目。不過《隋書》的九州地域比上古九州大了好幾倍，很多地方原本不屬於上古九州。

　　隋唐以來，州降爲比較小的政區，所以北宋《元豐九域志》用九域來指代上古的九州。但九州這個詞仍然在文學作品中指代國土，陸游詩云：「死去元知萬事空，但悲不見九州同。」龔自珍詩云：「九州生氣恃風雷，萬馬齊暗究可哀。」其實漢代以來的州早就超過九個，但是九州這個詞因爲《禹貢》等書而變成抽象的概念。現在還有人把九州當成中國的代稱，不過僅限於文化界。九州的概念也影響到了漢化較深的國家，比如朝鮮、日本、越南等國。

　　九州從有實際文物九鼎，到有實際制度州制，再到僅存於思想文字，雖然逐漸模糊，但一直是重要的概念。元明清以來，因此中國政區又有重大變化，省制確立，所以九州概念有所弱化。清代有十八省概念，近代以來因爲受到外國侵略產生了明確的國界和領土概念。省的大小往往基本上等同於古代的州，成爲中國人重要的地域認同單位。

　　現在的山東兗州在上古屬徐州之地，西漢的兗州就大幅東移，南北朝時期又向東南移動，隋代開始確定在今地。今天青州仍然在上古青州之地，冀州仍然在上古冀州之地，徐州仍然在上古徐州之地，揚州仍然在上古揚州之地，荊州仍然在上古荊州之地。豫州、梁州、雍州、幽州、并州之名消失，消失的九州之名都在西北和華北，說明這些地方的變化更大。唐代的豫州已經改名爲河南府（今洛陽），雍州改名京兆府（今西安），梁州改名興元府（今漢中），并州改名太原府，所以西部的州名消失主要是因爲靠近政治中心，率先改爲府。幽州在遼代改名幽都府（今北京），又改名析津府，也是因爲作爲

遼的南京，作爲政治中心而改名。中國東南原來遠離政治中心，古老的地名反而保留較多。荆州在唐代改名江陵府，元代改名中興路，但是明代改回荆州府。

近年來有的地名又改回九州之名，比如山東益都，1986 年改名青州，其實此地作爲青州治所源自西晉末年，金代改爲益都。冀州在 1912 年改爲冀縣，1993 年改回冀州。

個別省的簡稱仍然源自九州，比如河北省簡稱爲冀，河南省簡稱爲豫。有的州名雖然不用，但是仍然出現在一些俗稱中，比如湖北稱荆楚大地。多數省的簡稱不是源自上古九州之名，很多省甚至不在上古九州的地域。因爲各省地域遠遠超出九州範圍，所以九州的影響大爲削弱。近代中國的大區名稱已經改用華北、華中、華南、西南、西北、東北、華東、中南等名詞，這些大區比上古的州大，九州的名稱不能適應現代地理學的需要。

大多數的九州之名沒有成爲現代省的簡稱，因爲保持這些州名的城市已經不是各省的政治中心，比如湖北省的政治中心從荆州移到了武漢，所以湖北省的簡稱鄂，而非荆。揚州在唐代是淮南節度使的駐地，是全國最重要的城市。但是在唐末的戰亂中衰弱，不再是政治中心。隋代大運河不經過徐州，徐州衰落。青州在元代還是山東東西道宣慰司所在，明代山東省治改到濟南，青州衰落。青州、濟南都是齊地，不是魯地。元代山東的地方志稱爲《齊乘》，明代稱山東黨人爲齊黨，到了清末以來簡稱山東爲魯。兗州在元、明、清還靠近大運河，明、清爲兗州府，地位比較重要。晚清大運河衰落，漕糧改走海運，所以兗州的地位大爲衰落，現在不是地域中心。

州現在中國早已不是政區的通名，但是日本的大島仍然稱爲州，有本州、九州。中國人仍然把很多國家的一級政區譯爲州，比如美國的 state、馬來西亞的 negeri、俄羅斯的 область。但是有的國家的一級政區則譯爲省，至於爲什麼有的國家的一級政區譯爲州，還有待專門研究。

至於從九州說擴展出的大九州說，影響也很大。晚明中國人看到歐洲人帶來的世界地圖，想到鄒衍的大九州說，所以用洲來稱世界的大洲。因爲中國現在還有一些島稱爲洲，比如湄洲，所以稱世界上的洲爲大洲。九州的影響雖然越來越弱，但是源自九州的大洲則擴大了影響。大九州說的源頭是在海外探險的燕齊方士，九州的源頭也在華北大平原的東部。從中國九州到世界七大洲的演變，可以看到海洋文化的貢獻。

　　州從小聚落變成大地域，源自中國西北草原文化的推動。我們從九州的演變中，可以同時看到西北草原文化和東南海洋文化的作用，大陸文化和海洋文化的互動也是人類史上永恆的話題。

# 第五章 《職方》九州考

## 第一節 《逸周書》出自三晉新證

其實不但是《職方》這一篇出自燕趙，收錄《職方》的《逸周書》本身就出自三晉。關於《逸周書》作者的地域，有周人、晉人、齊人、魏人等說，王連龍有總結。陳夢家認為《汲冢周書》是戰國時魏人編綴，但是他認為今本《逸周書》是劉向所編。〔註1〕羅家湘認為《逸周書》是在魏文侯時期編定，編者是子夏一派儒家，理由是《藝文類聚》卷九四引《周書》有子夏曰一條。〔註2〕王連龍認為《逸周書》出於魏人，原因主要有三：一是晉人對《逸周書》多有稱引，二是湖南慈利縣出土竹簡《大武》篇資料可以佐證《逸周書》出於魏人，三是魏國在戰國前期非常強盛，率先變法，尊儒厚賢。〔註3〕其實晉人說和魏人說並不矛盾，魏即三晉之一。此說顯然與周人說、齊人說相去很遠，尤其是齊人說。

## 一、《史記解》國家多在西北

我認為，《逸周書》卷八的《史記解》一篇主要記述各古國滅亡的原因，多是一條一國，也有一條二國。全篇共28條，其中涉及古國很多，但是在地理分佈上卻很不均衡。全篇古國有：皮氏、華氏、夏后氏、殷商、有虞氏、

〔註1〕 陳夢家：《尚書通論》，河北教育出版社，2000年，第317～322頁。
〔註2〕 羅家湘：《〈逸周書〉研究》，上海古籍出版社，2006年，第75頁。
〔註3〕 王連龍：《〈逸周書〉研究》，社會科學文獻出版社，2010年，第24～26頁。

平林、質沙、三苗、扈氏、義渠氏、平州、有林氏、離戎、曲集、愉州、有巢氏、有鄐、重氏、共工、唐氏、上衡氏、有南氏、有果氏、畢程氏、陽氏、谷平、阪泉氏、獨鹿、縣宗、玄都、西夏、唐氏、績陽、重丘、有洛氏。

分析這些古國，不難發現，其中涉及最多的地區居然是西北。確定在西北地區的有：皮氏、義渠氏、有林氏、離戎、共工、唐氏、上衡氏、畢程氏、阪泉氏、獨鹿、西夏。其中上衡氏、有林氏為一條，說明二者鄰近，所以上衡氏雖然不知確切地點，但也應在西北。有林氏、唐氏均出現兩次，所以涉及西北的條目至少有 8 條。加上可能在西北的有巢氏、有洛氏，可能達到 10 條。

皮氏即在後世的皮氏縣，在今山西河津。義渠氏即義渠戎，《史記・秦本紀》說秦惠文王十一年：「縣義渠。」後世的義渠縣治今甘肅省寧縣焦村鄉西溝村，〔註4〕義渠戎在此附近地區。

有林氏即林胡，《史記・趙世家》說霍太山神賜給趙襄子的朱書說：「余將賜女林胡之地。」林胡在趙國西北，是趙武靈王拓地的主要對象之一。又說趙武靈王十九年，召樓緩謀曰：「我先王因世之變，以長南藩之地，屬阻漳、滏之險，立長城，又取藺、郭狼，敗林人於荏，而功未遂。今中山在我腹心，北有燕，東有胡，西有林胡、樓煩、秦、韓之邊。」又說：「二十年，王略中山地，至寧葭。西略胡地，至榆中，林胡王獻馬。」林人所在的荏，其實是挺字之形訛。下文又說：「秦之上郡近挺關，至於榆中者千五百里。」挺關在秦、趙邊境，挺在今陝北榆林市，林胡也在陝北。同書《廉頗藺相如列傳》說李牧：「大破殺匈奴十餘萬騎。滅襜襤，破東胡，降林胡，單于奔走。其後十餘歲，匈奴不敢近趙邊城。」《戰國策》卷九《燕策》蘇秦說燕文侯曰：「燕東有朝鮮、遼東，北有林胡、樓煩。」此處應為西有林胡、樓煩，林胡在趙國西北，當然更在燕國之西。

《史記解》說：「昔有林失召離戎之君而朝之，至而不禮，留而弗親，離戎逃而去之，林失誅之，天下叛林氏。」離戎也是靠近林氏之戎，《今本竹書紀年》說：「（周成王）三十年，離戎來賓。」沈約按：「離戎，驪山之戎也。」潘光旦認為不知為何可通，〔註5〕其實離、驪音近，《今本竹書紀年》雖不可信，但是離戎為驪山之戎卻可通。《左傳》莊公二十八年：「晉伐驪戎。」

〔註4〕張耀民：《義渠都城考證瑣記——義渠國都在今寧縣焦村鄉西溝村》，《西北史地》1996 年第 1 期。

〔註5〕潘光旦：《中國民族史料彙編》，天津古籍出版社，2005 年，第 264 頁。

　　唐氏出現兩次，分別與共工、西夏在一條。唐氏即晉國初封之地，《左傳》昭公元年子產說：「遷實沈於大夏，主參，唐人是因，以服事夏、商。其季世曰唐叔虞……及成王滅唐而封大叔焉，故參爲晉星。」共工氏傳說在西北，西夏也在晉地，大概因爲和中原的夏相對而名。《史記・齊太公世家》齊桓公自謂：「西伐大夏，涉流沙。束馬懸車登太行，至卑耳山而還。」《正義》：「大夏，并州晉陽是也。」齊桓公伐晉，不可能遠到今太原市。此處的大夏應在晉南，流沙是後人誤傳。《齊太公世家》上文又說：「桓公於是討晉亂，至高梁。」《集解》引杜預曰：「在平陽縣西南。」齊桓公伐晉，最遠到高梁（在今臨汾市），大夏還在其東南，或即《逸周書》的西夏。

　　畢程氏，陳逢衡認爲在今陝西，證據是《竹書紀年》說：「殷武乙二十四年，周師伐程，戰於畢，克之。」《漢書・地理志》右扶風安陵縣，顏師古注：「闞駰以爲本周之程邑。」〔註6〕吳卓信《漢書補注》：「《詩・大雅》度其鮮原，居岐之陽。孔疏，《周書》稱文王在程，作《程寤》、《程典》，皇甫謐云，文王徙宅於程，蓋謂此也。程一作郢，孟子所云畢郢矣。」畢郢即《逸周書》的畢程，安陵縣治今咸陽市東北。

　　有巢氏、有洛氏可能也在西北，《史記・周本紀》說周武王滅商，封神農氏之後於焦。《集解》：「《地理志》弘農陝縣有焦城。」在今河南三門峽，此焦即巢，《國語・魯語上》：「桀奔南巢。」《太平御覽》卷八二引《竹書紀年》：「湯遂滅夏，桀逃南巢氏。」古人多謂在安徽巢湖附近，其實不是，巢湖太遠，戰國楚簡《容成氏》記商湯伐桀的路線：「桀乃逃之鬲山氏，湯又從而攻之，降自鳴條之述（遂），以伐高神之門。桀乃逃之南巢氏，湯又從而攻之，述（遂）逃去，之蒼梧之野。」鬲山即河東的歷山氏，《史記・夏本紀》鳴條，《集解》引孔安國說：「地在安邑之西。」鄭傑祥指出南巢是焦，桀從安邑南逃到陝縣的焦。《淮南子・本經》：「於是湯乃以革車三百乘，伐桀於南巢。」《主術》：「湯革車三百乘，困之鳴條，禽之焦門。」高誘注：「焦，或作巢。」〔註7〕二字可通，所以古代的安徽巢湖又作焦湖，焦門即三門峽。既有南巢，一定還有北巢。北巢應在晉南，《山海經・中山經》說牛首山，出勞水，西注潏水，《水經注・汾水》說潏水即巢山水，此即北巢。巢山在今山西浮山縣東南，向東不遠過安澤縣，即是炎帝所居發鳩山。

〔註6〕黃懷信、張懋鎔、田旭東：《逸周書彙校集注》，第963頁。
〔註7〕鄭傑祥：《新石器文化與夏代文明》，江蘇教育出版社，2005年，第573頁。

有洛氏之洛，不一定是今河南省的洛河，可能是陝西省的北洛河，古代又稱爲西洛水，《後漢書·西羌傳》注引《竹書紀年》說：「武乙三十五年，周公季歷伐西落鬼戎，俘二十翟王。」此處的西落，或許是西洛，即今北洛河。

## 二、《王會解》詳於西北

再看《逸周書》卷七的《王會解》，其實由兩部分組成，主體是《王會解》，最後附有一段伊尹《四方令》。這兩篇文獻都是記載邊疆各族，按照東、西、南、北，分爲四個部分。二者的順序不同，《王會》是順序是東、西、北、南，《四方令》的順序是東、南、西、北。《王會》託名周初，其實和伊尹《四方令》一樣不可信，記載的多是戰國族名。但是其中很多族名不見於他書，所以仍然是重要的先秦文獻。

這兩篇文獻所記的族名較多，本文不再贅抄。如果我們比較一下，很容易發現又是西北地區的族名最多。《王會》記載了東方 19 族，西方 20 族，北方 14 族，南方只有 7 族。《四方令》記載了東方族名 9 條，南方族名 7 條，西方族名 9 條，北方族名 13 條。其中東方的九夷、十蠻是泛稱，南方的百濮、九菌也是泛稱，所以不是一族，而是一條。泛稱族名的僅見於東方和南方，沒有西北。把十蠻歸入東方本身有誤，因爲蠻在南方。蠻屬於苗蠻族群，即今所謂的漢藏語系苗瑤語族，徐旭生稱爲苗蠻集團。〔註 8〕東方民族又有剪髮、文身之名，南方民族又有雕題、漆齒之名，其實這只是民族習俗，而非族名。這也說明作者對東方、南方不太熟悉，而對西北非常熟悉。《四方令》記載的北方族名最多，不見於他書的也最多，計有：姑他、且略、豹胡、孅犁、其龍。又有莎車，這是漢代的西域地名，在今新疆莎車縣，可能是戰國時期的北方人已經知道西域地名，或者是和西域莎車同源的一支東遷民族，這說明本篇作者特別熟悉西北。

作者對西北熟悉的另一個證據是《王會解》記載的貢品也是西北最詳，《王會》的西部族名最多，貢品的描述也最詳細，所以篇幅最長。而北方和東方族名雖然也比較多，但是對貢品的描述較爲簡略，其中對貢品有詳細解釋的條目統計如下：東方有 7 條，西方有 14 條，北方有 6 條，南方只有 3 條。西方的貢品多數有詳細描述，而東方記載的族名雖然也有很多，但是對貢品的描述較少。

---

〔註 8〕徐旭生：《中國古史的傳說時代》，第 65 頁。

　　《四方令》記載的貢品數量是：東方 4 條，南方 7 條，西方 6 條，北方有 6 條。南方記載的貢品雖然很多，但是我們都能看懂，計有：珠璣、玳瑁、象齒、文犀、翠羽、菌鶴、短狗。可是西方記載的貢品有好幾條都很難解釋，比如江歷、龍角、神龜。中國古代以南方產龜最多，西方產龜不多，可是此處卻說西方產神龜。龍角的龍，如果理解爲鱷魚，也應是南方最多，但是此處說西方產龍角，令人費解。北方貢品有：橐駝、白玉、野馬、騊駼、駃騠、良弓，其中的騊駼、駃騠也是良馬，何秋濤說《說文》認爲騊駼是北野之良馬，《爾雅·釋文》引《字林》云：「騊駼，一曰野馬也。」高誘注《淮南子·主術篇》：「騊駼，野馬也。」但是此處騊駼、野馬並列，所以他認爲騊駼和野馬還有不同。我認爲野馬和良馬並不矛盾，野馬往往比家馬優良。無論如何，此處列出騊駼和野馬，說明作者對北方比較熟悉。

　　顯然《王會解》對西北地區特別熟悉，但是對東南地區則有不少錯誤，所以作者一定是西北地區人。

## 第二節　幽州和并州之名由來

　　如果《禹貢》九州之名源自族名，《職方》九州新出現的幽州、并州也應是源自族名。

### 一、幽州即燕州

　　幽州即燕地，幽州之名就是源自燕，爲何幽州不叫燕州？我認爲這也是因爲方言，揚雄《方言》卷六：

　　　　遙、廣，遠也。梁、楚曰遙。

　　上古音遙是以母宵部 jiô，遠是以母元部 jiuan，燕是影母元部 ian，幽是以母幽部 ju，幽、遙讀音最近，其次接近遠、燕。

　　梁就是魏，魏國人把遠說成遙，接近幽，所以幽就是燕。因爲《逸周書》出自三晉，所以寫成幽州。

　　因爲《穆天子傳》出自魏王墓中，所以《穆天子傳》卷三西王母對周穆王歌唱：「道里悠遠，山川間之。」悠遠就是遙遠，這是魏方言。

　　燕讀成幽，是東方語言的特點，其實今天的一些方言還能看到這個特點的影子，現在浙江溫州話的溫 wen 讀成 iu，溫州話有很多字的韻尾脫離 n，這正是上古 ian 讀成 iu 的遺存特點。這種特點原來很可能是中國東南很多方言

的共有特點，比如從今天江蘇的中部向南到福建的很多地方，年都讀 ni，也是脫落了韻尾的 n。現在日語的一些詞彙也有這個特點，比如日語的洋讀よう（you），也是脫落了韻尾的 n。日語的這個特點應該是來自六朝時期的江南，說明原來中國東部的語言普遍具有這個特點，其來源很可能是黃淮一帶。

## 二、并州源自貊州

《職方》稱山西省北部和河北省中部爲并州，并州之名，很可能源自貊，上古音的並是幫母耕部 pieng，貊是明母鐸部 meak，讀音接近。

貊是山西的土著，《詩經·大雅·韓奕》：「王錫韓侯，其追其貊，奄受北國，因以其伯。」這裡說周王賜給韓侯的有貊人，而且命令韓侯管轄北方，說明華北有很多貊人。

貊通貉，趙國北部主要是貉族，《史記·趙世家》說趙武靈王疆域：「至於休溷諸貉。」《水經注》卷三《河水》引《竹書紀年》云：「魏襄王十七年，邯鄲命吏大夫奴遷於九原，又命將軍、大夫、適子、戍吏皆貉服矣。」貉服即趙武靈王胡服騎射。

還有一則記載，前人很少關注，《莊子·說劍》說莊子對趙武靈王之子趙惠文王說：

　　　　天子之劍，以燕谿石城爲鋒，齊岱爲鍔，晉魏爲脊，周宋爲鐔，

　　韓魏爲夾，包以四夷，裹以四時，繞以渤海，帶以常山。

燕谿石城顯然是地名，我以爲應是燕、貉、石城，燕即燕國，貉、谿形近而誤，貉是趙國之北的貉地，石城就是趙武靈王所建的長城，這也說明趙國北部可以統稱爲貉地。

所以《逸周書》的作者非常熟悉西北，最有可能是趙國或魏國人。魏國在西部、東部兩個方向分別鄰近宗周、成周，《逸周書》卷五的《度邑》和《作雒》都是周初營建成周的文獻，對成周附近地理有詳細描述，這兩篇重要的文獻之所以能在《逸周書》保存，不知是否和魏國鄰近成周有關。卷四的《世俘》是周初滅商之後在東方戰爭的記載，也保存了很多東方地名。從魏國鄰近成周的位置來看，魏國人得到周人文獻的可能性較大。

魏國曾經在陝西北部和中部設有上郡、西河郡，《秦本紀》說秦孝公元年之時：「魏築長城，自鄭濱洛以北，有上郡。」又說：「（惠文王）十年，張儀相秦。魏納上郡十五縣。」魏國的上郡毗鄰西北游牧民族，所以魏國人熟悉

西北民族應該早於趙國人。《史記・匈奴列傳》說：「趙襄子逾句注，而破并、代以臨胡貉。其後既與韓魏共滅智伯，分晉地而有之，則趙有代、句注之北，魏有河西、上郡，以與戎界邊。」趙國原來的發展方向主要在山西北部，而非黃河以西。趙國在趙武靈王胡服騎射之後，也沒有在黃河以西設郡，因爲此時秦國早已設立上郡，所以趙國不能再有效控制陝北。因爲魏國人很早就熟悉西北民族，所以產生了《穆天子傳》這樣的書，此書出自西晉人所發汲縣魏國墓，很有可能是魏人所寫。不少學者認爲《穆天子傳》較爲可信，我認爲其中內容不一定全是西周信史，但是《穆天子傳》的作者一定非常熟悉西北民族。

所以無論是從地理位置，還是從學術發展，或是從魏國人對西北民族的熟悉程度，我們都可以認爲魏人最有可能是《逸周書》這幾篇涉及地理文獻的原始作者或整理彙編人。

## 第三節　各州性別比和商品由來

《職方》和《禹貢》不同的是，各州都有性別比：

揚州：二男五女

荊州：一男二女

豫州：二男三女

青州：二男三女

兖州：二男三女

雍州：三男二女

幽州：一男三女

冀州：五男三女

并州：二男三女

各州的性別比類型，可以分爲三類。第一種類型是女多男少，有幽州、揚州、荊州，幽州女性是男性三倍，揚州是二點五倍，荊州是兩倍。第二種類型是女稍多於男，包括關東各州，即豫州、青州、兖州、并州，而且全都是男女二比三。第三種類型是男多女少，是關西的雍州、冀州，雍州是男女三比二，冀州是男女五比三，冀州稍多，比例相仿。

揚州、荊州的女性特別多，符合《史記・貨殖列傳》說：「江南卑濕，丈

夫早夭。」男人壽命短，所以女性多。幽州的氣候比較冷，男性也比較少，可能因爲江南和塞北的氣候惡劣，所以從事勞作的男性壽命短。

中原的關西和關東明顯呈現兩種類型，關西多男，關東多女，氣候相似，而性別比不同，應該是源自社會原因。正是因爲戰國時期的魏、秦實行按戶授田制，不允許商人、贅婿立戶，重農抑商，鼓勵建立男性爲主導的小家庭。〔註9〕冀州、雍州正是魏國、秦國之地，魏國地處中原，國土四散，特別需要保證軍隊的數量，所以必須建立嚴格的戶籍制，防止人口流失，獎勵生育，保證男性人口數量增長，才能有充足的士兵。商鞅本來是衛人，衛地多數被魏國兼併，魏國是戰國前期的霸主，商鞅變法很可能是把魏國的制度引入秦國。魏、秦因爲這種制度而保持了強勁的戰鬥力，最終促成秦滅六國。關東諸國在軍事上處於弱勢，又不實行這種嚴格的制度，導致很多人更不願意撫養男嬰，正所謂：生男慎勿舉，生女哺用脯，不見長城下，屍骸相支拄。

這也證明《職方》晚於《禹貢》，是在戰國晚期成書，所以我們才看到《職方》的內容就像表格，列出各州的山鎮、澤藪、川、浸、利、民、畜、穀。這是因爲戰國晚期列強激烈競爭，各國加緊開發資源。《職方》全然看不到《禹貢》古樸舒緩的風格，從中可以看到秦滅六國的端倪。

戰國時期，各國農業均有長足進步，《職方》不提田賦，而特別列出各州的利，反映此時工商業的發展。比起《禹貢》，《職方》揚州多出了錫，荊州多出了銀，反映南方的金屬名揚北方。荊州的銀礦不爲前人重視，荊州的北部恰好有大型銀礦，比如河南省桐柏縣西北的破山銀礦，湖北省竹山縣銀洞溝銀礦，這兩個銀礦都在中國八大銀礦的前列，說明《職方》的記載非常可信。

青州、兗州之利是蒲、魚，這也是《禹貢》不提的物產。青州靠海，兗州多河湖，所以多魚。蒲葉是一種重要的編織材料，可以編成席和包。直到清代，江蘇沿海的鹽場還主要用蒲包運鹽，現在我家鄉江蘇省濱海縣的方言還形容很膨脹的物品爲大蒲包。青州是上古最重要的鹽產地，供應華北大平原的鹽，所以蒲包很重要。蒲草原來是非常普通的植物，但是此時也被開發，說明戰國晚期的中原人口已經非常稠密，所以竭盡全力開發資源。

豫州之利，首列林。冀州之利，僅有松柏。而且都是《禹貢》不提的物產，說明戰國晚期的中原加速開發森林資源，類似青州、兗州開發蒲草。這

---

〔註9〕楊寬：《戰國史》，第 161～163 頁。

也加劇了水土流失，爲漢代黃河水災埋下了禍患。

　　上古九州文獻中，最詳細的兩篇《禹貢》、《職方》都出自秦晉，說明秦晉的法家最重視地理學。雖然《山海經》的內容更加豐富，但是《山海經》僅有自然地理和民族地理，沒有政治地理和經濟地理。而且《山海經》的成書其實也和秦晉有關，所以我們從《禹貢》、《職方》也可以看出秦統一六國的線索。

# 第六章　九河和禹河

## 第一節　九河始於今河南省東北部

　　關於大禹治水，我在《中國文明起源新考》一書中已有考證，《淮南子・本經訓》說：「舜之時，共工振滔洪水，以薄空桑，龍門未開，呂梁未發，江淮通流，四海溟涬，民皆上丘陵，赴樹木。舜乃使禹疏三江五湖，闢開伊闕，導廛澗，平通溝陸，流注東海，鴻水漏，九州乾。」《天文訓》說：「昔者共工與顓頊爭爲帝，怒而觸不周之山。天柱折，地維絕。天傾西北，故日月星辰移焉。地不滿東南，故水潦塵埃歸焉。」任美鍔認爲是太行山大地震引發大洪水，〔註1〕我贊成此說，認爲地震引發的山崩，堵塞黃河，即《淮南子》所說天柱折斷，地維斷絕。大禹治水主要在今黃河中下游，但是未在書中考證黃河下游河道。〔註2〕

　　關於黃河下游河道，前人爭議很大。《禹貢》九州篇冀州說：「既載壺口，治梁及岐。既修太原，至於岳陽。覃、懷底績，至於衡漳……恒、衛既從，大陸既作。」導水篇說：「導河積石，至於龍門。南至於華陰，東至於底柱，又東至於孟津，東過洛汭，至於大伾。北過降水，至於大陸。又北，播爲九河，同爲逆河，入於海。」主要爭議在洛汭以下的大伾山、降水、九河、大陸等地名，黃河尾閭九河的位置，以及黃河是否在今浚縣西北有一條河道。

---

〔註1〕 任美鍔：《4280a B.P.太行山大地震與大禹治水後（4070a B.P.）的黃河下游河道》，《地理科學》2002年第5期。
〔註2〕 周運中：《中國文明起源新考》，第321～328頁。

前人往往誤以爲九河主要在今德州、滄州、天津等地，我以爲此說大謬，其實上古的九河是從今河南省東北部開始散流。

## 一、大伾山、降水、大陸澤

大伾山的位置，前人主要是兩種看法，一種認爲在滎陽、武陟之間，一種認爲在今浚縣。我認可滎陽說，因爲酈道元《水經注》卷五《河水》說：

> 河水又東，逕成皋大伾山下，《爾雅》曰：「山一成謂之伾。」許愼、呂忱等並以爲丘一成也，孔安國以爲再成曰伾。亦或以爲地名，非也。《尚書·禹貢》曰過洛汭至大伾者也。鄭康成曰：「地喉也，沇出伾際矣，在河內修武、武德之界。」濟沇之水與滎播澤，出入自此，然則大伾即是山矣。伾北即《經》所謂濟水從北來注之者也，今沁水自溫縣入河，不於此也，所入者奉溝水耳，即濟沇之故瀆矣。成皋縣之故城，在伾上，縈帶伾阜，絕岸峻周，高四十許丈，城張翕崄，崎而不平。

孔穎達疏《禹貢》：

> 鄭玄云：「大伾在修武、武德之界。」張揖云：「成皋縣山也。」《漢書音義》有臣瓚者，以爲：「修武、武德無此山也。成皋縣山，又不一成，今黎陽縣山臨河，豈不是大伾乎？」瓚言當然。」

孔穎達引用前人三說，最終認可黎陽（今浚縣）說。我認爲，從自然地理來看，大伾山應在今滎陽北，因爲黃河從這裡開始進入大平原，黃河原來是散流狀態，所以此地非常重要，鄭玄說是大地的咽喉。

浚縣說出現很晚，也不是黃河進入大平原的咽喉，所以不確。臣瓚是西晉人，時代很晚，他的理由也不成立，修武縣在今獲嘉，武德縣在今武陟縣東，修武、武德之南就是滎陽，所以此說可以調整爲滎陽說。

所謂大伾山是指山一成，出自儒生的一種解釋，不是伾的本義，也不是漢代的所有解釋，孔安國就說二成爲伾。顏師古注《漢書·地理志》開頭的《禹貢》說：「山再重曰伾，大伾山在成皋。」伾通不、阜，就是丘，今滎陽之北的山不是高山，自然可以稱爲大伾山也即大阜。

酈道元說，大伾山上的成皋縣城，原來是虎牢關，《穆天子傳》有記載，魯襄公二年，晉成公建虎牢城，逼迫鄭國。大伾山在今滎陽西北汜水鎮，汜水口之西的高地，北靠黃河，南是虎牢關要道，突出在黃河南岸。因此也是

兵家必爭之地，劉邦、項羽在此大戰。

　　大伾山之東，古代是濟水，濟水是黃河分出的支流，也是黃河故道。〔註3〕所以大伾山正是黃河散流的起點，《禹貢》特地說到。

　　如果我們確定大伾山在今滎陽北，則降水、大陸都要重新考慮。降水之名，其實首見於此，《孟子‧滕文公下》說：「《書》曰：洚水警余。洚水者，洪水也。」因為降水通洪水，所以徐旭生認為洪水最初不是通名，而是專名，在今河南輝縣。輝縣古名共，故名共水，即洪水。因為它流入黃河，黃河開始為患，所以當時人用洪水表示黃河下游水患。大陸澤是今河南省西北部的大陸澤，不是今河北省的鉅鹿澤。洪水發生區域主要是在兗州，其次在豫州、徐州，其他地方沒有洪水，大禹治水遍及九州的說法是後人誇張。禹鑿龍門的傳說可能最初在夏后氏的舊地伊闕發生，後挪到山西、陝西之間的龍門。〔註4〕

　　陳夢家認為洪水、洚水是通名，大禹所治的洪水是山西絳縣的洚水，夏的故墟在安邑，安邑、絳縣、平陽是最初的太原，最初的治水故事是在此地發生。因為《左傳》昭公元年子產說：「昔金天氏有裔子曰昧，為玄冥師，生允格、臺駘。臺駘能業其官，宣汾、洮，障大澤，以處大原。」〔註5〕

　　我認為徐旭生、陳夢家都有錯，洪水是通名，因為洪就是大，但是古代黃河流域到處是水澤，不能因為絳縣有洪水就說其他地方無洪水。洪水也不可能因為共水注入黃河產生，但是《禹貢》降水應該源自共縣，因為史書找不到其他地名對應降水。

　　其實降水為共水說出自漢代，酈道元在《水經注》卷十《濁漳水》中討論了鄭玄此說：

> 鄭玄注《尚書》引《地說》云：大河東北流，過絳水千里，至大陸，為地腹。《地理志》曰：大陸在鉅鹿，絳水在安平信都。如《志》之言，鉅鹿與信都，相去不容此數也。水土之名變易，世失其處，見降水則以為絳水，故依而廢讀，或作絳字，非也。今河內共北山，淇水出焉，東至魏郡黎陽入河，近所謂降水也。降讀當如郕降於齊師之降，蓋周時國於此地者，惡言降，故改為共耳。又今河所從，

〔註3〕徐海亮：《史前鄭州地區地貌與水系演化問題初探》，《歷史地理》第二十八輯，上海人民出版社，2013年，第33～44頁。

〔註4〕徐旭生：《中國古史的傳說時代》，第148～189頁。

〔註5〕陳夢家：《尚書通論》，第390～395頁。

去大陸遠矣。館陶北屯氏河，其故道與？

　　余按鄭玄據《尚書》有東過洛汭，至於大伾，北過降水，至於
大陸，推次言之，故以淇水爲降水，共城爲降城，所未詳也。稽之
群書，共縣本共和之故國，是有共名，不因惡降而更稱。禹著《山
經》，淇出沮洳，《淇澳》衛詩，列目又遠，當非改降革爲今號。但
是水導源共北山，玄欲因成降義，故以淇水爲降水耳。即如玄引《地
說》，黎陽、鉅鹿，非千里之遙，豈直信都於大陸者也。惟屯氏北出
館陶，事近之矣。按《地理志》云：絳水發源屯留，下亂漳津，是
乃與漳俱得通稱，故水流間關，所在著目，信都復見絳名，而東入
於海。尋其川脈，無他殊瀆，而衡漳舊道，與屯氏相亂，乃《書》
有過降之文，與《地說》千里之志，即之途致，與《書》相鄰，河
之過降，當應此矣。下至大陸，不異經說。自寧迄於鉅鹿，出於東
北，皆爲大陸，語之纏絡，厥勢眇矣。九河既播，八枝代絕。遺跡
故稱，往往時存。

鄭玄說，共縣北山是淇水所出，所以淇水是降水。《地說》說降水千里才到大
陸澤，從淇水到鉅鹿澤有千里。酈道元說，降水不應是淇水，而應是漳水，《漢
書·地理志》說漳水的源頭是絳水。

　　我認爲鄭玄所說接近，而酈道元所說不確，因爲《禹貢》大陸不是在今
河北的鉅鹿澤，而是在今河南的大陸澤。巨就是大，鉅鹿可以解釋爲大陸，
但是既然在大伾山、共的附近就有大陸澤，爲何要解釋爲鉅鹿澤呢？

　　酈道元《水經注》卷六《清水》說：

　　余按《韓詩外傳》言，武王伐紂，勒兵於寧，更名寧曰修武矣。
魏獻子田大陸，還卒於寧，是也……大陸即吳澤矣。《魏土地記》曰：
修武城西北二十里，有吳澤陂，南北二十許里，東西三十里。西則
長明溝入焉。水有二源，北水上承河內野王縣東北界溝，分枝津爲
長明溝，東逕雍城南，寒泉水注之。水出雍城西北，泉流南注，逕
雍城西。

大陸澤在今修武、獲嘉縣，《左傳》定公元年：「魏獻子田於大陸。」大陸澤
在上古比鉅鹿澤有名，孫星衍認爲《禹貢》大陸澤不是鉅鹿澤。〔註6〕

---

〔註6〕〔清〕孫星衍撰、陳抗、盛冬玲點校：《尚書今古文注疏》，北京：中華書局，
　　　1986年，第191頁。

　　大陸澤又名吳澤，我認爲這個名字至關重要，因爲吳通虞，所以吳澤之名源自虞舜，舜確實有在大陸澤活動的記載，《堯典》說舜：「納於大麓，烈風雷雨弗迷。」舜到的這個大麓澤，不可能在今河北鉅鹿澤，因爲河北的鉅鹿澤在上古非常荒涼，而在今河南的大陸澤在上古地處中原腹心。

　　我已經考證，大洪水沖毀了顓頊、嚳、堯、舜在今聊城、濮陽一帶的城邑，所以他們遷徙到今商丘和山西境內，大陸澤是他們西遷的重要通道。堯舜在這一條路上留下很多後裔，比如在今山西長子縣有黎國，是堯的後代，《呂氏春秋》卷十五《慎大》說：「封黃帝之後於祝鑄，帝堯之後於黎。」《魏書》卷七《高祖紀》說北魏孝文帝太和元年（477 年）十月：「丁亥，懷州民伊祁苟初，自稱堯後應王。」懷州治今沁陽縣。〔註7〕

　　所以《禹貢》說黃河：「至於大伾，北過降水，至於大陸。」講的全在今滎陽到輝縣一帶。

## 二、恒水、衛、衡水

　　如果我們把大陸澤南移到今河南省西北部，則在其上文的「恒、衛既從」也要南移，漢代人把恒水解釋爲滱水（今唐河）的上游，《漢書‧地理志上》常山郡上曲陽縣：「恒山北谷在西北。有祠。并州山。《禹貢》恒水所出，東入滱。」又靈壽縣：「《禹貢》衛水出東北，江入虖池。」衛水是滹沱河很小的一個支流，肯定不是《禹貢》的衛水。而且恒水在衛水之北，順序也顛倒。

　　我認爲「恒、衛既從，大陸既作」本來是一條錯簡，因爲在田賦和貢道之間，不符合全書體例，全書每個州都是先說治理山川，再說田賦和貢道。既然這一句是錯簡，則原來應該在「覃、懷底績，至於衡、漳」之間，原文應該是：覃、懷底績，大陸既作，恒、衛既從，至於衡、漳。如此則順序才通，先到覃即沁水，再到懷，在今武陟縣。再到大陸澤，在今修武之北。再到洹水，再到衛地，衛國在春秋時東遷到黃河以東，所以置於洹河之北。再到衡、漳，我認爲衡通黃，黃是黃澤，在今內黃縣。再往北，到漳水。

　　古人不能解釋衡漳，有人說衡漳就是漳水，孔穎達疏引鄭玄注：「漳水橫流入河。」非常可笑，如果漳水是橫流入河，河北平原上的所有水都是橫流入河，顯然是未認眞考證地名。

---

〔註7〕周運中：《中國文明起源新考》，第 288～296 頁。

因為《禹貢》寫於春秋、戰國之際，此時的河北平原北部還是戎狄所居，所以《禹貢》沒有詳細記載這一帶的地理。

## 三、九河散流始於今河南東北部

既然我們把大伾山、大陸澤、降水的位置南移，則《禹貢》下一句的九河，位置也要南移。前人誤以為大陸澤是鉅鹿澤，所以把九河的位置北移到今河北省東部。

但是九河不可能在今河北省，因為《孟子·滕文公上》孟軻說：「禹疏九河，瀹濟、漯而注諸海。」請注意，孟子說九河瀹濟、漯而入海，濟、漯源自今河南省，在山東入海。

再看《墨子·兼愛中》墨子說：「古者禹治天下，西為西河漁竇，以泄渠孫皇之水。北為防原、泒，注后之邸，嘑池之竇，灑為底柱，鑿為龍門，以利燕、代、胡、貉與西河之民。東方漏之陸，防孟諸之澤，灑為九澮，以楗東土之水，以利冀州之民。南為江、漢、淮、汝，東流之，注五湖之處，以利荊楚、干越與南夷之民。」墨子說的九澮即九河，他歸入東方而非北方，北方有泒水（大沙河）、呼池（滹沱河），說明九河的主體不可能在今河北省。

墨子、孟子是戰國中期人，此時正是趙、魏、齊爭奪黃河下游的時代，《漢書·溝洫志》賈讓說：「蓋堤防之作，近起戰國，雍防百川，各以自利。齊與趙、魏，以河為竟。趙、魏瀕山，齊地卑下，作堤去河二十五里。河水東抵齊堤，則西泛趙、魏，趙、魏亦為堤去河二十五里。雖非其正，水尚有所游蕩。時至而去，則填淤肥美，民耕田之。或久無害，稍築室宅，遂成聚落。大水時至漂沒，則更起堤防以自救，稍去其城郭，排水澤而居之，湛溺自其宜也。」因為三國都以鄰為壑，所以黃河散流的河道大幅縮減。原來在今河南省東北部的九河，逐漸合併為一條河道。

九河原來是在衛地開始散流，漢代還有人記得，《漢書·溝洫志》長水校尉平陵關並言：「河決率常於平原、東郡左右，其地形下而土疏惡。聞禹治河時，本空此地，以為水猥，盛則放溢，少稍自索。」水猥應該就是明清人所說是水櫃，像儲存水的櫃子，也即水庫，多則放，少則收。關並說，平原、東郡在大禹時代是空地，東郡的南界靠近今新鄉，正說明大禹時代的黃河就是從今河南省東北部開始散流。

九河散流的景象，經過戰國秦漢之際的開發，到了漢代，已經找不到了，所以《漢書・溝洫志》又說成帝初，清河都尉馮逡奏言：

> 禹非不愛民力，以地形有勢，故穿九河，今既滅難明，屯氏河不流行七十餘年，新絕未久，其處易濬。又其口所居高，於以分流殺水力，道里便宜，可復濬以助大河泄暴水，備非常。

同卷又說：

> 議者常欲求索九河故跡而穿之，今因其自決，可且勿塞，以觀水勢……哀帝初，平當使領河堤，奏言：「九河今皆真滅，按經義治水，有決河深川，而無堤防壅塞之文。河從魏郡以東北多溢決，水跡難以分明。」

馮逡、平當都說，九河故道已經難找。平當還說，黃河常從魏郡的東北開始決口，魏郡治鄴縣，其南部的內黃、繁陽、陰安、黎陽在今河南省，其東北才到今河北省，所以平當總結說黃河常從魏郡的東北開始決口，其實正是表明這裡就是九河起點。

我們還要注意，黃河正是從魏郡的東北，分出漯河，《史記・河渠書》開頭說：「於是禹以爲河所從來者高，水湍悍，難以行平地，數爲敗，乃廝二渠，以引其河。」《集解》引漢書音義曰：「廝，分也。二渠，其一出貝丘西南二折者也，其一則漯川。」所以蒙文通認爲，漯河是黃河的故道。〔註8〕我以爲此條非常關鍵，證明九河原來是從今河南省東北部散流。

## 四、考古學與地理學的勘合

漢代人根本找不到九河的故道，但是《漢書・溝洫志》說西漢末年的許商以爲：「古說九河之名，有徒駭、胡蘇、鬲津，今見在成平、東光、鬲界中。自鬲以北至徒駭間，相去二百餘里，今河雖數移徙，不離此域。孫禁所欲開者，在九河南篤馬河，失水之跡，處勢平夷，旱則淤絕，水則爲敗，不可許。」又說王莽時的王橫說：「河入勃海，勃海地高於韓牧所欲穿處。往者天嘗連雨，東北風，海水溢，西南出，浸數百里，九河之地已爲海所漸矣。」

許商說的九河在成平（今滄州西）、東光（今東光縣東）、鬲縣（今德州南）之間，此說是漢代人的一說，未必可信，而且肯定不是上古的九河。因爲上古這一帶還是黃河口的荒野地帶，大禹不可能在此治水。王橫晚於許商，

─────────────

〔註8〕蒙文通：《蒙文通全集》第四卷，巴蜀書社，2015年，第407～410頁。

他說九河已經沉沒在海中，更不可信。自從西漢成書的《爾雅·釋水》說：「徒駭、太史、馬頰、覆鬴、胡蘇、簡、絜、鉤盤、鬲津：九河。」後人多抄襲此說，而不管其說也晚，根本不可信。

　　東漢鄭玄注：「九河，周時齊桓公塞之，同爲一河，今河間弓高以東至平原鬲津，往往有其遺處焉。」此說大致就是許商所說之地，證明王橫之說不可信，不過許商、鄭玄之說也是漢代晚出的說法。

　　蔡沈說：「自漢以來，講求九河者甚詳，漢世近古，止得其三。唐人集累世積傳之語，遂得其六。歐陽忞《輿地記》又得其一，或新河而載以舊名，或一地而互爲兩說。要之，皆似是而非，無所依據。」

　　今人從自然地理學出發，在河北平原發現了九條古河道，說這就是上古九河。這九條古河道，東南部的三條和漢代許商所說的九河稍爲靠近，劉起釪等人竟全信此說。〔註9〕也有人調和兩說，說許商所說的九河是《漢志》九河，說自然地理學發現的九河，深縣東北是《禹貢》九河。〔註10〕這種隨意剪裁本來不合情理，也不合文獻記載，不合考古發現。

　　我們必須根據考古學來勘合所謂自然地理學的發現，這種方法譚其驤使用過，他說，正是因爲上古黃河散流，所以春秋以前的河北平原人口和遺址稀少。〔註11〕此說合理，但是他使用的考古資料還不如今天全面。

　　根據《河北省新石器時代文化遺存圖》，河北省的新石器時代遺存，分佈在蠡縣、任丘以北，隆堯、沙河以西，今滄州、衡水全境和石家莊、邢臺、邯鄲的東部基本找不到此時遺址。根據《河北省夏商西周時期文化遺存圖》，到夏、商、西周時期，遺址在兩個方向有擴展，一是從隆堯、任丘向東擴展到雞澤、平鄉、廣宗、清河，一是從任丘、蠡縣向東南擴展到文安、大城、滄州、東光、南皮、鹽山、海興。而東光、清河之間，仍然缺乏遺址。而且河北省東南部的遺址數量明顯少於滄州，根據《河北省東周時期文化遺產圖》，到了東周時期，這種對比更加突出。河北省的東周遺址，在今文安、大城、河間、滄州、黃驊等地已經非常密集，但是河北省東南部基本看不出增長，遺址仍然非常稀少。根據《河北省漢代文化遺存圖》，今河北省東南部直到漢代才被填充。但是衡水的遺存數量仍然比邢臺、邯鄲東部密集，今臨西、

〔註9〕劉起釪：《九河考》，《古史續辨》，中國社會科學出版社，第544～573頁。
〔註10〕張修桂：《中國歷史地貌與古地圖研究》，第329頁。
〔註11〕譚其驤：《西漢以前的黃河下游河道》，《長水集》下冊，人民出版社，2009年，第62～65頁。

館陶、大名、廣平、肥鄉、成安、魏縣境內的遺存稀少。〔註12〕

東周時期的開發能力已經很強，但是河北省東南部的遺址仍然很少，說明九河正是在今河北省東南部，而不可能在今滄州到天津。也就是說，許商所說的九河根本不可信。所謂深縣東北到天津的《禹貢》九河，根本不合考古發現，這裡的新石器時代遺址數量比河北省東南部多很多。

漢代在今河北省東南部的遺址數量稀少，正對應《溝洫志》所說魏郡東北部常決口。漢文帝史，河決酸棗，在今延津縣。漢武帝時，河決瓠子，在今濮陽，緊靠魏郡。又說：「河復北決於館陶，分爲屯氏河，東北經魏郡、清河、信都、勃海入海，廣深與大河等，故因其自然，不堤塞也。此開通後，館陶東北四五郡雖時小被水害，而兗州以南六郡無水憂。」

從酸棗到瓠子，再到館陶，決口地點持續下移。雖然如此，從漢朝初年的情況仍然可以看出，黃河原來是從今河南省的東北部開始散流，九河原來是從這一帶分出。

瓠子緊靠濮陽，濮陽在濮水之陽，濮水和黃河之間，原有白馬瀆，《水經注》卷五《河水》說：「河水舊於白馬縣南泆，通濮、濟、黃溝，故蘇代說燕曰：決白馬之口，魏無黃、濟陽。《竹書紀年》：梁惠成王十二年，楚師出河水，以水長垣之外者也。金堤既建，故渠水斷，尚謂之白馬瀆。」白馬瀆即使是人工開鑿，也說明這一帶黃河容易決口。或許上古黃河的河道比史書記載的更多，總之上古黃河在今河南省東北部有很多支流，九河正是從這一帶開始。因爲戰國時期趙、魏、齊搶佔原來九河散流之地，致使漢代人找不到上古的九河，才誤以爲九河的位置在黃河口。

## 第二節　禹河位置考

關於大禹時代的黃河位置，漢代人留下一些線索，《漢書·溝洫志》王莽史，大司空掾王橫言：「禹之行河水，本隨西山下東北去。《周譜》云定王五年河徙，則今所行非禹之所穿也。」他說大禹治河，讓黃河在西山之下向東北流，周定王五年黃河曾經有一次大的改道，所以漢代的黃河已經不是大禹時代的黃河了。西山就是今河北省西北的太行山，說明大禹時代的黃河從河

---

〔註12〕國家文物局主編：《中國文物地圖集·河北分冊》，文物出版社，2013年，第64～71頁。

北省西部向北流，這和漢代確實有很大不同。

## 一、周定王時黃河改道的證據

　　漢代人根據《周譜》記載，說周定王五年有一次大的改道，但是今人譚其驤、史念海等人看不到《周譜》，就否認這一次改道，〔註13〕我認爲不能武斷否定古書。其實這次黃河大改道，源自一次大地震，這次大地震在史書有記載。《華陽國志》卷三《蜀志》說：

> 　後有王曰杜宇……會有水災，其相開明決玉壘山以除水害。帝遂委以政事，法堯、舜禪授之義，遂禪位於開明，帝升西山隱焉……開明立，號曰叢帝……九世有開明帝……周顯王之世，蜀王有襃、漢之地。因獵谷中，與秦惠王遇。

酈道元《水經注》卷三三《江水一》：

> 　來敏《本蜀論》曰：荊人鼈令死，其屍隨水上，荊人求之不得。鼈令至汶山下，復生，起見望帝。望帝者，杜宇也……時巫山峽而蜀水不流，帝使鼈令鑿巫峽通水，蜀得陸處。望帝自以德不若，遂以國禪，號曰開明。

《太平御覽》卷八八八引《蜀王本紀》：

> 　望帝積百餘歲，荊有一人，名鼈靈，其屍亡去，荊人求之不得。鼈靈屍至蜀，復生，蜀王以爲相。時玉山出水，若堯之洪水，望帝不能治水，使鼈靈決玉山，民登菁處。鼈靈治水去後，望帝與其妻通。帝自以薄德，不如鼈靈，委國授鼈靈而去，如堯之禪舜。鼈靈即位，號曰開明奇帝。

杜宇時，玉壘山崩，堵塞河流，蜀地發生大洪水。楚人鼈令，鑿山治水，取代杜宇，稱爲開明。傳位九世，被秦惠王滅國。秦惠王（前 316 年）時滅開明九世，上推九代到開明一世，按照古人一代三十年之說，則是魯成公五年（前 586 年），《春秋》此年說：「梁山崩」。《穀梁傳》曰：「梁山崩，壅遏河，三日不流。」晉國的梁山緊鄰黃河，梁山在地震中崩塌，形成了巨大的堰塞湖，致使黃河斷流三天。《左傳》說次年晉國：「謀去故絳……遷於新田。」

---

〔註13〕譚其驤：《西漢以前的黃河下游河道》，《歷史地理》創刊號，上海人民出版社，1981 年。收入譚其驤：《長水集》下冊。史念海：《河南浚縣大伾山西古河道考》，《歷史研究》1984 年第 2 期。

古人不會隨意遷都，晉國故都絳在今翼城縣東南，靠近中條山，新都新田在今侯馬，遠離山地，很可能因爲地震摧毀了晉都。說明這是一場大地震，此時四川盆地也發生了特大地震，摧毀了成都平原，使得鼈令族人從四川盆地的東南北進，取代了杜宇。玉壘山是今茂縣、什邡、綿竹之間的九頂山，高達 4989 米。這場大地震的震中很可能在山西和四川之間的甘肅、陝西，這裡都在地震帶上。魯成公五年正是周定王廿一年，古人很容易把廿一兩個字上下連寫，訛爲五字。漢代人看到春秋的記載，有錯字很正常。周定王廿一年，正是因爲發生了特大地震，所以黃河才有大改道。

## 二、黃河是否流經浚縣之西的爭議

雖然譚其驤、史念海一致否定周定王時的黃河改道，但是在黃河原本路線上有很大分歧，譚其驤認爲大禹時代的黃河經過今滑縣、浚縣的西部，北流到內黃縣，經過臨漳縣東部。而史念海則通過實地考察，論證浚縣西部不可能是黃河的古河道。我認爲二者的說法都有道理，史念海通過實地考察，證明了浚縣西部確實不是黃河的古河道，這裡地勢太高，黃河不可能就高捨低。

譚其驤根據《漢書‧地理志上》魏郡鄴縣：「故大河在東北，入海。」也只能證明禹河曾經流經今臨漳縣東部，而不能證明是經過浚縣西部，如果是從浚縣東部北流，也有可能。

譚其驤的另一個證據是《水經注》卷九《淇水》：「淇水右合宿胥故瀆，瀆受河於頓邱縣遮害亭東，黎山西北。會淇水處，立石堰遏水，令更東北注。魏武開白溝，因宿胥故瀆而加其功也。故蘇氏曰：決宿胥之口，魏無虛、頓丘。即指是瀆也。」黃河會在宿胥決口，不等於就能形成穩定的河道。曹操在此開通白溝，不等於就能使黃河改道。白溝是利用淇水，而不是利用黃河。

浚縣西部之所以不是黃河故道，我認爲還有一個證據，那就是《水經注》卷九《淇水》記載顓頊、帝嚳墓都在這裡，古人不可能把墳墓建在黃河旁邊，否則容易被沖毀。

因此我認爲大禹時代的黃河故道確實不在浚縣之西，但是大禹治水的用意是要減少大平原上的洪水，所以他很可能故意在宿胥決口，讓黃河水部分西流，減少東流的水量。或許這條西流的河道未能長久，所以現在浚縣之西看不到黃河故道的顯著痕跡，但是這不表明大禹沒有這樣做過，決口形成的西流河道未必長久，但是能減輕黃河向東汜濫的力度，所以從這一點來看，

譚其驤、史念海的看法都有道理。

關於顓頊、帝嚳墓,《水經注》卷九說:「東北逕同山東,又東北逕帝嚳冢西,世謂之頓邱臺,非也。《皇覽》曰:帝嚳冢在東郡濮陽、頓丘城南臺陰野中者也。又北逕白祀山東,歷廣陽里,逕顓頊冢西,俗謂之殷王陵,非也。《帝王世紀》曰:顓頊葬東郡頓丘城南,廣陽里大冢者是也。」既然稱為臺,有臺陰野,令人想到《山海經・大荒北經》說:「共工之臣名曰相繇,九首蛇身,自環,食於九土。其所歍所尼,即為源澤,不辛乃苦,百獸莫能處。禹湮洪水,殺相繇,其血腥臭,不可生穀,其地多水,不可居也。禹湮之,三仞三沮,乃以為池,群帝因是以為臺。」同源的《海外北經》說:「共工之臣曰相柳氏,九首,以食於九山。相柳之所抵,厥為澤溪。禹殺相柳,其血腥,不可以樹五穀種。禹厥之,三仞三沮,乃以為眾帝之臺。」大禹治水的地方有眾帝之臺,而浚縣之西有顓頊、帝嚳墓,已經占五帝之二,可能就是這段傳說的發源地。這裡也靠近共縣(今輝縣),或許也和共工有關。

## 三、禹河不能北流到天津

不過譚其驤認為禹河向北一直流到天津,我認為很可能不成立。因為這條河道沒有文獻的依據,而且穿過了滹沱河的沖積扇,事實上直到戰國時期,黃河還在滹沱河、漳河入海口之南入海,《山海經・海內東經》最末附錄一篇秦代《水經》說:

> 滹沱水出晉陽城南,而西至陽曲北,而東注渤海,入越章武北。

> 漳水出山陽東,東注渤海,入章武南。

越是趙之形訛,滹沱河、漳河在趙國章武的南北入海,則黃河一定還在漳河之南入海,就是無棣,印證《西次三經》說黃河注入無達,無達就是無棣,達、棣都是定母月部,雙聲疊韻。因此,無棣原來是齊國的北界,《左傳・僖公四年》管仲說:「昔召康公命我先君大公曰:五侯九伯,女實征之,以夾輔周室。賜我先君履,東至於海,西至於河,南至於穆陵,北至於無棣。」正是因為無棣原來是黃河入海口。

因此禹河的真正流向應該是在今浚縣東部北流,經過臨漳縣東部,然後散流為九河入海,其北部一般不會越過漳河、滹沱河。關於九河故道,上文已有考證,前人因為未能發現戰國之前九河故道的位置偏南,所以往往把黃河故道的位置定得太北。

## 四、清河是黃河故道

　　禹河的故道之一，很可能就是清河，《漢書‧地理志》魏郡內黃縣：「清河水出南。」《水經注》卷九《清水》：「《地理志》魏郡曰清河水出內黃縣南。內黃無清水可來，所有者惟鍾是水耳。蓋河徙南注，清水瀆移，匯流逕絕，余目尚存，故東川有清河之稱，相嗣不斷。曹公開白溝，遏水北注，方復故瀆矣。」酈道元找不到內黃縣南部的清河水，就把修武縣的清水拿來代替，其實不對，修武縣的清水是曹操開了白溝之後才能一直東北流到內黃縣。內黃縣南部的清河水，顯然是黃河故道，酈道元沒有找到。

　　清河，顧名思義是黃河故道，但是河水很清，這是因為黃河已經改道，留下的故道內缺乏泥沙注入，自然變清。

　　清河是一條古河道，所以漢高祖時就置清河郡，根據新出的秦封泥「清河水印」則上古已有清河。清河流經清陽縣（今清河縣），則介於漳河和漢代黃河之間，所以很可能是黃河故道。曹操的白溝利用了清河故道，譚其驤有詳細考證，他也認為清河是黃河早期的一條故道，但是他認為清河僅僅不是早期黃河的主幹道，我認為清河才是主幹道，而他定的禹河注入了漳河，不僅不符合地形，也不符合水文常識。黃河明明可以向東方地勢很低的大平原散流，為何一定要緊貼太行山前的高地呢？

　　譚其驤之所以把禹河定得太偏西，主要是根據《漢書》王橫說禹河本隨西山下那一句話，但是王橫的時代距離大禹時代已有 2000 年之久，而且他說隨西山下，沒有距離太行山的絕對距離。經過周定王時代黃河的東遷，漢代黃河主幹道距離太行山更遠，所以西山下可能只是相對漢代黃河而言，不是真的貼近太行山北流。至於禹河在西山下，或者只是大禹為了減少向東氾濫的黃河水量，而在黃河故道的西部開鑿一些河道而已。

# 第七章　碣石的位置與交通

《禹貢》九州篇各州最末的貢道：

冀州：島夷皮服，夾右碣石，入於河

兗州：浮於濟、漯，達於河

青州：浮於汶，達於濟

徐州：浮於淮、泗，達於河

揚州：沿於江、海，達於淮、泗

荊州：浮於江、沱、潛、漢，逾於洛，至於南河

豫州：浮於洛，達於河

梁州：浮於潛，逾於沔，入於渭，亂於河

雍州：浮於積石，至於龍門、西河，會於渭汭

可見，唯有冀州的夾字突兀，不可解。前人強解為緊貼碣石，我認為既然不通，則很可能是誤字，不必牽強附會。

## 第一節　碣石在秦皇島南北

碣石是中國家喻戶曉的地名，曹操《觀滄海》：「東臨碣石，以觀滄海。水何澹澹，山島竦峙。」碣石之名最早出現是《尚書·禹貢》冀州：「島夷皮服，夾右碣石入於河。」後附入《禹貢》的導山篇說：「太行、恒山至於碣石，入於海。」戰國時期，碣石是燕齊方士活動之地，《史記·秦始皇本紀》：「三十二年，始皇之碣石，使燕人盧生求羨門、高誓。刻碣石門……因使韓終、侯公、石生求仙人不死之藥……春，二世東行郡縣，李斯從。到碣石，並海，

南至會稽，而盡刻始皇所立刻石。」碣石門，令人想到《秦始皇本紀》說三十五年：「於是立石東海上朐界中，以爲秦東門。」秦皇漢武派方士航海，推動了海上絲綢之路的發展，碣石是海上絲路的重要港口。

## 一、從文獻考證碣石的困境

碣石在燕國已經興起，但是位置則眾說紛紜。《史記・孟子荀卿列傳》說鄒衍：「如燕，昭王擁彗先驅，請列弟子之座而受業，築碣石宮，身親往師之。」《正義》：「碣石宮在幽州薊縣西三十里，寧臺之東。」此說可能不確，鄒衍熟悉海外地理，才能提出大九州說，碣石宮很可能就在秦漢的碣石。《太平寰宇記》卷六九幽州薊縣：「碣石宮，接平州界。」唐宋幽州薊縣在今北京，幽州和平州不接壤。疑平州界一句本來是指碣石宮在平州，也即在今唐山、秦皇島一帶，因爲後人抄錄時誤以爲在燕國都城薊附近，所以畫蛇添足，附會爲在薊縣（今北京），但又保留了平州界的原話。如果在平州，則碣石宮就在海邊的碣石。即使碣石宮靠近今北京，其名很可能也源自海上的碣石。

同書同卷平州盧龍縣說碣石山：「在縣南二十三里，碣然而立在海傍，故以爲名。《晉太康地志》云：秦築長城，起自碣石。在今高麗舊界，非此碣石也。」唐宋盧龍縣在今盧龍，則碣石山在今盧龍縣南二十三里。

今昌黎縣東北有碣石山，譚其驤認爲這個碣石山就是古代碣石山。但是今天的碣石山離海有幾十里，譚其驤用海陸變遷來解釋，又引清代《昌黎縣志》、《永平府志》爲據。〔註1〕可是碣石山離海太遠，顯然不能簡單用海陸變遷來解釋。《魏書》卷五文成帝太安四年：「二月丙子，登碣石山，觀滄海，大饗群臣於山下，班賞進爵各有差。改碣石山爲樂遊山，築壇記行於海濱。」《北齊書》卷四《文宣帝紀》說天保四年十月：「丁未，至營州。丁巳，登碣石山，臨滄海。十一月己未，帝自平州，遂如晉陽。」北魏、北齊時，碣石山還在海邊，昌黎縣碣石山東缺乏大河的泥沙補充，這裡的海岸線在一千多年間不可能有如此大變化。清代的地方志自然不足爲據，昌黎縣碣石山之名很晚才出現，北宋尚未出現。北宋《禹跡圖》仍然沿用《水經注》的模糊描述，把碣石山畫在灤河口的西南。《明一統志》說碣石在昌黎縣北二十里，此說約在元明時期出現，《混一疆理歷代國都之圖》碣石山畫在昌黎縣西北。

---

〔註1〕譚其驤：《碣石考》，《學習與批判》1976 年第 2 期。收入譚其驤：《長水集》下冊，第 102～109 頁。

　　高洋從營州回到碣石山，再從平州出發去晉陽（今太原），僅隔兩天，碣石山一定靠近平州，據《隋書·地理志中》北平郡是舊平州，則碣石山一定在今河北。但是《新唐書·地理志》竟說營州也有碣石山，這是唐代文人據《北齊書》無聊附會，又被《新唐書》誤抄。清代胡渭竟信以爲眞，劉起釪又列營州爲一說，也是無聊。古人還有一些無聊的說法，比如看到《禹貢》說從碣石航海到黃河，就臆測碣石在黃河口，實在荒謬。

　　再看《晉太康地志》，大概原文僅說：「秦築長城，起自碣石。」因爲西晉人稱高麗爲高句麗，所謂高麗舊界，非此碣石，大概是唐宋人的解釋。可是我們看史書，從來不提秦長城始於碣石！現在一般認爲，秦長城始於遼東。根據考古發現，北齊長城的東段恰好在今山海關東北，靠近綏中縣的止錨灣。但是《晉太康地志》不能記到北齊的長城，《史記·夏本紀》的《禹貢》碣石，《索隱》：「《地理志》云碣石山在北平驪城縣西南，《太康地理志》云樂浪遂城縣有碣石山，長城所起。又《水經》云在遼西臨渝縣南水中。蓋碣石山有二，此云夾右碣石入於河，當是北平之碣石。」高麗邊界一直變動，即使按照北朝的高麗邊界來算，碣石也要到遼西，距離河北太遠。《晉書》卷四二《唐彬傳》：「北虜侵掠北平，以彬爲使持節、監幽州諸軍事、領護烏丸校尉、右將軍……遂開拓舊境，卻地千里。復秦長城塞，自溫城洎於碣石，綿亙山谷且三千里，分軍屯守，烽堠相望。」唐彬修的秦長城，在右北平郡境內。或許有人據此以爲秦長城起於碣石，因而誤以爲樂浪郡內有碣石。

　　班固《漢書·武帝紀》：「行自泰山，復東巡海上，至碣石。自遼西曆北邊九原，歸於甘泉。」顏師古注引東漢人文穎曰：「在遼西絫縣，絫縣今罷，屬臨渝。」西漢屬絫縣，東漢屬臨渝縣。但是同書《地理志下》遼西郡：「絫。下官水南入海。又有揭石水、賓水，皆南入官。」右北平郡：「驪成，大揭石山在縣西南。莽曰揭石。」則碣石山在右北平郡驪成、遼西郡絫縣之交。

　　魏晉人所作《水經》最末的《禹貢山水澤地所在》：「碣石山在遼西臨渝縣南水中也。」酈道元《水經注》卷十四《濡水》：

> 濡水又東南，至絫縣碣石山……漢武帝亦嘗登之，以望巨海，而勒其石於此。今枕海有石如埇道，數十里，當山頂，有大石如柱形，往往而見，立於巨海之中，潮水大至則隱，及潮波退，不動不沒，不知深淺，世名之天橋柱也。狀若人造，要亦非人力所就。韋昭亦指此以爲碣石也。《三齊略記》曰：始皇於海中作石橋，海神爲

> 之豎柱。始皇求與相見。神曰：我形醜，莫圖我形，當與帝相見。
> 乃入海四十里，見海神，左右莫動手，工人潛以腳畫其狀。神怒曰：
> 帝負約，速去。始皇轉馬還，前腳猶立，後腳隨崩，僅得登岸。畫
> 者溺死於海，眾山之石皆傾注，今猶岌岌東趣，疑即是也。」

碣石山的石頭數十里綿延入海，不過《三齊略記》記載的類似傳說應在今山東，而非碣石，所以四十里之說未必可信。今天昌黎縣的碣石山下看不到石頭連綿這種景象，譚其驤說被泥沙湮沒，可是古代如果真有突出在海中的石頭，泥沙是不可能輕易湮沒，所以此說不確。

胡渭認為碣石山在今樂亭縣海岸東南數十里的海中，楊守敬認為在緊鄰舊灤河口外的海中，〔註2〕還有人認為在今昌黎縣海岸東南的海中。〔註3〕甚至出現調和說，說碣石本來是渤海岸邊礁石通名，也可指海岸山丘，秦皇漢武登臨，成為專名，碣石在樂亭縣南，碣石山在昌黎縣北。〔註4〕此說太過模糊，好像秦皇漢武隨便找個山丘登臨。以上看法都是根據文獻來推測，其實都不能成立，這一帶海岸找不到石山和數十里的石頭。文獻考證不能最終解決碣石問題，直到考古學的驚人發現才改變了這一困境。

## 二、考古讓碣石重見天日

馮君實認為碣石在今北戴河沿海的金山嘴，引《北戴河海濱志略》說1924年曾經發現漢代遺址，有千秋萬歲瓦當，但不是正式考古發掘。〔註5〕黃盛璋也認為是金山嘴，指出這一帶山崖突出在海中，符合酈道元描述的地貌。〔註6〕1924年，邵瑞彭《北戴河考略》說：「近有美國學者畢考浦等考驗北戴河土地情況，發現古城遺址及箭簇、陶器，以其地為漢代舟師聚泊之所……按北戴河今屬臨渝縣西鄙，竊謂即古之碣石地……今北戴河於西漢屬絫縣，東漢絫縣併入臨渝……觀酈元所記，顯然一北戴河今日渤海之濱，捨此更無他所足當酈語然。」〔註7〕

〔註2〕楊守敬等：《水經注圖》，北京：中華書局，2009年，第141頁。
〔註3〕孫壽陰：《滄海桑田話碣石》，《地理知識》1974年第2期。
〔註4〕劉起釪：《碣石考》，《江海學刊》1984年第5期。
〔註5〕馮君實：《「東臨碣石」的碣石在哪裏》，《吉林師大學報》1978年第3期。
〔註6〕黃盛璋：《碣石考辨》，《文史哲》1979年第6期。
〔註7〕孫志升、高知然：《碣石、秦皇求仙與徐福東渡》，李書和主編：《秦皇求仙·徐福東渡·秦皇島》，燕山出版社，2000年，第21頁。

　　1982 年，遼寧錦州文物普查隊在綏中縣最南部的姜女墳海岸發現了石碑地、黑山頭、瓦子地、大金絲屯、止錨灣、周家南山等秦漢遺址，姜女墳是一些靠近海岸的礁石，石碑地遺址在遺址群的中心，正對姜女墳，東西 500 米，南北 600 米，是一座海岸上的宮城。發現夔紋巨型瓦當，長 68、直徑 52、高 37 釐米，類似秦始皇陵出土的瓦當，是至今發現的最大的瓦當。還有雲紋瓦當、千秋萬世瓦當、雙孔長筒瓦當、大型空心磚、帶文字的瓦片。從樹紋瓦當來看，很可能源自戰國。黑山頭遺址在其西，正對海中的礁石龍門石，是一組西漢早期建築。發掘簡報認爲姜女墳是突出在海中的礁石，很可能就是碣石。黑山頭遺址是漢武帝的望海臺，《新唐書・太宗紀》貞觀十九年從高麗回軍的途中，十月：「丙辰，皇太子迎謁於臨渝關。戊午，次漢武臺，刻石紀功。」〔註8〕

綏中縣的秦漢遺址地圖

〔註 8〕 遼寧省文物考古研究所：《遼寧綏中縣「姜女墳」秦漢建築遺址發掘簡報》，《文物》1986 年第 8 期。遼寧省文物考古研究所姜女石工作站：《遼寧綏中縣「姜女石」秦漢建築群址石碑地遺址的勘探與試掘》，《考古》1997 年第 10 期。華玉冰：《試論秦始皇東巡的「碣石」與「碣石宮」》，《考古》1997 年第 10 期。康群：《碣石考辨》，《地名叢刊》1985 年第 4 期。陳大爲、王成生：《碣石考證》，《中國考古學會第六次年會論文集》，文物出版社，1987 年。

遼寧省文物考古研究所藏綏中姜女石出土的巨大秦代瓦當

（周運中攝於 2016 年 12 月 7 日）

綏中的發現在 1984 年報導，轟動一時，秦皇島市隨即成立碣石學會，開始考察北戴河金山嘴等遺址。1985 年，在南天門發現夔紋巨型瓦當殘件，在海神廟附近的建築工地發現直徑 18 釐米的雙雲紋加貝瓦當、直徑 20 釐米的饕餮紋半瓦當和大板瓦、筒瓦、空心磚、柱礎、陶井等。〔註9〕1986～1991年，考古隊在北戴河海邊正式發掘了秦代行宮，包括金山嘴、橫山、橫山北三個南北相間的地點，發現大型建築遺址，總面積 10 萬平方米，也出土了夔紋巨型瓦當等類似器物。其西不遠的劍秋路也有秦代遺址，西北不遠的小薄荷寨也有秦漢遺址。〔註10〕

1990 年，秦皇島市區的東山公園發現了秦代卷雲紋瓦當，又發現了素面方格和米字方格相間的花紋磚、繩文板瓦、陶盆殘件等，瓦當和花紋磚的樣

〔註9〕 沈章興：《金山嘴秦宮遺址的發現和發掘》，李書和主編：《秦皇求仙・徐福東渡・秦皇島》，第 110～121 頁。

〔註10〕 國家文物局主編：《中國文物地圖集・河北分冊》，文物出版社，2013 年，圖第 248 頁、文字第 375 頁。

式和北戴河、綏中縣發現的一模一樣。東山原來是孤島，即秦皇島的由來。
據工人回憶，1950年建航塔時，塔基高臺發現陶井圈、繩紋板瓦、大繩紋磚。
這裡地處北戴河、綏中縣中間，有人認爲是秦皇求仙入海處。〔註11〕

今昌黎碣石山和綏中縣止錨灣位置圖

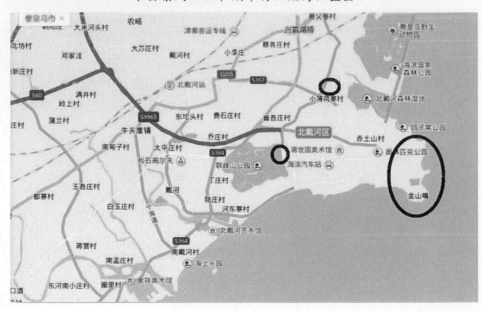

北戴河金山嘴地圖

〔註11〕沈章興、韓樹偉：《「秦皇求仙入海處」考》，李書和主編：《秦皇求仙‧徐福
　　　東渡‧秦皇島》，第163～169頁。

1984 年 12 月 16 日《遼寧日報》報導，蘇秉琦考察姜女墳遺址，認為這就是碣石宮。1986 年 10 月 25 日《秦皇島日報》報導，蘇秉琦和俞偉超考察金山嘴遺址，認為也是碣石宮。綏中縣姜女墳雖然緊鄰山海關，但是距離昌黎縣、盧龍縣比較遠，因此不免有些疑點。

昌黎籍作家董寶瑞質疑蘇秉琦自相矛盾，又引《晉書·宣帝紀》說司馬懿征遼東：「經孤竹，越碣石，次於遼水。」認為碣石一定是大山，不可能是小山。〔註12〕我以為質疑不能成立，越過的未必是大山。還有人強調《禹貢》的導山篇說：「太行、恒山至於碣石。」則碣石一定是山，金山嘴不符合。〔註13〕其實金山嘴本來就是山，否則不會稱為山嘴。

2013～2015 年，國家文物局水下文化遺產保護中心與遼寧省文物考古研究所共同啟動「姜女石遺址水下考古調查」項目，在姜女石遺址水下發現東西長約 60 米，南北寬約 60 米的四邊形疑似人工構築基臺，一些石塊經過修整，有人工干預痕跡，且石塊在較大範圍之內呈現出有規律的走向與分佈，有學者認為這就是酈道元所說的海中甬道。

我認為，從考古發現來看，碣石山不在今昌黎縣，昌黎縣境內至今未發現秦漢大型建築遺址，甚至未發現任何秦漢重要的遺址。古人以為絫縣在今昌黎縣，找不到文物根據，譚其驤主編《中國歷史地圖集》沿其誤。〔註14〕今昌黎縣碣石山上僅有的相關碑刻都是很晚的明清時期才建造，顯然不是上古的碣石山。這一帶看不到山島竦峙的景象，不符合曹操的描述。

我認為，燕國的碣石在今綏中縣南北的止錨灣一帶，這裡是天然港灣，所以是早期燕齊方士的重要海港。秦漢時期，這裡仍然是方士重要的海港。姜女石等礁石是最早的碣石，《說文》：「碣，特立之石，東海有碣石山。」碣石原來是獨立的礁石。

但是秦始皇在今北戴河海邊的山上，建造了新的航海尋仙的宮殿，這是古人說的碣石山。因為相對原來的碣石而言較高，所以漢代人又稱大碣石山，以示區別。綏中縣南部海岸太低，北戴河的海邊有山丘。而且這個山丘原本突出在海中，綿延十幾里，這就是古人所說的秦始皇石橋。秦始皇大概認為今北戴河的山丘更加宏偉，所以新建宮殿。

〔註12〕董寶瑞：《「碣石宮」質疑——兼與蘇秉琦商榷》，《河北學刊》1987 年第 6 期。

〔註13〕呂紹綱：《說禹貢碣石》，《史學集刊》1995 年第 1 期。

〔註14〕譚其驤主編《中國歷史地圖集》第二冊，中國地圖出版社，1982 年，第 27 頁。

　　秦皇漢武擴大了航海求仙的規模，《史記·封禪書》說：「自威、宣、燕昭使人入海求蓬萊、方丈、瀛洲。此三神山者，其傳在勃海中，去人不遠；患且至，則船風引而去。蓋嘗有至者，諸仙人及不死之藥皆在焉。其物禽獸盡白，而黃金銀爲宮闕。未至，望之如雲；及到，三神山反居水下。臨之，風輒引去，終莫能至云。世主莫不甘心焉。及至秦始皇併天下，至海上，則方士言之不可勝數。」又說漢武帝：「遂東巡海上，行禮祠八神。齊人之上疏言神怪奇方者以萬數，然無驗者。乃益發船，令言海中神山者數千人求蓬萊神人。」《鹽鐵論》卷六《散不足》：「及秦始皇覽怪迁，信機祥，使盧生求羨門高，徐市等入海求不死之藥。當此之時，燕、齊之士，釋鋤耒，爭言神仙。方士於是趣咸陽者以千數，言仙人食金飲珠，然後壽與天地相保。於是數巡狩五嶽、濱海之館，以求神仙蓬萊之屬。」出海的方士太多，因此不僅綏中縣有多處遺址，秦皇島、北戴河等多處地方都有宮殿和海港。

　　秦始皇立碣石門，綏中縣南部的山坡平緩，看不出門的樣子。而北戴河聯峰山西部和牛頭崖之間是明顯的門門，是鐵路、公路經過的咽喉。聯峰山之東到金山嘴之間也有山谷，所以碣石門很可能在這一帶。

　　就在北戴河之北，就有榆關鎮，有漢代榆關遺址，面積 1 萬平方米。這裡就是東漢開始的臨渝縣，西漢的臨渝縣在今朝陽，因臨渝水（大凌河）得名。東漢初年，北邊出現大規模的郡縣內遷，臨渝縣遷到此處。再看《太平寰宇記》平州說：「唐武德二年，廢郡爲平州，領臨渝、肥如二縣，其年自臨渝移治肥如，仍改肥如爲盧龍縣。」盧龍縣說：「唐武德三年，省臨渝，移平州置此。」我才突然悟出碣石山在盧龍縣南二十三里的原因，因爲唐代初年把平州從臨渝縣遷到盧龍縣，而古人編地方志經常照抄舊志，所以《太平寰宇記》經常出現座標錯位。碣石山其實不在盧龍縣的平州南二十三里，而是從臨渝縣的舊平州南二十三里照抄而來。臨渝縣也即今榆關南二十三里，正是今北戴河沿海山丘，證明碣石山確實在此。隋代應有臨渝縣，而《隋書·地理志》北平郡僅有一縣，顯然不正常，應是失載臨渝縣。

## 三、碣石山附近政區和河流

　　譚其驤說隋煬帝征高麗不再登碣石山，其實此話不確，因爲《隋書·地理志中》北平郡盧龍縣：「有關官，有臨渝宮，有覆舟山，有碣石。」關中以外，僅河南郡（今洛陽）、太原郡、樓煩郡、江都郡（今揚州）、北平郡有

宮，說明非常重要。臨渝宮其實就是因為碣石才建，或許是在秦皇、漢武、魏、晉、北朝皇帝的碣石宮基礎上修築。隋煬帝或許來過碣石，不過因為史書失載。

李世民回軍途中，先到臨渝關，再到漢武臺，說明漢武臺就在臨渝關（今榆關鎮）南。譚其驤文中承認漢武臺在今北戴河，但是他竟然說是李世民另外選擇一個漢武臺！顯然不確，李世民不可能突然臆造一個漢武臺。《魏書・地形志上》平州遼西郡肥如縣：「有碣石武王祠。」北魏的碣石山還有武帝祠，唐代人不會弄錯。《太平寰宇記》平州石城縣說：「取碣石立如城以名之……唐貞觀十五年，於故臨渝縣城，置臨渝縣。萬歲通天二年，改為石城縣，復漢舊名。」下文說到碣石，提到秦皇漢武。李世民重置李淵廢除的臨渝縣，是為征高麗。但這個石城縣不是西漢右北平郡的石城縣，西漢石城縣在今遼寧。唐代石城縣源自其南的北戴河山上碣石城，也即秦漢的碣石宮城。

石城縣在原臨渝縣，則在平州之東，但是今本《太平寰宇記》平州石城縣誤在平州之西，很多人誤以為石城縣在平州之西，譚其驤主編《中國歷史地圖集》因此誤畫在今唐山開平。〔註15〕《新唐書》卷三九《地理志三》平州石城縣：「本臨渝，武德七年省，貞觀十五年復置，萬歲通天二年更名。有臨渝關，一名臨閭關。有大海關。有碣石山。」說明石城縣在今秦皇島，肯定不在今唐山。大海關或即山海關，碣石山在今北戴河。

石城縣在遼時遷到今樂亭縣，《遼史》卷四十《地理志》灤州石城縣：「萬歲通天元年改石城縣，在灤州南三十里，唐儀鳳石刻在焉。今縣又在其南五十里，遼徙置以就鹽官。」北宋歐陽忞《輿地廣記》：「石城，故驪成也。」清代胡渭據遼代石城縣位置，認為驪成在今樂亭境內。其實北宋早已失去幽雲十六州，歐陽忞所說是唐代石城縣。如果唐代石城縣在儀鳳之前就遷到了後世的灤州（灤縣）之南，則驪成縣應在今秦皇島。遼代石城縣已經南遷，而譚其驤主編《中國歷史地圖集》金代石城縣誤畫在今唐山。〔註16〕

有人提出，唐代高適《燕歌行》：「摐金伐鼓下榆關，旌旆逶迤碣石間。」既然碣石在榆關之外，則在遼寧綏中。〔註17〕我認為，此句可以證明碣石不在今昌黎縣，可能是指綏中的碣石，但也不能否定北戴河碣石說。

〔註15〕譚其驤主編《中國歷史地圖集》第五冊，第48頁。
〔註16〕譚其驤主編《中國歷史地圖集》第六冊，第46頁。
〔註17〕地詩：《「碣石」在遼寧綏中補證》，《社會科學輯刊》1992年第1期。

　　綏中縣止錨灣一帶找不到稍大的河流，而北戴河緊鄰碣石山，我認爲北戴河就是《漢書》說的碣石水，現在北戴河直接入海，但其南緊鄰洋河入海口。洋河很可能在古代向東會合北戴河入海，其實海口原來是一道和海岸平行的沙堤，形成的狹長潟湖成爲洋河下游的河道。洋河即下官水，洋河、北戴河之間的小河即賓河。譚其驤主編《中國歷史地圖集》把碣石山、碣石水、下官水、賓水畫在今昌黎縣境，不確。而且竟然把今北戴河海邊的山丘畫成大海，顯然也不確，這些山丘早已成陸。

　　絫縣城，很可能是今撫寧縣城西南 200 米的撫寧漢代古城，南北 850 米，東西 375 米，〔註18〕是一個較大的縣城。地處洋河邊，所以《漢書》說下官水、碣石水、賓水都屬絫縣。

　　現在有人把這個古城稱爲驪成，不確，錯誤的原因是他們誤以爲碣石在今昌黎縣碣石山，看到撫寧縣古城在碣石山東北，就說是驪成，其實碣石山不是今昌黎縣的碣石山。《新唐書·地理志三》平州盧龍縣：「本肥如，武德二年更名，又置撫寧縣，七年省。」石城縣：「本臨渝，武德七年省。」則武德二年到七年，同時有臨渝和撫寧縣，則撫寧縣城就在今撫寧縣城，即漢絫縣城，因爲時間太久，所以不用絫縣之名。

修訂的漢代古城地圖

〔註18〕國家文物局主編：《中國文物地圖集·河北分冊》，圖第 251 頁、文字第 381 頁。

　　驪成縣在碣石山東北，則是今秦皇島石河鎮的漢代古城，俗名五花城，是五個相連的古城，現存的兩座城址，北面一座南北 400 米、東西 175 米。〔註19〕這種五連城顯然是重要的關塞，《鹽鐵論・險固》：「燕塞碣石，絕邪谷，繞援遼。」戰國時的燕國曾經堵塞碣石道和斜谷，繞道援助遼河。五花城的東北正是山海關，再東北即止錨灣。所以燕國的碣石在今綏中縣南的止錨灣一帶，五花城和山海關就是最早的碣石口。

　　東漢臨渝縣內遷到北戴河的碣石西北，西晉碣石成為右北平郡的長城起點，所以《魏書》卷八《世宗紀》說正始四年十一月：「自碣石至於劍閣，東西七千里，置二十二都督。」北齊長城也始於山海關，碣石從東漢到北魏再次成為重要邊塞。明長城始於山海關，歷代碣石都是要地，源自地形。

　　也有人認為碣石宮在今綏中縣姜女墳，但是誤以為東漢臨渝縣仍然在今建昌縣，認為絫縣在今綏中縣。〔註20〕此說不能成立，如果絫縣在今綏中縣，酈道元不太可能說濡水（灤河）口在絫縣，距離太遠。

　　今綏中縣止錨灣的東北部找不到漢代古城，一直要到今綏中縣北部的腰古城寨才有一個漢代古城，距離止錨灣太遠，所以止錨灣不是漢代的碣石山，腰古城寨也不是漢代的驪成縣。

　　問題是，驪成縣地處遼西郡的咽喉要衝，但是竟然屬右北平郡，似乎把遼西郡切割為二。我認為很可能因為古人的地緣制衡，右北平郡的驪成縣插入遼西郡中間，則遼西郡不能獨立，否則右北平郡可以切斷遼西郡，右北平郡也不能獨立，遼西郡也制衡右北平郡。這一帶古代交通不便，為了防止邊界叛亂，所以採用這種犬牙交錯的地域劃分。

　　北魏碣石山屬肥如縣，譚其驤主編《中國歷史地圖集》誤把陽樂縣畫在今撫寧縣，〔註21〕《魏書・地形志上》平州遼西郡陽樂縣：「眞君七年，並令支合絫屬焉。有武歷山、覆舟山、林榆山、太眞山。」令支城在今遷安，《水經注》卷九《濡水》說盧水有支流陽樂縣溪，則陽樂縣在今遷安到青龍縣一帶。前人誤以為林榆即臨渝，其實林榆未必是臨渝。《隋書・地理志》不提陽樂縣，可能因為地處北部山地，所以北朝末年省併。

---

〔註19〕國家文物局主編：《中國文物地圖集・河北分冊》，圖第 249 頁、文字第 375 頁。

〔註20〕嚴賓：《碣石新考》，《遼寧大學學報（哲學社會科學版）》1989 年第 3 期。

〔註21〕譚其驤主編《中國歷史地圖集》第四冊，第 50 頁。

## 第二節　碣石港興起原因

碣石口扼守遼西沿海路，《三國志‧魏武帝紀》說曹操北征烏丸：「秋七月，大水，傍海道不通，田疇請為鄉導，公從之。引軍出盧龍塞，塞外道絕不通，乃塹山堙谷五百餘里，經白檀，歷平岡，涉鮮卑庭，東指柳城。」卷十一《田疇傳》說：「時方夏水雨，而濱海洿下，濘滯不通，虜亦遮守蹊要，軍不得進。太祖患之，以問疇。疇曰，此道秋夏每常有水，淺不通車馬，深不載舟船，為難久矣。」說明遼西沿海道在秋夏不能走陸路，這就解釋了《禹貢》航路經過碣石的原因，也解釋了碣石稱為方士尋仙海港的原因。碣石山南北的驪成、絫縣的名字，讀音都接近膠東的萊夷，或許有關。

### 一、碣石港興起的自然地理原因

渤海西北部的海岸，大體上在北戴河分為兩種海岸，以北是基岩港灣沙礫質海岸，以南是基岩港灣淤泥質海岸，〔註22〕以北適合停船，以南不適合。所以燕齊方士航海，距離燕國最近的良港就在碣石。這一帶恰好遠離灤河口和遼河口，河流最小，泥沙最少。

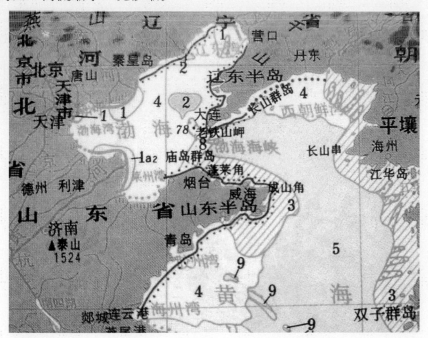

碣石所在山地丘陵（基岩）海岸地圖

〔註22〕劉明光主編：《中國自然地理圖集》，中國地圖出版社，1998年，第60頁。

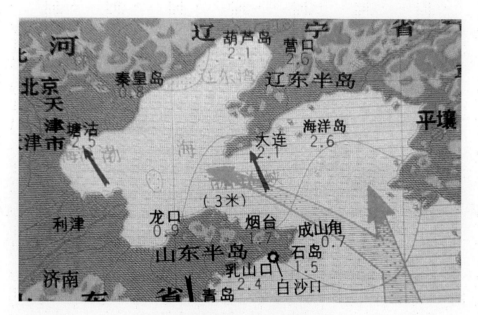

碣石所在渤海唯一全日潮海岸地圖

　　整個渤海，只有秦皇島到綏中縣海岸是不規則全日潮，其他都是不規則半日潮和規則半日潮，〔註23〕所以碣石一帶海岸的海浪最小。

　　黃海暖流常年從大連向西北到秦皇島，分爲兩支，一支向北到遼東灣，一支向南到天津，〔註24〕促進黃海和渤海交通，而且對秦始皇的影響最大，這也是碣石興起的重要原因。

　　碣石山在今北戴河，是避暑聖地，方士注重養生，這也是碣石興起的重要原因。胡亥東巡，春天出發，到達碣石山正好是夏季，他也是來此避暑。劉徹四月在泰山，北行到碣石山也是夏季。

　　蘇秉琦說，止錨灣往東南和旅順的老鐵山、榮成的成山頭是三點一線，所以秦始皇才在此建宮殿。〔註25〕我認爲此說不確，首先是三點不在一線，即使眞的在一線，也不可能因此而建宮殿。古人未必能測出這三點在一線，三點一線和航路無關，碣石是因爲海港而興起。

　　碣石有海外貨物，所以《史記·蘇秦列傳》說：「燕東有朝鮮、遼東，北有林胡、樓煩，西有雲中、九原，南有呼沱、易水，地方二千餘里……南有碣石、雁門之饒，北有棗栗之利。」此時燕國已經佔有右北平、遼西、遼東、

〔註23〕劉明光主編：《中國自然地理圖集》，第 94 頁。
〔註24〕劉明光主編：《中國自然地理圖集》，第 61～62 頁。
〔註25〕蘇秉琦：《中國文明起源》，北京：三聯書店，1999 年，第 156 頁。

朝鮮，所以碣石在其南境，碣石之饒指海外貿易之利。《索隱》：「碣石山在常山九門縣。」九門縣在今正定，九門說無據。

## 二、碣石到南京的航路

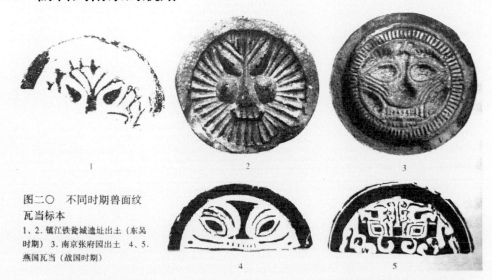

图二〇　不同时期兽面纹瓦当标本
1、2.镇江铁瓮城遗址出土（东吴时期）3.南京张府园出土 4、5.燕国瓦当（战国时期）

戰國燕國與孫吳鎮江、南京的獸面紋瓦當（引自賀雲翱書第 30 頁）

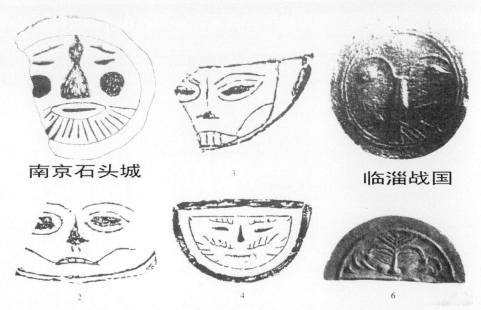

南京石头城　　　　　臨淄战国

戰國齊國與孫吳鎮江、南京的獸面紋磚瓦紋（引自賀雲翱書第 18 頁）
1.南京石頭城出土　2～4十六國及北魏人面紋磚　5、6山東臨淄出土戰國齊國

　　賀雲翔老師指出，戰國時期的燕國出現了獸面紋瓦當，秦漢時期很少看到，孫吳時期突然又出現在最核心的城市建業、京口。東晉都城建康普遍使用獸面紋瓦當，此時的洛陽、鄴城還主要使用傳統的雲紋瓦當。戰國時期的齊國出現了人面紋瓦當，有的人面中間還有類似樹木的花紋，安立華先生認為可能源自齊國的社木崇拜。〔註 26〕人面紋瓦當也是突然重新出現在孫吳都城建業等城市，可能是指神人，帶有宗教性質。〔註 27〕

　　我認為，燕齊是戰國時期方士的大本營，燕齊方士往來東方海上，所以燕齊瓦當無疑是通過道教徒航海傳到江南。瓦當突出在宮殿的外緣，具有壓勝的功能，所以花紋有宗教性質。

　　關於漢代道士往來渤海和東海、南海，前人已有論述，我另有專文詳考。孫策所殺的於吉就是琅邪人，不再贅述。這裡再舉三例，晉顧長生《三吳土地記》說後漢時姑蘇有男子患病，有術士趙昺在趙地，聽說後泛舟前來。〔註 28〕劉向《列仙傳》卷下：「負局先生者，不知何許人也，語似燕、代間人。常負磨鏡局，徇吳市中炫。磨鏡一錢，因磨之，輒問主人，得無有疾苦者，輒出紫丸藥，以與之，得者莫不愈。如此數十年。後大疫，病家至戶，到與藥，活者萬計，不取一錢，吳人乃知其真人也。後止吳山絕崖頭，懸藥下與人。將欲去時，語下人曰：「吾還蓬萊山，為汝曹下神水。」崖頭一旦有水，白色，流從石間來，下服之，多愈疾。立祠十餘處。」葛洪《神仙傳》說：「樂子長者，齊人也。少好道，因到霍林山，遇仙人，授以服巨勝赤鬆散方。」霍林山即今寧德霍童山，他從山東航海到福建。

　　孫吳崇奉道教，孫吳的年號黃龍、嘉禾、赤烏、神鳳、五鳳、甘露、寶鼎、鳳凰、天冊、天璽都源自所謂祥瑞的發現，其他祥瑞的記載也很多。孫吳年號以祥瑞為主，和魏、蜀形成鮮明對比。曹魏年號僅有青龍、甘露少數來自祥瑞，而蜀的年號則保持東漢傳統，不用祥瑞。《三國志·虞翻傳》記載孫權和張昭談論神仙，又被虞翻指責，孫權大怒，貶謫虞翻到交州，虞翻竟因此事在嶺南十多年，死在嶺南。同書卷五十四《呂蒙傳》說呂蒙臨死前：「權自臨視，命道士於星辰下為之請命。」孫權崇奉道教，所以《三國志》的卷六十三竟為孫權的隨軍道士闢一專卷，記載吳範、劉惇、趙達三人為軍隊服務。

---

〔註 26〕安立華：《齊國瓦當藝術》，人民美術出版社，1998 年，第 15～17 頁。

〔註 27〕賀雲翔：《六朝瓦當與六朝都城》，文物出版社，2005 年，第 8～32 頁。

〔註 28〕〔宋〕李昉等編《太平廣記》卷四六八《姑蘇男子》，北京：中華書局，1961年。

　　孫權甚至迎接民間巫師，《三國志‧吳主傳》：「初臨海羅陽縣有神，自稱王表。周旋民間，語言飲食，與人無異，然不見其形。又有一婢，名紡績。是月，遣中書郎李崇齎輔國將軍羅陽王印綬迎表。表隨崇俱出，與崇及所在郡守令長談論，崇等無以易。所歷山川，輒遣婢與其神相聞。秋七月，崇與表至，權於蒼龍門外爲立第舍，數使近臣齎酒食往。表說水旱小事，往往有驗。」羅陽縣是孫吳所設，《宋書‧州郡志一》永嘉郡：「安固令，吳立曰羅陽，孫皓改曰安陽，晉武帝太康元年更名。」即今浙江瑞安，《太平御覽》卷七百八十引孫吳沈瑩《臨海水土異物志》說：「安家之民，悉依深山，架立屋舍於棧格上，似樓狀。居處、飲食、衣服、被飾與夷州民相似。父母死亡，殺犬祭之，作四方函以盛屍。飲酒歌舞畢，仍懸著高山岩石之間，不埋土中作冢也。今安陽、羅江縣民是其子孫也。」可見羅陽縣土著接近臺灣土著，孫權肯用羅陽王印去迎接一個越地女巫，可見他對方術的癡迷。

## 第三節　夾右是海右之誤

　　我認爲，夾，很可能是海字之形訛，因爲字形接近。《山海經‧南次三經》的陽夾山，很可能就是《漢書地理志》陽海山，也即今海洋山。

　　陽夾山是《南次三經》第七山，此篇第二山禱過山出浪水，南流注於海，《水經注》卷三七《浪水》云：「浪水出武陵鐔成縣北界沅水谷，《山海經》曰：『禱過之山，浪水出焉，而南流注於海』是也。南至鬱林潭中縣，與鄰水合。水出無陽縣，縣故鐔成也，溪水南歷潭中，注於水。」同書《溫水》則云浪水在潭口以下注入鬱水，當是道元所本不同而又昧於南方地理。以古地求之，浪水應該是今天廣西洛清江或融江，〔註29〕禱過山應在黔東南的洛清江或融江源頭。融江源頭距離下文諸山太遠，浪水應該是洛清江，禱過山在今臨桂縣北界的天平山。

　　陽海山是湘江源頭，《漢書‧地理志》零陵郡零陵縣：「陽海山，湘水所出，北至酃入江，過郡二，行二千五百三十里。又有離水，東南至廣信入鬱林，行九百八十里。」陽海山在浪水之東，所以很可能是陽夾山。

---

〔註29〕陳橋驛認爲是今洛清江，見《水經注全譯》，貴州人民出版社，1996 年。白耀天認爲是今融江，見《水經注關於廣西水道傳述說略》，《歷史地理》第十二輯，上海人民出版社，1995 年。

如果夾右碣石改爲海右碣石，則好解釋。因爲穿著皮衣的東北民族要從渤海的右側，也即西側，經過碣石，再進入黃河。

九州的貢道，僅有冀州的入於河、梁州的入於渭，這兩處用了入字，其餘都是用達字。傅寅敏銳地觀察出了這個用字的體例問題，說因爲從沔水（漢江）到渭水，要翻過秦嶺，所以入指的是陸路。〔註30〕焦循受此啓發，指出凡是相通的水路，用的都是達字，經過陸路用入字，所以從碣石到黃河口要經過陸路。此說可行，碣石和黃河口不在一處，要經過陸路。〔註31〕

從這個問題，我們還可以推想，之所以要提到碣石，很可能是因爲碣石是一個重要的航海節點，從遼東到碣石也要通過海路，所以才說到碣石上岸，從陸路到黃河口。

## 第四節　島夷在遼東

鳥夷，《史記・夏本紀》是島夷。前人爭論不休，有人說因爲崇拜鳥，確實能找到證據。有人說就是島夷，我認爲二說都可通。但是揚州既然是島夷卉服，則冀州很可能是島夷皮服，才有對比意義。

遼東半島兩側的島嶼遠比舟山群島等東南群島少很多，但是古人所說的島未必是今天的島。古人認爲由海路聯結的地方都是島，比如《山海經・海內南經》說：「甌居海中，閩在海中，其西北有山。」就是指中原到甌、閩必須走海路，其西北山林不通。漢代在東甌故地設回浦縣（治今台州市椒江區章安鎮），在東越地區只設一個冶縣（治今福州市），會稽郡東部都尉原在冶縣，後來北遷回浦。珠江口以東的粵東地區沿海，只有一個揭陽縣，漢代在從甬江口到珠江口的中國東南地區只有這三個縣，三縣之間通過海路聯結。《後漢書》卷三十三《鄭弘傳》說：「舊交阯七郡貢獻轉運，皆從東冶泛海而至，風波艱阻，沉溺相繫。（鄭）弘奏開零陵、桂陽嶠道，於是夷通，至今遂爲常路。」直到東漢，中原與交阯的道路才由海路改爲陸路。《三國志》卷三十八《許靖傳》說許靖從會稽郡：「便與袁沛、鄧子孝等浮涉滄海，南至交州。經歷東甌、閩、越之國，行經萬里，不見漢地，漂薄風波，絕糧茹草，饑殍

---

〔註30〕〔宋〕傅寅：《禹貢說斷》，《影印文淵閣四庫全書》第 57 冊，臺北：商務印書館，1986 年。

〔註31〕〔清〕焦循：《禹貢鄭注釋》，《續修四庫全書》第 55 冊，上海古籍出版社，2002 年，第 226 頁。

薦臻，死者大半，既濟南海。」許靖經過的地方，只有回浦、冶、揭陽三縣，管轄附近很小地方。三縣之間都是越人聚居區，漢朝難以統治。

　　直到隋代，浙西南、閩西北的山區和浙閩沿海仍然很難交通，所以開皇十一年（591 年），整個江南，從蔣山（今南京鍾山）到交趾（今越南），都掀起反隋的浪潮時，楊素一支隋軍從海路征討，而史萬歲一支在內陸，互不相通，《隋書》卷五十三《史萬歲傳》：「及高智慧等作亂江南，以行軍總管從楊素擊之。（史）萬歲率眾二千，自東陽別道而進，逾嶺越海，攻陷溪洞不可勝數。前後七百餘戰，轉鬥千餘里，寂無聲問者十旬，遠近皆以萬歲爲沒。萬歲以水陸阻絕，信使不通，乃置書竹筒中，浮之於水。汲者得之，以言於素。」隋軍非常強大，但是這時的東南內陸山區多是沒有開闢的森林地帶，有些是越人土著居地，史萬歲在內陸和沿海不通音訊三個月，所以很多人以爲史萬歲全軍覆沒了。史萬歲把信放在竹筒裏，順著閩江漂到海口，楊素才知其沒有陷沒。

　　《梁書》卷五十四《諸夷傳》：「海南諸國，大抵在交州南及西南大海洲上，相去近者三五千里，遠者二三萬里，其西與西域諸國接。」海南諸國很多在大陸，比如馬來半島、印度半島，但是古人認爲在海島上。

　　《南齊書·州郡志上》：「交州，鎮交趾，在海漲島中。」交州在今越南，在大陸上，但是因爲陸路不通，主要從海路來往，所以說在漲海的島上，海漲是倒誤，漲海是南海。

　　《漢書·地理志》最末記載中國去印度的航路，說：「自夫甘都盧國船行可二月餘，有黃支國。民俗略與珠崖相類。其州廣大，戶口多，多異物，自武帝以來，皆獻見。」黃支國，學界一般認爲是《大唐西域記》卷十達羅毗荼國都建志補羅（Kancipura），在今金奈（Chennai）西南。也在大陸上，因爲印度是半島，由海路來往，所以說在洲上。

　　《新唐書》卷二百二十二下《南蠻傳下》：「曇陵在海洲中。」其實是在泰國南部的半島，不是島上。

　　義淨《南海寄歸內法傳》自序說：「從西數之，有婆魯師洲，末羅遊州（即今尸利佛逝國是），莫訶信洲，訶陵洲，呾呾洲，盆盆洲，婆里洲，掘倫洲，佛逝補羅洲，阿善洲，末迦漫洲，又有小洲，不能具錄。」訶陵洲，呾呾洲，盆盆洲都在馬來半島，訶陵在今馬來西亞的巴生，呾呾洲在其北的霹靂州的天定，盆盆在泰國北大年府。因爲馬來半島突出在海中，而且主要走海路和

外界交通，所以也被說成是島。

古代遼河口在今盤山縣城附近，古代遼河下游是一片大沼澤，沼澤北到遼陽、遼中、黑山一線。〔註32〕遼河的名字就來自潦，也即泥灣。秦代封泥的遼東作潦東，遼西作潦西。唐代仍然稱爲泥潦，唐太宗李世民在貞觀十八年（644年），親自率軍進攻高麗。車駕至遼澤，泥淖二百里，人馬不可通，將作大匠閻立德布土作橋，其實是土堤。班師時，遼澤泥潦，車馬不通，命萬人剪草墳道，水深處以車爲梁，李世民自繫薪於馬鞘以助役。十月，李世民至蒲溝駐馬，督墳道諸軍渡渤錯水，暴風雪，士卒沾濕多死者。隋、唐多次攻打高麗不下，難以渡過遼河是一個重要原因。南唐李璟派往契丹的使者公乘鎔說：「遼東以西，水潦壞道，數百里車馬不通。」〔註33〕北宋宣和七年（1125年）出使金國的許亢宗《行程錄》說：「地勢卑下，盡皆葭葦，沮洳積水。是日凡三十八次渡水，多被溺，名曰遼河。瀕河南北千餘里，東西二百里，北遼河居其中。其地如此，隋唐征高麗，路皆由此。夏秋多蚊虻，不分晝夜，無牛馬能至。行以衣被包裹胸腹，人皆重裳而披衣，坐則蒿草薰煙稍能免。」〔註34〕漢代在今黑山、臺安、盤山等地，不設一縣，說明都是泥沼。到了十六國北朝時期，遼河口的泥沼成了北燕、北魏和高句麗的分界，隋代仍然未能將國界推進到遼河以東。

隋代在遼河之西短暫設過遼東郡、懷遠縣，很快在隋末戰亂中消失。直到遼代，遼河口仍然不設縣。金代大定二十九年（1189年）才升梁漁務爲望平縣，此縣到了明代又裁撤了。因爲古代遼河下游難以通行，所以遼東和中原的聯繫反而是海路方便，所以遼東的民族被稱爲島夷。

還有一個很重要的原因是海岸淤積，導致上古的很多島嶼現在已經和大陸聯結起來，所以古代渤海北部的島嶼更多。比如河北的秦皇島、遼寧的葫蘆島，現在已經連陸，古代是島嶼。再如蓋州的仙人島、營口鮁魚圈區的韭菜坨子島，現在是海岬，上古顯然是島嶼。如果我們確定島夷在今遼寧，則青州的嵎夷就不在遼寧，遼寧屬冀州而不屬青州。

〔註32〕中國科學院《中國自然地理》編輯委員會：《中國自然地理・歷史自然地理》，科學出版社，1982年，第227～230頁。

〔註33〕〔宋〕陸游：《南唐書》，《五代史書彙編》第九冊，杭州出版社，2004年，第5605～5606頁。

〔註34〕賈敬彥：《五代宋金元人邊疆行記十三種疏證稿》，北京：中華書局，2004年，第240～241頁。

## 第五節　遼東、碣石入河之路

　　島夷皮服，指的是遼東半島的民族。《逸周書‧王會》東北有良夷、高夷，東北的民族，除了獸皮衣，還有魚皮衣。《魏書》卷一百《勿吉傳》：「婦人則布裙，男子豬犬皮裘。」《室韋傳》：「男女悉衣白鹿皮襦袴。」《地豆於傳》：「皮爲衣服。」《烏洛侯傳》：「皮服。」現在赫哲族還有魚皮衣。

　　上古遼東與華北的海路很早開通，因爲遼西沿海的平原原來很小，遇到雨季，山洪隔斷道路，《三國志》卷一《魏書‧武帝紀》說曹操北征烏桓：「秋七月，大水，傍海道不通，田疇請爲鄉導，公從之。引軍出盧龍塞，塞外道絕不通，乃塹山堙谷五百餘里，經白檀，歷平岡，涉鮮卑庭，東指柳城。」

　　《山海經‧海內東經》最末附錄一篇秦代《水經》說：

>　　摩沱水出晉陽城南，而西至陽曲北，而東注渤海，入越章武北。

>　　漳水出山陽東，東注渤海，入章武南。

越是趙之形訛，滹沱河、漳河在趙國章武的南北入海，則黃河一定還在漳河之南入海，就是無棣，印證《西次三經》說黃河注入無達，無達就是無棣，達、棣都是定母月部，雙聲疊韻。

　　唐代李吉甫《元和郡縣圖志》卷十八滄州饒安縣：

>　　本漢千童縣，即秦千童城，始皇遣徐福將童男女千人，入海求
>　蓬萊，置此城以居之，故名。

徐福是從山東出發，向東南海外，不可能南轅北轍，到滄州。但是這個傳說也有一定依據，反映此地古代曾經是海港，如果不是海港，傳說就全無依據。饒安縣城在今千童鎮，無棣溝也在今鹽山縣南，不是今山東省無棣縣。1974 年，河北省鹽山縣劉範鄉荣八里村，出土北齊武平五年的《北齊□乔□揩父子並葬銘記》碑文說：「父子並葬無棣溝北。」〔註35〕說明無棣溝在其南。

　　酈道元《水經注》卷九《清水》，說無棣溝經過千童城。又說過過濊邑北，濊水出焉。我認爲濊邑、濊水之名，源自東北的濊族，不是源自污穢，因爲沿海自然環境都很類似，不可能因爲污穢得名。說明此地與東北的濊族有來往，很可能是走海路。

　　《三國志》卷三十《東夷傳》：「濊南與辰韓，北與高句麗、沃沮接，東

---

〔註35〕中國文物研究所、河北省文物研究所編《新中國出土墓誌‧河北（一）》，文物出版社，2004 年，上冊第 27 頁，下冊第 20 頁。

窮大海，今朝鮮之東皆其地也……自單單大山領以西屬樂浪，自領以東七縣，都尉主之，皆以濊爲民。後省都尉，封其渠帥爲侯，今不耐濊皆其種也。漢末，更屬句麗……其海出班魚皮。」

東漢許慎《說文解字》說：「鮸，皮有文，出樂浪東暆。」《魏志·東夷傳》說濊：「其海出班魚皮。」漢代的東暆縣在樂浪郡東部，即濊人之地，朝鮮人柳得恭《四部志》釋鮸爲朝鮮人俗稱的水牛，即海豹，朝鮮人李丙燾認爲海豹產於元山灣以北海域。〔註36〕《說文解字》魚部，還列舉了九種出自樂浪郡、濊人、貊國的魚，都來自朝鮮半島。

揚州之下的發，也出海豹皮，《管子·揆度》：「發、朝鮮之文皮。」《輕重甲》：「發、朝鮮不朝，請以文皮、〔兌毛〕服而以爲幣乎……一豹之皮，容金而金也，然後八千里之發、朝鮮可得而朝也。」日本學者松田壽男以爲文皮是中國東北的貂皮，〔註37〕我以爲不是，因爲此處說來自朝鮮，貂皮也沒有鮮明的花紋。不少人看到豹字，以爲文皮是豹皮、虎皮，其實此處的豹是斑海豹，因爲皮有斑紋，故名文皮。

唐代靺鞨人進貢文魚，《冊府元龜》卷九七一說開元二十六年：「閏八月渤海遣使獻貂鼠皮一千張、乾文魚一百口。」博物學大家謝弗（薛愛華，Edward Hetzel Schafer，1913～1991）說不知文魚爲何物，〔註38〕現在看來乾文魚很可能是日本海的斑海豹皮。

唐代顧況《送從兄使新羅》詩云：「水豹橫吹浪，花鷹迴拂霄。」水豹應即海豹，正是中國與韓國之間的海域。原來古人又稱海豹爲水豹，這是水豹之名的前身。

這種皮有花紋的魚，也出自山東榮成，《爾雅·釋地》：「東北之美者，有斥山之文皮焉。」《隋書·地理志》東萊郡文登縣有斥山，斥山即今榮成東南的斥山，因爲石頭赤紅而名赤山，唐代日本僧人圓仁，曾經在新羅人張保皋所建的赤山法華院登陸。〔註39〕每年11月，都有大群斑海豹從朝鮮的白翎島

〔註36〕譚其驤主編《中國歷史地圖集》既引此說，又還定此縣在今韓國江原道的江陵。江陵過於南方，所以應在東暆縣今朝鮮元山灣附近。

〔註37〕〔日〕松田壽男：《蘇子の貂裘と管子の文皮》，《東西文化の交流 I》，六興出版，1987年，第293～325頁。

〔註38〕〔美〕謝弗著、吳玉貴譯：《唐代的外來文明》，中國社會科學出版社，1995年，第318頁。

〔註39〕田正祥：《圓仁三赴赤山：慈覺大師千年足跡考察》，山東友誼出版社，1998年，第14頁。

出發，向西到達中國的遼東、膠東沿海，繁衍後代，次年 5 月，再返回朝鮮。中國渤海的斑海豹繁殖地是全世界最南的海豹繁殖地，靠近人口密集地。歷史上這裡很多海豹被人捕殺，所以更顯得珍貴。

酈道元又說：「清河又北，逕北皮城東，左會滹沱別河故瀆，謂之合口，故謂之合城也。《地理風俗記》曰：南皮城北五十里有北皮城，即是城矣。」皮城，是不是因為皮服得名呢？

酈道元又說清水支津：「東逕漢武帝故臺北。《魏土地記》曰：章武縣東一百里，有武帝臺。南北有二臺。相去六十里，基高六十丈，俗云，漢武帝東巡海上所築。」

《太平御覽》卷九一二獺條目中，引如淳的《博物志》曰：

> 獺如馬，自腰以下似扁蝙，毛似獺，大可五六斤。淳同鄉人吉
> 孟，景福中，征遼東時，為運舡吏，於海中有猵獺跳上舡，舡人皆
> 謂海神，共叩頭敬禮。舡左武令人云：「但魚獺耳，可烹而食之。」

如淳是曹魏時人，曹魏明帝景初元年（237 年），討伐從東漢末年以來割據遼東與朝鮮的公孫康，下詔青、兗、幽、冀四州大作海船，青州、幽州、冀州都在渤海沿岸。

《晉書》卷一百二十五《馮跋載記》：

> 先是，河間人褚匡言於跋曰：「陛下至德應期，龍飛東夏，舊
> 邦宗族，傾首朝陽，以日為歲。若聽臣往迎，致之不遠。」跋曰：「隔
> 絕殊域，阻回數千，將何可致也？」匡曰：「章武郡臨海，船路甚通，
> 出於遼西臨渝，不為難也。」跋許之，署匡游擊將軍、中書侍郎，
> 厚加資遣。匡尋與跋從兄買、從弟睹，自長樂率五千餘戶來奔，署
> 買為衛尉，封城陽伯，睹為太常、高城伯。

章武郡和遼西郡臨渝縣之間有方便的海路，臨渝縣在今秦皇島之西的撫寧縣榆關鎮，靠近昌黎縣的碣石山。這條史料證明，從碣石山到黃河口之間，確實有一條海路。

碣石山在《山海經》也有記載，《大荒北經》：

> 大荒之中，有山名曰先檻大逢之山，河濟所入海北注焉。其西
> 有山，名曰禹所積石。

黃河、濟水入海處的積石山，不是西部的積石山，而是碣石山之誤，因為作者根據的地圖不精確而誤畫在黃河、濟水口。

《海外北經》：

> 禹所積石之山在其東，河水所入。

這兩處積石山，都在北方地域的中間，說明是在中原的正北而非西北，應該是碣石山。

# 第八章　東陵、北江、中江和三江

《禹貢》揚州：「三江既入，震澤底定。」下文導水章的漢水、長江條，又提到北江、中江。自從江南在宋代之後成爲中國經濟、文化中心，關於《禹貢》三江的討論越來越多，因爲江南是人文淵藪，學者太多，關心家鄉的歷史地理。但是清代學者討論三江問題的文章，汗牛充棟，最終竟然仍然不能解決三江問題！

其實要解決這個問題，還要跳出江南，先要從《禹貢》江北的東陵來解決。解決三江問題的關鍵就是一個東陵，這個隱蔽的關鍵如果打不開，也就解不開三江問題的九連環。

## 第一節　東陵在今揚州宜陵

《禹貢》導九水：

> 嶓冢導漾，東流爲漢，又東，爲滄浪之水，過三澨，至於大別，南入於江。東匯澤爲彭蠡，東爲北江，入於海。

> 岷山導江，東別爲沱，又東至於澧。過九江，至於東陵，東迤北會於匯。東爲中江，入於海。

《禹貢》由三部分構成，第一部分是九州制，第二部分是導九山、導九水，第三部分是五服制。正像上古書籍多是經過多時多地多人持續編成一樣，《禹貢》三部分顯然原本不是一書。九州制一篇是原本，導山水是後來附入，因爲九州篇中已有疏導河流的話，不需再加一篇導山水。而且導水可通，山不可疏導，所以導山本來是附會。至於五服制更與大禹治水毫無關

係，因為是最晚附入，所以在全文最末。雖然如此，導山水仍然是寶貴的戰國史料。

有人看到《禹貢》此句說長江過了九江，到了東陵，向東北交會於匯，就說長江向東北注入彭蠡澤。這顯然不能成立，因為此句未提彭蠡澤！此句說的是長江與匯交會，根本不是彭蠡澤！

問題是此句的匯字所指為何呢？東陵所在何處呢？如果不能解決這兩個問題，則不能解決長江與彭蠡澤的相關問題。

東陵，前人主要有以下幾種說法：

1.《漢書·地理志》說《禹貢》的東陵就是江夏郡金蘭縣的東陵鄉（今羅田縣北部）。此說大謬，這個東陵鄉既然在大別山區，不可能是長江流逕處，距離太遠。不過是個同名的地方，東陵就是東山，是個極普通的地名通名。各地都有可能有東陵，不能輕易指為《禹貢》東陵。

2. 宋代易祓《疆理記》、蔡沈《尚書集傳》說東陵是巴陵（今岳陽市），易祓是湖南人，他說自己家鄉的巴陵是東陵，是相對夷陵（今宜昌）是西陵。

這是他的個人推測，沒有任何歷史證據，也說不通，巴陵在九江之西，長江過了九江，不可能再向西流。《禹貢》此句的九江就在今日江西九江附近，因為前一句說過了湖南的澧水，所以九江不可能還在湖南。《山海經·中次十二經》說洞庭山：「帝之二女居之，是常遊於江淵。澧沅之風，交瀟湘之淵，是在九江之間，出入必以飄風暴雨。」洞庭山即岳陽之西洞庭湖中的君山，因為湘君得名，又名湘山。帝之二女即傳說的湘夫人，《史記·秦始皇本紀》說嬴政二十八年（前 219 年），南巡渡江，在此遇到大風，聽說是湘君所為，因而命刑徒三千人伐盡湘山林木。上古的洞庭湖很小，所以湘、資、沅、澧諸水在洞庭湖附近交織，稱為九江。九江本為地名通名，長江附近水網皆可稱為九江。但是澧水既然是洞庭九江附近，則《禹貢》說過了澧水才到的九江肯定不是湖南的九江。

3. 王夫之《禹貢稗疏》說東陵是：「武昌以東，瑞昌以西，江之東岸諸山也。」陳致遠對王夫之的看法進行發揮，認為東陵是鄂陵，今湖北鄂州市。
〔註1〕

但是鄂州附近的長江並沒有立即向東北方轉彎，與《禹貢》原文不合。而且武昌、鄂州都在今江西九江之西，所以此說不確。

---

〔註 1〕陳致遠：《〈禹貢〉「九江」地望說異》，《中國歷史地理論叢》2001 年第 3 期。

4. 程裕均批評陳致遠的觀點，認爲東陵是古代尋陽縣（今湖北黃梅縣）的丘陵。〔註2〕其實錢穆、王毓瑚早已提出東陵在大別山南頭的主張，〔註3〕此說出自《水經注》卷三五《江水》，或許也是一個同名地名。

5. 姚鼐提出一個驚人的觀點，他說東陵在池州，彭蠡澤其實是巢湖。因爲過了九江，就是池州，所以東陵在池州。姚鼐的家鄉靠近池州、巢湖，所以他主張此說，他的同鄉望江縣人倪文蔚也附和此說。〔註4〕此說顯然不能成立，所謂彭蠡澤是巢湖，根本是誤解了詞性，東匯澤爲彭蠡，這個匯是動詞。而東迤北會於匯，這個匯是名詞。

6. 魏源提出一個新說，說漢代西陵縣在今黃岡，所以東陵在蘄州（今蘄春）之東的譚家磯。〔註5〕此說缺乏歷史依據，是個人臆測。

其實《禹貢》東陵，應是漢代廣陵郡的東陵，附在劉曄《後漢書》末尾的司馬彪《續漢書·郡國志三》廣陵郡說：

> 廣陵縣，有東陵亭。

李賢注引《博物記》曰：

> 女子杜姜，左道通神，縣以爲妖，閉獄桎梏，卒變形莫知所極。
>
> 以狀上，因以其處爲廟祠，號曰東陵聖母。

這個東陵在東漢就有，因爲在廣陵（今揚州）之東得名，即今江都之東的宜陵鎮。

這個東陵既然在揚州，清代揚州學派的大學者們豈能不留心？阮元說，《禹貢》的東陵從舒城縣一直延伸到揚州東陵。他注意到了揚州東陵，可惜未能肯定揚州東陵的專屬地位，因爲他未能看出東迤北會於匯的匯。

《禹貢》導九水章說長江：「東迤北會於匯。」會是動詞，所以匯肯定是個地名，長江和匯水交匯。

孔穎達《正義》以爲是匯合彭蠡澤，曾運乾已經指出此解錯誤，因爲《禹貢》導九水的上一條說漢水：「南入於江，東匯澤，爲彭蠡。」如果下一句的匯也是彭蠡澤，爲何又改稱爲匯呢？

〔註2〕程裕均：《評〈禹貢〉「九江」地望說異》，《中國歷史地理論叢》2004 年第 2 期。

〔註3〕錢穆：《古史地理論叢》，北京：三聯書店，2004 年，第 275 頁。王毓瑚：《讀〈禹貢〉隨記》，《中國歷史地理論叢》1997 年第 4 期。

〔註4〕〔清〕倪文蔚：《禹貢說》，《續修四庫全書》第 55 冊，第 428 頁。

〔註5〕〔清〕魏源：《禹貢說》，《續修四庫全書》第 55 冊，第 283 頁。

曾運乾說，匯（滙）就是淮字的通假字，古代長江、淮河本來相通，《孟子‧滕文公上》孟子說大禹：「決汝、漢，排淮、泗而注之江。」〔註6〕

我認為，曾運乾的這個觀點至關重要，他的看法和我完全一致。匯確實是淮字的通假，但是此句的長江東北流不是指長江的支流，而是邗溝。因為孟子說的大禹治水故事是戰國時期人的誇大，大禹治水在黃河流域，不在江淮。所以淮河未曾注入長江，《禹貢》說長江從東陵（江都宜陵），向東北會合淮河，其實是指邗溝。

因為《左傳‧哀公九年》和《國語‧吳語》記載吳王夫差為了率領水軍到中原的黃池（在今河南封丘縣）會盟，開挖深溝，連通江、淮，即後世所說的邗溝，演變為今大運河的一段。

據《水經注‧淮水》，邗溝從廣陵縣北出武廣湖、陸陽湖（即今江都淥洋湖）之間，注樊梁湖，東北至博芝湖、射陽湖（今寶應縣射陽湖鎮附近），又西北至山陽縣（治今淮安市淮安區）。

邗溝先向東北，再向西北，交會淮河。如果《禹貢》導水篇的原作者手上拿著一個不很精確的地圖，上面畫了連接江、淮的邗溝，這個作者誤把邗溝當成長江下游的一條支流，又看見圖上在廣陵東北有東陵二字，自然要寫說長江至於東陵，東迆北會於淮。淮、匯相通，傳抄失誤，寫成匯字。

再看《禹貢》導九水：

　　嶓冢導漾，東流為漢，又東，為滄浪之水，過三澨，至於大別，南入於江。東匯澤為彭蠡，東為北江，入於海。

　　岷山導江，東別為沱，又東至於澧。過九江，至於東陵，東迆北會於匯。東為中江，入於海。

既然，漢水已經在今武漢注入長江，為何又匯為彭蠡澤、又東為北江、入於海呢？

桑欽的《水經》就誤信今本《禹貢》的錯誤，認為長江到彭蠡為止，以下的長江歸入沔水（漢江），而且桑欽又誤信班固《漢書》的南江，認為長江到了石城縣（今池州），向東分出一支，一直流到餘姚。這是桑欽《水經》最大的敗筆，酈道元《水經注》也不改正，因為他們都是北方人，不明南方地理。

〔註6〕曾運乾：《尚書正讀》，北京：中華書局，1964年，第80頁。

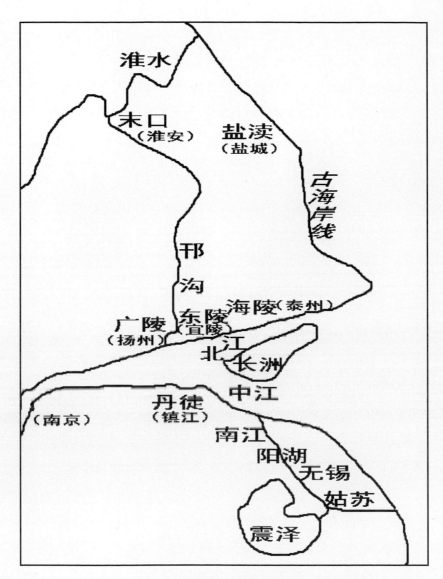

長江至東陵東迆北會於匯、北江、中江圖

　　清代人竟還有人認爲長江、漢水合流之後，仍然分爲兩支獨立入海，眞
是荒謬無比，就是爲了遷就今本《禹貢》的錯誤。〔註7〕

　　其實「東匯澤爲彭蠡，東爲北江，入於海」一共十三個字，正是一條竹
簡的數字，是一條錯簡，應插入下一句長江之中的九江和東陵之間。

　　所以原文應是：

> 嶓冢導漾，東流為漢，又東，為滄浪之水，過三澨，至於大別，南入於江。【移出：東匯澤為彭蠡，東為北江，入於海】
>
> 岷山導江，東別為沱，又東至於澧。過九江，【移入：東匯澤為彭蠡，東為北江，入於海】。至於東陵，東迤北會於匯。東為中江，入於海。

所以，所謂的北江，其實是指到了廣陵，分出一支向北的支流。所謂的長江東迤北會於匯，指的是邗溝。

看來不僅九州篇的作者是北方人，導九水的作者也是北方人，他不熟悉長江流域，連淮河也不熟悉，所以導九水篇說：「導淮自桐柏，東會於泗、沂，東入於海」。沂水注入泗水，泗水注入淮水，沂水不是單獨注入淮水。說明導九水篇的作者不可能是東方或南方人，齊魯人應該熟悉淮河下游，而西北人不熟悉。所以他應該熟悉黃河、濟水，所以黃河、濟水詳細，甚至說到弱水、黑水，說明他重視西北。

南宋鄭樵曾經懷疑「東匯澤為彭蠡，東為北江，入於海」十三個字是衍文，朱熹《彭蠡辨》認同。其實這十三個字不是衍文，而是錯簡。

蔡沈《尚書集傳》說彭蠡澤是江西諸水合流，不是江漢所入，所以原文應是南匯澤為彭蠡、南會於匯、北為北江，他說大禹之時，彭蠡澤是三苗所居，大禹不敢深入，所以致誤。此說改字太多，也不能解決漢水注入彭蠡澤的問題，不能解決匯、東陵、北江的問題。

清代人秦瀛看不懂蔡沈的原話，認為蔡沈誤以為巢湖是彭蠡澤，其實蔡沈先是懷疑巢湖，最終仍然肯定彭蠡澤是鄱陽湖。秦瀛引用邵寶的話，認為江漢和彭蠡澤的水在彭蠡澤的北部交匯，所以說北會於匯。[註8] 但是此說仍然誤以為匯在彭蠡澤之北，不知匯是淮，不知東陵在今揚州之東，不明北江、中江都在今江蘇，顯然仍然是牽強附會。

## 第二節　長洲之北的北江

長江口原來在廣陵（今揚州），其東南原來有個很長的沙洲，稱為長洲。長洲之北，原來有一條支流，就是北江。

---

〔註8〕秦瀛：《彭蠡說》，《小峴山人文集》卷一，《清人文集地理類彙編》第五冊，第 666 頁。

這個長洲，首見於《山海經‧海內東經》附錄的《水經》，我另有《山海經》專著論證這篇《水經》出自上古。這篇《水經》的第 1 條說：

> 岷三江，大江出汶山，北江出曼山，南江出高山，高山在成都西，入海、在長州南。

長江入海口在長州之南，郝懿行注：「《郡國志》云：東陽故屬臨淮，有長洲澤。洲當爲州也。又案成都、長州亦皆周以後地名，蓋校書者記注之。」郝懿行沒有發現這篇《水經》原來不屬《山海經》，他仍然認爲《山海經》是大禹所作，所以說這是周代之後地名。郭郛認爲此處長洲在蘇州，因爲蘇州在唐代至清代曾設過長洲縣，而且《越絕書》、《吳越春秋》中說吳王「走馬長洲」。〔註9〕

他不知道江北也有長洲，王應麟的《困學紀聞》卷十《地理》說：

> 余仕於吳郡，嘗見長洲宰其圖扁曰茂苑。蓋取諸《吳都賦》。余曰：「長洲非此地也。」問其故，余曰：「吳王濞都廣陵。《漢郡國志》：廣陵郡東陽縣有長洲澤，吳王濞太倉在此。東陽，今盱眙縣，故枚乘說吳王云『長洲之苑』，服虔以爲『吳苑』，韋昭以爲長洲在吳東，蓋謂廣陵之吳也。」曰：「它有所據乎？」曰：「隋虞綽撰《長洲玉鏡》，蓋煬帝在江都所作也。長洲之名縣，始於唐武后時。」《元和郡縣志》苑在長洲縣西南七十里，未足據也。當從《郡國志》。

王應麟認爲吳王所遊的長洲在揚州，他舉出的證據有三：

1. 《續漢書‧郡國志四》廣陵郡東陽縣有長洲澤
2. 《漢書‧賈鄒枚路傳》所錄枚乘說吳王劉濞語云：「轉粟西鄉，陸行不絕，水行滿河，不如海陵之倉；修治上林，雜以離宮，積聚玩好，圈守禽獸，不如長洲之苑」，吳王劉濞都廣陵（今揚州市），這個長洲應該在今揚州附近。
3. 隋代虞綽撰有《長洲玉鏡》，因隋煬帝在揚州而作

其實吳王所遊的長洲不一定在江北，但是長江口確實有一個長洲。但是王應麟所說有誤，這個廣陵郡的長洲不在東陽縣。今按《續漢書‧郡國志四》廣陵郡東陽縣下說：

> 故屬臨淮。有長洲澤，吳王濞太倉在此。

王應麟沒發現廣陵郡下說有 11 縣，而實際只列出 10 縣，顯然漏記一縣，嘉慶

---

〔註9〕郭郛：《山海經注證》，中國社會科學出版社，2004 年。

《重修揚州府志》已經補出這裡漏掉的海陵縣。〔註10〕海陵縣在西漢已有，後世一直存在，其地域很大，唐代之前的海陵縣，包括今江蘇泰州市、興化市、泰興市、如皋市、如東縣、東臺市西部、大豐市西部。海陵縣地域廣大，東漢時不應裁併。海陵縣原應在盱眙縣之後，長洲屬海陵縣。因為海陵縣漏載，導致後人誤以為長洲澤在盱眙縣。

《續漢書‧郡國志》東陽縣下注云：

> 縣多麋。《博物記》曰：千千為群，掘食草根，其處成泥，名曰麋畯。民人隨此畯種稻，不耕而獲，其收百倍。又扶海洲上，有草名蒒，其實食之如大麥，從七月稔熟，民斂獲至冬乃訖，名曰自然穀，或曰禹餘糧。

所謂扶海洲，也是海中一島，後人一般認為在今如皋市。既然注文提到海島，則長洲澤三字的前面，原來應該是海陵縣，而不可能是東陽縣。因為東陽縣城在今江蘇省盱眙縣東南部，遠在內陸，並不靠海。《漢書‧地理志》云臨淮郡海陵縣有「江、海會祠」，說明長江在海陵縣入海，這也證明長洲及長洲澤確實在海陵縣。

因為海陵縣的扶海洲有野生稻，糧食產量很高，所以《漢書》卷五一《枚乘傳》說，淮陰人枚乘，對吳王劉濞說：

> 轉粟西鄉，陸行不絕，水行滿河，不如海陵之倉。

海陵縣的糧倉充實，從這裡通過運河（今通揚運河前身），把糧食向西運到廣陵縣（今揚州市）。

泰州沿海的野生稻是紅色，左思《吳都賦》說：「觀海陵之倉，則紅粟流衍。」唐徐敬業《討武曌檄》說：「海陵紅粟，倉儲之積靡窮。」陸游《劍南詩稿》卷五一《對食戲作》詩云：「香粳炊熟泰州紅，莒甲蓴絲放箸空。不為休官須惜費，從來儉樸是家風。」泰州人夏荃《退庵筆記》卷八《海陵紅》，引用上述古籍，查對《泰州志‧物產》，發現有馬尾赤、紫紅芒、深水紅、秋紅糯等品種。

海陵縣治在今泰州，泰州南面就是長江口。長洲原來應該是長江口的大洲，在漢代之前，長江的幹流就在長洲之南入海。

西漢時期，這個長洲仍然是個海島，介於臨海郡海陵縣和會稽郡之間。由於在兩郡之間，又有長江隔絕，所以臨淮郡人瓜田儀在此起兵。《漢書》卷

---

〔註10〕吳子輝：《揚州建置筆談》，江蘇古籍出版社，2002年，第101頁。

九十九下《王莽傳下》天鳳四年：

> 臨淮瓜田儀等爲盜賊，依阻會稽長州，琅邪女子呂母亦起。

東漢時期，這個長洲已經和北岸聯結，原來的長江北支成爲一條狹長的沼澤，這就是《續漢書》記載的長洲澤。

　　前人曾經總結長江三角洲的演化規律，北岸的演化是不斷形成沙洲，並和北岸併合。〔註 11〕前人所知最早並岸的沙洲是扶海洲，大概在六朝時期併入北岸，原來的長江北支變成今如皋縣東部的長條形低地。其後在今南通市區附近形成了胡逗洲，在楊吳天祐年間併入北岸。其後又在今海門市形成了海門島，在南唐末年併入北岸。其後又形成了崇明島，按照長江口的演變規律，崇明島早已應該併入北岸。現在因爲人爲原因，尚未併入北岸，但是崇明島在未來一定會併入北岸。因爲在崇明島的南面已經出現了長興島，而且日益擴大。

　　另外，今江蘇省靖江市原來也是一個長江口的海島，稱爲馬馱沙，約在明清之際和北岸併合。但是最早的移民多數來自南岸，所以現在靖江市在長江北岸，但是主要方言是吳語。原來介於靖江、泰興之間的長江北支演變爲沼澤，又變爲今日的界河，由此我們可以看到長洲澤的身影。

　　我們不清楚扶海洲、胡逗洲的形狀，因爲沒有任何相關資料。現在的所有歷史地圖集上對這兩個島的描繪都是示意圖，但是宋代之後資料增多，所以我們可以肯定海門島是長條形的，我們也可以清楚地看到靖江島、崇明島、長興島都是長條形的。所以我們可以推定，長洲很可能也是長條形的沙洲。

　　在《江蘇地貌圖》上，稱長江以北的古代沙嘴爲高沙平原，分爲微凸、微凹兩種地貌。〔註 12〕微凸的高地，分爲三塊，一塊是從揚州城，向東延伸到泰州城。第二塊是從泰興西北部，向東北延伸到泰州城的東南。第三塊是從泰興東北部，向東北延伸到如皋城。三塊高地之地是兩條低窪地帶，再泰興、如皋高地東南也有一個低窪地帶。

　　第一塊高地從揚州城到泰州城，是東西向，因爲其南的長江受寧鎮丘陵約束，也是東西向。第二塊高地向東北延伸，因爲寧鎮丘陵在丹徒之東結束，

〔註11〕　陳吉餘：《兩千年來長江河口發育的模式》，原刊於《海洋學報》第 1 卷第 1 期，1979 年。收入《陳吉餘（伊石）2000——從事河口海岸研究 55 年論文選》，華東師範大學出版社，2000 年，第 174 頁～181 頁。
〔註12〕　江蘇省地圖集編輯組：《江蘇省地圖集》，1978 年，內部發行，第 10 圖《江蘇地貌》。

長江主流轉向東南，北部分出的支流向東北流。

揚州城到泰州城的沙嘴成陸最早，不是長洲。長洲應是泰州東南兩塊高地之一，長洲澤是其北的低窪地帶，也即上古的長江北支汊道。

從泰興到如皋的那塊高地，可能成陸較晚，應即漢代的扶海洲。前人誤以為扶海洲在如皋、如東之間，現在看來不符合自然地理，如皋、如東之間的東西向沙嘴應是在六朝時期成陸，所以不是西晉之前的扶海洲。

所以長洲澤應在泰州東南，其東南的那塊從泰興延伸到姜堰的高地就是上古的長洲。

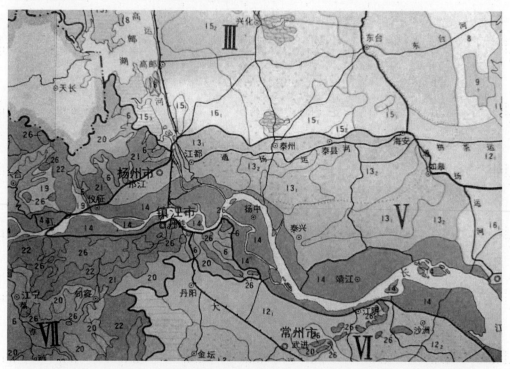

江蘇地貌圖局部（V長江沖積平原：13-1 高沙平原微凸，13-2 高沙平原微凹）

長洲澤的前身就是長江的北支汊流，也即真正的北江。現在這塊低地還能從地形圖上看得出形狀，大致從今江都東南角向東北延伸，現在江都東南角的小蕩子、大蕩子、李家蕩、欒家蕩、浦頭、野孫莊、東野莊、野莊、野田等地名都在低地。〔註13〕延伸到了泰州南部，有野徐莊、野張蕩、仲家蕩、王家蕩、陳家莊蕩、李家莊蕩、馬家蕩、褚家凹、蔣家大窪子、渡船口，都

---

〔註13〕江都縣地名委員會：《江蘇省江都縣地名錄》，1983 年。

在低地，在野徐鎮、白馬鎮南部。再向東北，有王家垛、唐家垛、朱家垛、許家垛、孔家垛、孟家垛、劉家垛、錢家垛、周家垛、褚家垛、張家垛、馬家垛、蔡家垛、吳家垛、李家垛、何家垛、袁家垛、沈家垛、竇家垛、吉家垛，在今張甸鎮西北，﹝註14﹞比上述蕩地稍高，但是比兩側低窪。垛是人工堆築的墩臺，垛是墩的同源字。

　　這條低窪地帶的東南有張甸鎮坡嶺、嶺家莊、沙梓橋、大泗鎮沙港，這些地名都在高地，也即長洲之上。沙梓橋即沙子橋的雅化，是通泰地方常見的地名雅化。沙子橋正是在沙洲之上，也即長洲之上。

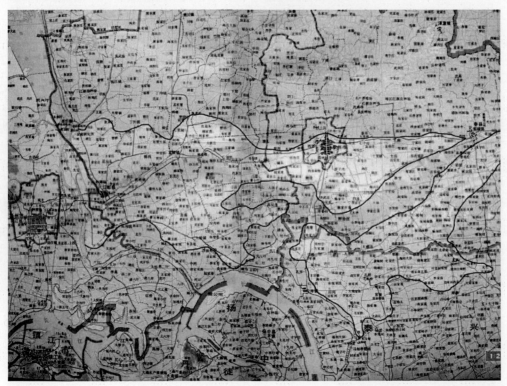

揚泰高地、長洲高地及其中間的長洲澤窪地﹝註15﹞

　　在這條低窪地帶的兩側，看不到密集的蕩、垛地名，因爲兩側都是高地。低窪地方之中，也有差別，蕩集中在江都浦頭鎮、泰州野徐鎮，原來靠近長江，地勢更低。垛集中在白馬鎮、張甸鎮，比蕩的地勢稍高。

﹝註14﹞泰縣地名委員會：《江蘇省泰縣地名錄》，1983年。
﹝註15﹞底圖來自江蘇省地圖集編輯組：《江蘇省地圖集》，1978年，第40圖《揚州市、泰州市、邗江縣、江都縣、泰縣》。黑線表示高地邊緣，是本書添加。

至於江都浦頭鎮南部到泰州口岸、永安洲一帶，更是很晚才漲出的沙洲，所以地名以圩爲主，〔註16〕圩讀爲圍，即圍田。

長洲的東北角在今姜堰一帶和北江北部的沙嘴相連，北江北部的沙嘴從揚州向東延伸到宜陵、海陵，海陵原來在海中突出的沙嘴上，故名海陵，不是因爲靠海才叫海陵。

## 第三節　南江在今江陰、無錫、蘇州

既然《禹貢》「至於東陵，東迆北會於匯」指的是邗溝，則其下一句，所說的中江入海，其實是指長江的幹流。

後人多誤以爲北江是長江的幹流，找不到中江，於是說江蘇高淳的固城湖和溧陽之間有水道，從水陽江下游通到固城湖，向東到淳溧河，再東到宜溧漕河，稱爲中江。《漢書·地理志》丹陽郡蕪湖縣：

> 中江出西南，東至陽羨入海，揚州川。

陽羨縣在今宜興，明明是注入太湖，不可能入海，可見不可能是《禹貢》的中江。從地形圖可以看出，固城湖和溧陽之間是分水嶺，原來不可能連通，今天的運河是人爲開鑿。

固城遺址在今固城鎮東新建村，平面呈長方形，有兩重城牆，子城東西長約 200 米，南北寬約 120 米，外城東西長約 1000 米，南北寬約 800 米。城垣多依山而建，城外有壕溝，在外城南部曾出土楚國貨幣及陶片，〔註17〕說明楚國也一直經營此城。固城可能是後世的說法，當時的記載只有瀨門或瀨湖。《史記·樗里子甘茂列傳》記載甘茂對楚懷王說：「且王前嘗用召滑於越，而內行章義之難。越國亂，故楚南塞厲門而郡江東。計王之功所以能如此者，越國亂而楚治也。」這裡說楚懷王趁著越國內亂而佔領江東，設郡管理。

這一段史料實際上是司馬遷取材於《戰國策·楚策一》：

> 且王嘗用滑於越，而納句章，昧之難。越亂，故楚南察瀨胡，
> 而野江東。計王之功所以能如此者，越亂而楚治也。

後一段有錯字，原文應是「南塞瀨門而郡江東」，也有可能是瀨胡，胡通湖，類似楚秦之際的江胡郡即江湖郡。

---

〔註16〕泰興縣地名委員會：《江蘇省泰興縣地名錄》，1983 年。
〔註17〕國家文物局主編《中國文物地圖集·江蘇分冊》，中國地圖出版社，2008 年，上冊第 160 頁，下冊第 144 頁。

瀨是越語對淺灘的說法，《漢書‧武帝紀》臣瓚注：「瀨，湍也，吳越謂之瀨，中國謂之磧。伍子胥書有下瀨船。」古代的瀨字地名都在南方，《元和郡縣圖志》卷二六處州麗水縣（今浙江麗水市）說：「麗水本名惡溪，以其湍流險阻，九十里間五十六瀨，名爲大惡。隋開皇中改爲麗水，皇朝因之，以爲縣名。」〔註18〕麗、瀨古音相近。

瀨湖即今固城湖、石臼湖、丹陽湖，古代是連爲一體的大片湖泊。楚國佔領江東，也是從胥溪突襲，而沒有從今南京市區沿江推進。《越絕書》卷一《荊平王內傳》說伍子胥：「至溧陽界中，見一女子擊絮於瀨水之中。」〔註19〕

溧陽其實就是因爲在瀨水（胥溪）之北而得名，上古音的瀨是來母月部lat，後者是來母質部 let，所以讀音十分接近。溧陽縣在古代多數時期，屬於今南京市管轄。《宋本太平寰宇記》卷九〇溧陽縣：「其縣元在溧水縣東南九十里，天復四年移於此，即今理。」〔註20〕《舊唐書‧地理志》說：「溧水，漢溧陽地。隋爲縣。」唐代溧陽縣治在今溧水縣治東南90里，即今溧陽縣南渡鎮舊縣村。

溧水縣是隋代從溧陽縣析出的，古溧陽縣轄境溧水、溧陽、高淳三縣。《元和郡縣圖志》卷二六溧水縣說：「本漢溧陽縣地，隋開皇十一年，宇文述割溧陽之西、丹陽之東置。」

古溧陽縣治，《南京建置志》引南京舊志，認爲即固城遺址。但是《太平寰宇記》卷九十昇州溧水縣的古固城條說：

> 按《滕公廟記》云：「其城是吳瀨渚縣地，楚靈王與吳戰，遂陷此城，吳移瀨渚於溧陽十里，改陵平縣。靈王崩，平王立，使蘇䢃爲將，戰於吳。吳軍敗，收吳陵平縣，改爲平陵縣。自平王聽費無極佞言，伍員奔吳，闔閭用爲將軍，舉兵破楚，楚奔南海。固城宮殿逾月煙焰不息，其城從茲廢矣。」城廣二千七百五十步。

其實後世地方志裏的材料都是抄錄《太平寰宇記》，這裡說固城原是吳國的瀨渚縣，楚靈王佔領此城，吳國在溧水之北十里另立陵平縣。楚平王又佔領陵平縣，改爲平陵縣。固城不可能是後代的溧陽縣城，因爲瀨渚就是瀨湖的意思，城在大湖旁邊，不可能叫溧陽。

---

〔註18〕〔唐〕李吉甫撰、賀次君點校：《元和郡縣圖志》，北京：中華書局，1983年，第624頁。

〔註19〕俞紀東譯注：《越絕書全譯》，貴州人民出版社，1996年，第18頁。

〔註20〕〔宋〕樂史：《宋本太平寰宇記》，北京：中華書局，2000年。

溧陽必然在溧水之北，即平陵縣。越語即今侗臺語系語言，把定語置於主語之前，所以吳人稱爲陵平縣。六朝時期的溧陽縣，就是今溧陽縣舊縣村，因爲《太平寰宇記》溧水縣的廬山條說：「在縣東二十里，山謙之《丹陽記》云：溧陽縣西八十里，有廬山，與丹陽分嶺。」山謙之是劉宋時人，廬山即今溧水縣東二十里的蘆山，正是在舊縣村西北八十里。但是兩縣之間的道路不可能翻過此山，而是取道其山西南的平路，所以溧陽縣條說舊縣在溧水縣東南九十里，而不是一百里。《元和郡縣圖志》溧陽縣下說：「溧水，在縣南六里。」今舊縣村正是在胥溪河北 5 里，所以古溧陽縣就在今舊縣村。

在高淳縣東北部的椏溪鎮南城，存還有春秋時期的南城遺址，平面呈不規則圓形，周長約 600 米，城外有壕溝。南城不在聯結固城湖與太湖的胥溪沿岸，而在丘陵地帶，扼守太湖流域與秦淮河流域的要道，因此也是一個與南京城市建設密切相關的古城。在今溧水縣、江寧區有銅礦、鐵礦，春秋戰國時期，銅鐵礦已經是各諸侯國重點經營的資源，而南京位於吳頭楚尾的諸國邊境地區，因此要聯結太湖流域與此的交通，所以必須修建南城。

這個城很可能就是《太平寰宇記》開化城，卷九十溧水縣古開化城說：「去縣九十里，在固城東，即溧水舊縣。」溧水縣初置時可能在此，後移現址。《元和郡縣圖志》說平陵山在溧陽縣南十八里，《太平寰宇記》說平陵山在溧陽縣北三十五里，不管怎樣，平陵山離平陵山比較遠，而溧水比較近，所以秦代就改名爲溧陽縣了。因爲溧水貫通長江、太湖，是交通要道，所以比較重要。

吳楚長期在這一帶戰爭，所以固城湖和溧陽之間可能很早就開挖了運河，吳人擅長開河。但是這條運河，可能是人工開鑿，而非天然河道，所以不應是所謂南江，古人不應分不清江和渠。

既然有北江、中江，則應還有南江。雖然《禹貢》原文不提南江，或許因爲南江不能和北江、中江相提並論，或許因爲南江逐漸淤淺。如果存在一條南江，應在北江、中江分叉處，也即在揚州之南，應在鎮江。鎮江地處長江南岸，沿江有很多丘陵，長江在此不會分叉。但是上古就有江南運河，也即從鎮江向南通到蘇州的水道，這也是吳國利用天然河流改造。

這條古江南運河，見於《越絕書》第三《記吳地傳》：

> 吳古故陸道，出胥門，奏出土山，度灌邑，奏高頸，過猶山，奏太湖，隨北顧以西，度陽下溪，過歷山陽、龍尾西大決，通安湖。

　　　　吳古故水道，出平門，上郭池，入瀆，出巢湖，上歷地，過梅
　　亭，入楊湖，出漁浦，入大江，奏廣陵。

這裡說的都是故道，也就是先秦的古道，不是漢代的新道。漢代的新道即後世的大運河一線，故水道經過巢湖，即今漕湖，先向北，再向西到歷山（今惠山）下的無錫。

　　又說：「無錫湖者，春申君治以爲陂，鑿語昭瀆以東到大田。田名胥卑。鑿胥卑下以南注大湖，以寫西野。去縣三十五里。」語昭湖在今無錫之西，《記吳地傳》說：「陽朔三年，太守周君，造陵道語昭。」此書的陵道，都是陸道的形訛，直到漢成帝陽朔三年（前 23 年），才首次建設了姑蘇城到語昭湖的陸路，說明經過長期開發，語昭湖已經縮小，陸地增多。

　　楊湖，就是陽湖，《太平寰宇記》卷九二常州無錫縣：「上湖，一名射貴湖，一名芙蓉湖，一謂之無錫湖，在晉陵、江陰、無錫三縣界，東去州五十九里。東南流爲五瀉水……陽湖，在晉陵、無錫縣界，在州東六十四里，東南入太湖，二縣中分界……五湖，晉陵、無錫兩縣，中分湖爲界，《南徐州記》云：無錫西三十五里有長渠，南有五湖，向南又有小五湖……五瀉水，在縣北一十四里，無錫、江陰、晉陵三縣界。」

　　說明從蘇州到江北的水路，經過無錫、江陰、常州之間的湖區，向北到長江。今天這片地方仍很低窪，水路穿過這片湖區，再穿過石堰山、秦望山之間的缺口，到山的北面，又是一片湖區，今天地圖上還很清楚，有蔡家蕩、金家蕩、黃天蕩等村名，再向北到今江陰西北部的利港、申港一帶，注入長江。

　　無錫湖在今無錫西北，湖區的東南是前洲鄉，1973 年前洲高瀆灣出土了一組戰國銅器，其中一件的銘文開頭說：「我阝陵君王子申，悠哉造金鑒。」我阝陵，或以爲在宜興義山，〔註 21〕或以爲認爲在淮北，即《說文》：「鄰，臨淮徐地。」〔註 22〕又認爲在今揚州宜陵，〔註 23〕或認爲在無錫。〔註 24〕我認爲，此器的出土證明這一帶確實很重要，是吳國交通要道。

　　我認爲延陵的名字源自江陰西南，今秦望山到芳茂山是細長的丘陵，故

〔註21〕　李零、劉雨：《楚我阝陵君三器》，《文物》1980 年第 1 期。又見劉雨：《金文論集》，紫禁城出版社，2008 年，第 289～295 頁。
〔註22〕　何琳儀：《楚我阝陵君三器考辨》，《江漢考古》1984 年第 1 期。
〔註23〕　何琳儀：《戰國古文字典》下冊，中華書局，第 856 頁。
〔註24〕　吳良寶：《戰國楚簡地名輯證》，武漢大學出版社，2010 年，第 131 頁。

名延陵。《太平寰宇記》卷九二江陰縣說：「延陵季子祠，在縣西三十五里申浦。按《史記・太伯世家》注云季子冢在暨陽西，《隋書・地理志》說江陰縣：「有毗陵山。」西漢毗陵縣城在今常州，因為這列山丘延伸到常州東北。

利港有戰國古城，《太平寰宇記》江陰縣：「利城縣，在奉國寺南，戰國時築，名若溪城，唐武德三年併入江陰縣。」這座古城扼守從姑蘇到江北的水道，很可能是吳國建造，東晉在此僑置了原來在今江蘇贛榆縣西部的利城縣，即今利港。

申港的名字，傳說源自春申君，楚國佔據吳越，原來封在淮北的春申君改封到姑蘇，他要來往於今江陰，《太平寰宇記》卷九二江陰縣：「申浦，楚相黃歇封春申君……開申浦，置田，有上屯、下屯。」《越絕書》第三《記吳地傳》：「無錫歷山，春申君時盛祠以牛，立無錫塘。去吳百二十里。無錫湖者，春申君治以為陂，鑿語昭瀆以東到大田。田名胥卑。鑿胥卑下以南注大湖，以寫西野。去縣三十五里。無錫西龍尾陵道者，春申君初封吳所造也，屬於無錫縣。以奏吳北野胥主嫽。」因為楚人往來姑蘇，必經無錫，所以很多楚人居住在今江陰、無錫，在今江陰、無錫墾田、設防、修路。

利港、申港靠近，其實是秦望山的湖區泄水通道。古代的水道不走今江陰縣城，不走錫澄運河，因為今江陰縣城很晚才興起，今江陰東部地勢較高，西部較低，所以原來西部低窪，有寬闊的河流聯通長江。在今利港、申港之間，有兩塊小高地，所以水流分走兩旁。

從無錫到長江的水道原來是天然河道，南端到姑蘇，聯結從太湖東流的吳淞江，也即《漢書》南江，所以這條古江南運河的原名很可能就是南江，因為在長江之南得名。

南江的北面，正對長洲，其北是北江，所以這才是《禹貢》三江的原型。但是古代北方人既不明江南地理，語焉不詳，而且三江到了秦漢又逐漸淤為一江，所以秦漢人早已不明三江原貌。

著名地理學家丁文江在民國六年（1917 年）考察了溧陽和高淳之間的水道，認為是人工運河，不是天然河道他認為古代長江在今常州分流入古太湖，包括今太湖和滆湖等湖泊，所以這條長江支流是南江。〔註25〕我認為丁文江的看法很有道理，但是準確地說，長江的支流是從今常州的東部進入太湖，今常州西北部地勢較高，常州東部鄰近無錫、江陰就是上文所說的湖區。

〔註25〕吳靜山：《吳淞江》，上海通志館，1935 年，第 7 頁。

# 第四節　震澤三江與長江三江

關於三江的說法，紛繁複雜，大概有以下多種：

1. 班固、司馬彪、司馬貞、王安石、阮元等：長江、蕪湖東出中江、吳縣之南的南江

2. 鄭玄、蘇軾、程瑤田等：漢江、岷江、豫章江（贛江）

3. 韋昭：吳淞江、錢塘江、浦陽江

4. 趙曄《吳越春秋》：浙江、浦陽江、剡江

5. 桑欽《水經》：長江、蕪湖東出中江、石城東出南江

6. 郭璞、歸有光、全祖望等：岷江、松江（吳淞江）、浙江（錢塘江）

7. 顧夷《吳地記》、庾闡《揚都賦》注、陸德明、張守節、蔡沈、閻若璩等：婁江、松江、東江

8. 葉適：揚子江、吳淞江、青龍江

9. 王夫之：大江、婁江、東江

10. 魏源：漢江、大江、自震澤經嘉興至海寧入海之江

班固《漢書‧地理志》涉及這個問題的記載是：

1. 會稽郡吳縣：「具區澤在西，揚州藪，古文以爲震澤。南江在南，東入海，揚州川。」

2. 會稽郡毗陵縣：「江在北，東入海，揚州川。」

3. 丹揚郡蕪湖縣：「中江出西南，東至陽羨入海，揚州川。」

4. 丹揚郡石城縣：「石城，分江水首受江，東至餘姚入海，過郡二，行千二百里。」

5. 蜀郡湔氐道：「《禹貢》崏山在西徼外，江水所出，東南至江都入海，過郡七，行二千六百六十里。」

毗陵縣的江在北，閩本、汪本、監本作北江在北，王先謙說《水經》的《禹貢山水澤地篇》作北江在毗陵北界，應是北江在北。

徐堅《初學記》卷六《地部中》江第四：

> 《漢書‧地理志》注：岷江爲大江，至九江爲中江，至徐陵爲北江，蓋一源而三目。鄭玄、孔安國注云：左合漢爲北江，會彭蠡爲南江，岷江居其中，則爲中江。故書稱東爲中江者，明岷江至彭蠡與南北合，始得稱中也。又《山海經》：三江者，大江、中江、北江也。汶山郡有岷山，大江所出。峽山中江所出，東注大江。岷山

北江所出，東注大江。其源皆在蜀也。又韋昭說：岷江、松江、浙江，亦悉在吳也。又沈懷遠《南越志》曰：廣信江、始安江、鬱林江，亦爲三江，在越也。

但是孔穎達疏：

> 《地理志》云，會稽吳縣，故周泰伯所封國也。具區在西，古文以爲震澤，是吳南大湖名。蓋縣治居澤之東北，故孔傳言南，《志》言西。大澤畜水，南方名之曰湖，三江既入此湖也。治水致功，今江入此澤，故「致定爲震澤」也。下傳云：「自彭蠡江分爲三，入震澤，遂爲北江而入海。」是孔意江從彭蠡而分爲三，又共入震澤，從震澤復分爲三，乃入海。鄭云：「三江分於彭蠡，爲三孔東入海。」其意言三江既入，入海耳，不入震澤也。

此處引鄭玄之話，說三江從彭蠡澤分出，爲三孔入海。所引又和《初學記》不同，如果按照此處三孔入海，則又接近班固之意。孔穎達疏、《初學記》兩書所引鄭玄之話不同，又勾出一椿公案，使清代的大儒們爭訟不已。胡渭從《初學記》之說，很多人以爲《初學記》不合鄭玄本意。〔註 26〕阮元、姚鼐認爲《初學記》所引是僞說，江聲、孫星衍、魏源調和兩說。

桑欽《水經》卷二十九《沔水》：

> 又東過牛渚縣南，又東至石城縣，分爲二：其一東北流，其一又過毗陵縣北，爲北江。又東至會稽餘姚縣東，入於海。

酈道元《水經注》卷二十九《沔水》餘姚縣：

> 郭景純曰：三江者，岷江、松江、浙江也。然浙江出南蠻中，不與岷江同。作者述志，多言江水至山陰爲浙江。今南江枝分歷烏程縣，南通餘杭縣，則與浙江合……江水又東注於海。是所謂三江者也。故子胥曰：吳、越之國，三江環之，民無所移矣。但東南地卑，萬濱所湊，濤湖泛決，觸地成川，枝津交渠，世家分疀，故川舊瀆，難以取悉，雖粗依縣地，緝綜所纏，亦未必一得其實也。

酈道元是北方人，不明江南地理。他引用郭璞的話，又不信郭璞。其實郭璞不僅遷居江南，而且是著名學者，精通地理。酈道元又說，三江的問題無法解決，因爲東南到處是河。

---

〔註 26〕〔清〕丁晏：《禹貢錐指正誤》，《續修四庫全書》第 55 冊，第 346 頁。

　　酈道元此說也爲顏師古、顧頡剛與劉起釪接納，認爲三江是泛稱，不是實指。問題是，長江中游同樣是泛稱很多條江，稱爲九江，不是三江。說三江是泛指，似乎不可信。

　　郭璞說的岷江，就是長江。松江是吳淞江，浙江是錢塘江。我認爲揚州的三江，唯有郭璞說對。

　　焦循在注解九州篇的揚州三江時，認爲三江是指班固所說的長江、中江、分江，在注解導水篇的北江時，又認爲北江是漢水，中江是長江。〔註27〕他在前者從班固之說，因爲鄭玄注釋殘缺，在後說從鄭玄注。很可惜的是焦循是解釋鄭玄的注，沒有自己的體系。

　　楊守敬精通地理，準確區分了九州篇揚州的三江和導水篇長江的三江，他說前人誤以爲九州篇的三江和導水篇的三江爲一，是讀班固、鄭玄的話不夠仔細。班固所說蕪湖中江是揚州的三江，不是導水篇的中江，吳縣之南的南江也是揚州的三江，不是導水篇的南江。楊守敬說，分江水不能通過皖南山地，蕪湖之東的中江也不可能是長江正流，班固所說都不可信，阮元等人不考察地理。楊守敬又說南江不是彭蠡澤，北江指漢水，中江就是長江。楊守敬批評程瑤田，說程瑤田指出酈道元牽合班固的分江水與南江，尚且合理，但是程瑤田以爲班固不稱岷山所出的長江爲北江，所以否定了長江下游爲北江，此說不可取。楊守敬又說郭璞、韋昭、顧夷、庾闡等人的三江說，比班固之說接近揚州的三江，揚州的三江或許是長江、吳淞江、錢塘江。但是長江已經在導水篇，不是揚州專有。所以揚州的三江應是顧夷、庾闡所說的婁江、松江、東江。〔註28〕

　　楊守敬不愧是地理學家，思路非常清晰，正確區分了導水篇的三江和九州篇的三江，指出分江水、中江水的問題。但是他未能發現分江水的實質是錢塘江之誤，又誤以爲注入長江的漢水仍然是北江，未能發現東陵、長洲的眞相，自然不能解開導水篇的三江謎團。他說南江未在《禹貢》出現，所以不必討論，其實是迴避了南江的問題。他說的揚州三江全在吳地，未免太小。

　　我認爲，要解決揚州的三江問題，還要看其他史書。《國語》卷二十《越語上》說：

〔註27〕〔清〕焦循：《禹貢鄭注釋》，《續修四庫全書》第215、243頁。
〔註28〕楊守敬：《禹貢本義》，《續修四庫全書》第55冊，第592～594頁。

　　　　夫差將欲聽與之成，子胥諫曰：「不可。夫吳之與越也，仇讎
　　敵戰之國也。三江環之，民無所移，有吳則無越，有越則無吳。」
卷二十一《越語下》說：
　　　　范蠡諫曰：「孰使我蚤朝而晏罷者，非吳乎？與我爭三江、五
　　湖之利者，非吳耶？」
吳越有三江環繞，則三江不可能全在吳地。揚州三江，一定是最大的三條江，
一定有錢塘江。長江、錢塘江之外，第三條應是吳淞江。所以，揚州原文的
三江應是長江、錢塘江、吳淞江。
　　吳淞江也見於《越絕書》第三《記吳地傳》說：
　　　　千里盧虚者，闔盧以鑄干將劍。歐冶僮女三百人。去縣二里，
　　南達江。
　　　　　吳古故祠江漢，於棠浦東，江南爲方牆，以利朝夕水。古太伯
　　君吳，到闔盧時絕。
吳國都城之南二里，有江，無疑是吳淞江。吳國古江海祠，在江南。朝夕水，
即潮汐，古代潮汐可以到內地。江漢是江海之訛，漢水不在吳。
　　吳淞江的吳是吳郡，淞江，或是中江的音訛，讀音接近。吳淞江是長江、
錢塘江之外的第三大江，又在中間，自然是中江。
　　《史記·春申君列傳》：「吳之信越也，從而伐齊，既勝齊人於艾陵，還
爲越王禽三渚之浦。」《集解》：「《戰國策》曰三江之浦。」又引《吳俗傳》
云：「越王即從三江北岸立壇，殺白馬祭子胥，杯動酒盡，乃開渠曰示浦，入
破吳王於姑蘇。」說明三江靠近姑蘇，而且水網密集，容易拓寬水道。
　　至於其他錯誤說法，分爲幾種。因爲古人的觀點比較複雜，所以下文分
爲三大類錯誤敘述：

## 1. 誤以爲三江是吳越小水

　　一種是誤以爲《國語》的三江全部在吳，或全部在越，不看原文說的
是環繞吳越。誤以爲三江全部在越，數量不夠，就拿浦陽江甚至剡溪這樣
的小河來湊數，實在是不夠江的資格。誤以爲三江全部在吳，數量不夠，
就拿婁江（瀏河）、東江這樣的支流來湊數，東江就是自震澤經嘉興至海寧
入海之江。
　　朱鶴齡就說，三江不可能是吳淞江的支流婁江、東江，不能用江南水利

來考究《禹貢》。〔註29〕陳一麒也說婁江太小，不能和長江並列。〔註30〕魏源指出，因爲南宋以後的吳越是財賦之區，中江的東壩淤塞，所以三江之說才移到了太湖的下游，宋代郟亶《吳門水利書》、單鍔《吳中水利書》等說爲蔡沈《尙書集傳》採用，此說流行。〔註31〕還有人誤以爲青龍江、吳淞江是兩條河，其實青龍鎭就在吳淞江邊，青龍江是吳淞江的一段。錢穆認爲《班固》所說的南江和分江水都不能成立，所以應該是吳地三江，〔註32〕其實他沒有想到還有第三種情況，那就是長江在今揚州、常州分出的支流。

### 2. 誤以爲南江是分江水

班固《漢書・地理志》丹揚郡石城縣：「石城，分江水首受江，東至餘姚入海，過郡二，行千二百里。」《水經》作者桑欽和《水經注》的作者酈道元都是北方人，正是分裂時期，不能得到南方準確的信息。他們仍然沿用漢代人的記載，影響很大。

很多人誤以爲分江水是南江，趙一清認爲，南江不見於《禹貢》原文，所以班固所說的南江不是《禹貢》三江，趙一清認同韋昭之說。〔註33〕我認爲這是因爲《禹貢》九州篇的揚州三江和導水篇的三江，原本是兩個概念，所以吳越說有理，長江說也合理，但是二者討論的對象不同。

王舟瑤的看法類似，他說班固、酈道元說的南江，未必是《禹貢》南江，是晚近人把這條南江說成是《禹貢》南江。〔註34〕然而王舟瑤如此調和，仍然是一筆糊塗賬，未能解決問題。

我認爲，所謂石城縣出的分江水，其實就是錢塘江。今人往往誤以爲石城縣在今馬鞍山，其實楊守敬的《水經注圖》本來不錯，石城就在今池州，《譚圖》石城縣才錯到馬鞍山，我已經論證石城縣在今池州，〔註35〕向東是皖南

〔註29〕〔清〕朱鶴齡：《禹貢三江辨》，《愚庵小集》卷十二，《清人文集地理類彙編》第四冊，第 1～3 頁。

〔註30〕〔清〕陳一麒：《禹貢三江解》，《詁經精舍文續集》卷一，《清人文集地理類彙編》第四冊，第 59～60 頁。

〔註31〕〔清〕魏源：《禹貢說》，《續修四庫全書》第 55 冊，第 282 頁。

〔註32〕錢穆：《古史地理論叢》，第 278 頁。

〔註33〕〔清〕趙一清：《答禹貢三江震澤問》，《東潛文稿》卷下，《清人文集地理類彙編》第四冊，第 86～88 頁。

〔註34〕王舟瑤：《論近人考禹貢南江之失》，《默庵集》卷二，《清人文集地理類彙編》第四冊，第 99～100 頁。

〔註35〕周運中：《漢代縣治考：江淮篇》，《秦漢研究》第四輯，陝西人民出版社，2010 年。

的高山，不存在長江的支流。石城縣向東到餘姚的大江，只能是錢塘江，錢塘江的源頭靠近石城縣的東部。

分字，顯然是斤字的形訛，分江就是折江，也即浙江、錢塘江。《漢書·地理志》黝縣：「漸江水出南蠻夷中，東入海。」黝縣即今黟縣，正是在石城縣東南，兩縣交界的山地在漢代仍然是蠻夷之地，所以分界不明，古人誤以為浙江出自石城縣，又誤寫為分江，班固誤以為是兩條江。

到了清代，仍然有人相信古代存在這樣一條虛構的分江。〔註 36〕甚至有很多人考證這條虛構的分江通過皖南的山地和天目山，〔註 37〕實在是因為清代的文人太缺乏科學常識。連魏源也相信分江的存在，還說古代貴池、涇縣山谷之間有孔穴相通，純屬臆測，迷信班固。〔註 38〕魏源的揚州三江主班固之說，又維護鄭玄的彭蠡三江說，於是調和說一在上游，一在下游。

望江縣人倪文蔚的家鄉緊鄰池州，他提出分江水是長江南岸的長江汊流，又說分江水不可能越過皖南山地。〔註 39〕倪說已有進步，指出了分江不存在，但是他的長江汊流說也不能成立。

清代人蕭穆指出，班固所說的分江水是浙江（錢塘江），但是他又說郭璞所說的浙江是岷江之南江，不是漸江，漸江是今錢塘江，從郭璞開始誤以為浙江是漸水。〔註 40〕蕭穆是安徽桐城人，熟悉安徽地理，所以他敏銳地看出分江水就是浙江，但是他誤以為浙江不是漸江，又說郭璞混淆，這兩個看法都錯了。浙江就是漸江，也不是郭璞混淆。酈道元《沔水注》所引郭璞的話是解釋揚州三江，而《初學記》所引郭璞的話是解釋《山海經·中次九經》的四川三江，是在兩個不同語境下出現。這和郭璞解釋揚州三江毫不矛盾，後人誤解。因為三江也是地名通名，各地都可以有。

鄒漢勳不承認分江水是南江，認為班固所說的中江水是南江，北江仍然

---

〔註36〕〔清〕楊椿：《三江論》，《孟鄰堂文鈔》卷十，《清人文集地理類彙編》第四冊，第 4～6 頁。

〔註37〕〔清〕邢澍：《南江考》，《守雅堂稿輯存》卷二，《清人文集地理類彙編》第四冊，第 96～98 頁。〔清〕吳汝綸：《答張廉卿書》、《再復張廉卿論三江書》，《桐城吳先生文集》卷一，《清人文集地理類彙編》第四冊，第 63～71 頁。

〔註38〕〔清〕魏源：《禹貢說》，《續修四庫全書》第 55 冊，第 283 頁。

〔註39〕〔清〕倪文蔚：《禹貢說》，《續修四庫全書》第 55 冊，第 428 頁。

〔註40〕〔清〕蕭穆：《禹貢三江說》，《敬孚類稿》卷一，《清人文集地理類彙編》第四冊，第 52～54 頁。

是漢江。〔註 41〕此說雖然不至於誤信分江水，但是仍然不能成立，漢水注入長江就不再是獨立河流。

今天有人不僅誤以爲石城縣在今馬鞍山，還畫出一條不存在的南江，說這條南江竟穿過天目山、苕溪，環繞湖州，到杭州入海。〔註 42〕酈道元的錯誤本來不值一駁，今人竟信以爲眞，令人瞠目結舌！

郭璞解釋四川的三江，因爲《山海經·中次九經》說岷山：「江水出焉，東北流注於海。」東北的崍山：「江水出焉，東流注於江。」再東北的崌山：「江水出焉，東流注於大江。」顯然都在今四川的西北部，是長江上游的支流而已。但是因爲《山海經·海內東經》最末附錄一篇秦代的《水經》開頭說：「岷三江，首大江出汶山，北江出曼山，南江出高山，高山在城都西。入海，在長州南。」有人誤以爲長州在蘇州，誤以爲高山所出的就是南江。〔註43〕

其實這篇上古的《水經》本來不是《山海經》正文，是漢代混入《山海經》，我在《山海經》專著中還有證明。這篇秦代《水經》所說的岷三江顯然就是《中次九經》的岷山、崍山、崌山三江，都在四川，不可能在江蘇。所謂入海在長州南，指的是岷山三江合流，到了江蘇，在長州之南。長江之源和長江之尾的地名不可牽合，不存在高山的南江在江蘇。

### 3. 誤以爲南江在江西、湖南

一種錯誤是認爲南江是彭蠡澤或彭蠡澤附近的九江、贛江，因爲《禹貢》導水篇說：「東匯澤爲彭蠡，東爲北江，入於海。」他們不知此處的北江指的是長江干流，不管是彭蠡澤，還是九江、贛江都不可能是南江。

程瑤田認爲三江是長江、漢江、贛江合流，問題是長江和漢江是在荊州合流，不在揚州。主此說者，引南朝江西名爲南江爲據。但是這是南朝才有的地名，上古不可能有。而且即便是南朝，南江也不是特指江西，廣州之南也有南江。周一良的南江箚記，說南江在江西、嶺南都有。〔註44〕《南齊書》卷十四《州郡志上》廣州：「西南二江，川源深遠，別置督護，專征討之。」

〔註41〕〔清〕鄒漢勳：《三江彭蠡東陵考》，《敎藝齋文存》卷一，《清人文集地理類彙編》第四冊，第 83～85 頁。
〔註42〕王建革：《太湖形成與〈漢書·地理志〉三江》，《歷史地理》第二十九輯，上海人民出版社，2014 年。
〔註43〕〔清〕許宗彥：《禹貢三江說》，《湖海文傳》卷十五，《清人文集地理類彙編》第四冊，第 44～45 頁。
〔註44〕周一良：《魏晉南北朝史箚記》，北京：中華書局，1985 年，第 296 頁。

《陳書》卷一說陳霸先：「尋監西江督護、高要郡守。先是，武林侯蕭諮爲交州刺史，以哀刻失眾心，土人李賁連結數州豪傑同時反，臺遣高州刺史孫冏、新州刺史盧子雄將兵擊之，冏等不時進，皆於廣州伏誅。子雄弟子略與冏子侄及其主帥杜天合、杜僧明共舉兵，執南江督護沈顗，進寇廣州。」卷十三《周敷傳》：「王琳平，授散騎常侍、平西將軍、豫章太守。是時南江酋帥並顧戀巢窟，私署令長，不受召，朝廷未遑致討，但羈縻之，唯敷獨先入朝。」所謂南江，就是江南。江西有南江，因爲江西在長江之南，唐代稱爲江南西道。廣州的南江，在珠江之南。南江是江南，不是南面的江。而且是晚出地名，不是上古地名。

江西人李紱說漢水入江稱北江，九江是南江。〔註45〕九江是長江的眾多支流，不可能是一江，此說之誤類同贛江。貴州人黎庶昌在此基礎上，又調和了湖南九江說，發展爲九江是南江，但是包括江西贛江九條支流、湖南九條河流的說法。〔註46〕此說仍然認爲南江在長江中游，大概因爲黎庶昌的家鄉在長江中游，總是不承認三江在長江下游。程廷祚說南江是洞庭湖，因爲漢水注入長江，所以是北江，洞庭湖在中原正南，所以是南江。〔註47〕此說極爲荒謬，不值一駁，不知是否影響了黎庶昌之說。

魏源說鄭玄注的左合漢爲北江、會彭蠡爲南江，應是左合湖漢水爲南江、右合汭漢水爲北江，古代彭蠡澤不是鄱陽湖，是湖漢水，彭蠡澤是北江所注，也是南江之源。〔註48〕魏源左右不分，又臆測彭蠡澤是南江之源，他說的南江是不存在的分江，彭蠡澤不可能注入分江。

張澍指出，漢江是荊州之水，不是揚州之水，所以漢江不可能在三江之列，此說甚是。〔註49〕

至於還有人說三江全在長江中游，有人說三江包括閩江，實在荒謬之極，不值一提。閩江的出現，正如三江全誤在吳越一樣，反映了中國東南地位的

〔註45〕〔清〕李紱：《三江考》，《穆堂初稿》卷十九，《清人文集地理類彙編》第四冊，第7～9頁。
〔註46〕〔清〕黎庶昌：《禹貢三江、九江辨》，《拙尊園叢稿》卷四，《清人文集地理類彙編》第四冊，第89～92頁。
〔註47〕〔清〕程廷祚：《禹貢南江辨》，《青溪集》卷四，《清人文集地理類彙編》第四冊，第93～95頁。
〔註48〕〔清〕魏源：《禹貢說》，《續修四庫全書》第55冊，第284頁。
〔註49〕〔清〕張澍：《三江考》，《養素堂文集》卷十，《清人文集地理類彙編》第四冊，第46～48頁。

上升而已。如果有人提出三江也包括廣東的珠江、臺灣的河流，從中國東南地位上升的角度來看，或許也不足爲奇吧。

　　焦循提出吳淞江、婁江、東江都是從太湖出海，而《禹貢》說三江既入，所以不可能是這三江。〔註50〕我認爲，此說自然有理，但是考慮到《禹貢》的作者是西北人，很可能看到不精確的地圖，聽到不準確的信息，內陸的人想不到沿海有太湖這樣的潟湖，總以爲是河流注入湖泊，想不到沿海的潟湖和大海之間的通道就是河流，所以誤以爲是三江注入太湖，也有可能。

　　總之，《禹貢》本文揚州三江，作者未必清楚，但是吳越人所說的三江很可能是長江、錢塘江、吳淞江。《禹貢》附錄導水篇的北江、中江、南江，指的是長江尾閭的三條支流，原本很短，不能稱爲一江。導水的作者看見揚州三江的說法，不明東南地理，誤以爲地圖上長江的三條尾閭汊道是三江，又誤以爲邗溝是長江支流。

　　所以說，《禹貢》導水篇的作者是西北人，不明東南地理，拿長江尾閭的三條支流來湊數，其實不是吳越人所說的三江。

---

〔註50〕〔清〕焦循：《禹貢鄭注釋》，《續修四庫全書》第 55 冊，第 215～216 頁。

# 第九章　九江、衡山、彭蠡澤名

　　古人多以爲彭蠡澤即鄱陽湖，但是現代有人提出上古的彭蠡澤完全在長江以北，竟與今天鄱陽湖毫無關係！〔註1〕事實果眞如此嗎？我以爲這個新觀點不能成立，古彭蠡澤和今鄱陽湖確實有差異，但不可能毫無關係。如果毫無關係，前人不可能不會發現，不可能有如此重大失誤。今鄱陽湖的南部在上古確實一度是平原，但今鄱陽湖的北部在上古就屬彭蠡澤。上古的彭蠡澤是江南的彭澤與江北的蠡澤的合稱，江北的蠡澤雖然與今鄱陽湖無關，但是江南的彭澤則向南延伸形成今日的鄱陽湖。

　　清代人程瑤田說彭蠡澤源自螺，即旋回，大禹治水，使水流匯入，迴旋成澤，所以《禹貢》說長江：「東匯澤爲彭蠡。」〔註2〕此說純屬臆測，彭蠡澤不可能是大禹治水形成，也不是因爲水流迴旋得名。

　　有人說彭蠡澤的名字源自水大彭彭貌與此湖的蠡形輪廓，引用《詩經・齊風載驅》，「汶水湯湯，行人彭彭。」《漢書・東方朔傳》：「以管窺天，以蠡測海。」〔註3〕我以爲此說不確，南方大湖很多，如果彭指水大，則各大湖都可以稱爲彭澤，不可能成爲專屬地名。上古彭蠡澤的外形難考，很難說就是蠡形。小湖可以根據外形定名，大湖很少根據外形定名。用形容水大的字與外形比喻的字合成一個地名，更是令人難以接受的說法。本文提出彭蠡澤源

---

〔註1〕　張修桂：《中國歷史地貌與古地圖研究》，社會科學文獻出版社，2006 年，第166～170 頁。

〔註2〕　〔清〕程瑤田：《鄭注三江於彭蠡於字解》，《通藝錄》，《清人文集地理類彙編》第四冊，第 77～79 頁。

〔註3〕　劉文政：《彭蠡澤與鄱陽湖考》，《南昌大學學報（社會科學版）》1996 年第 2期。

自彭氏、雷氏，彭、雷都是彭蠡澤周邊大姓。

上文已經說過，導水篇的「東匯澤爲彭蠡，東爲北江，入於海」這句話不應該在漢水的末尾，而應是江水的錯簡，原文應是：「過九江，東匯澤爲彭蠡，東爲北江，入於海。至於東陵，東迆北會於匯。」則《禹貢》不能證明彭蠡澤在江北，既然長江是匯入彭蠡澤，則江南、江北都是彭蠡澤。

## 第一節　九江與衡山的位置

九江類似九河，本來是通名。凡是江水汊流密集之處，都可以稱爲九江。最早記載九江的是《山海經‧中次十二經》洞庭山：「帝之二女居之，是常遊於江淵。澧沅之風，交瀟湘之淵，是在九江之間，出入必以飄風暴雨，是多怪神，狀如人而載蛇。」洞庭山即今洞庭湖中的君山，傳說是堯女、舜妃所居，靠近長江、澧水、沅水、湘水交匯處。此處的九江是指長江的眾多汊流，在今兩湖交界處，證明九江是通名，不是專名。

今江西九江之北的九江，原在今湖北武穴南部到黃梅南部，《漢書‧地理志》廬江郡尋陽縣：「《禹貢》九江在南，皆東合爲大江。」九江郡，注引應劭：「江自廬江尋陽分爲九。」尋陽縣城在今武穴，其東南的九江，在今武穴到黃梅。九江原本是長江的汊流，因爲這一段長江的南岸是山地，所以長江在北岸散流開來。司馬遷《史記‧河渠書》說：「太史公曰：余南登廬山，觀禹疏九江。」登上廬山，能看到北面的九江，就是這個九江。

秦代的九江郡在今安徽中部、湖北東部和江西，或許正是源自廬山之北的九江。秦漢從九江郡分出衡山郡、廬江郡，所以西漢末年的九江郡範圍縮小，主要在今安徽中部。

很多人以爲《禹貢》九江，指兩湖平原的九江而非尋陽九江。桑欽《水經》最末《禹貢山水澤地考》說：「衡山在長沙湘南縣南……九江地在下雋縣西北。」下雋縣西北即今岳陽，此處九江就是《山海經》的九江。

宋代人胡旦、曾旼提出九江在洞庭說，鄭樵從之。朱熹反對九江在尋陽，認爲九江在湖南，他的理由是尋陽容不下九條江，其實九江指的是長江的汊流，尋陽自然可以有九條分汊。

兩湖平原的九江本來是指長江的眾多汊流，但是古人竟找不到這些汊流的名稱，於是把湘、資、沅、澧等來拿來拼湊，北宋人曾旼說九江是沅、漸、

潕、辰、敘、酉、澧、資、湘，朱熹則去潕、澧，加上瀟、蒸。他們找不到
九條長江支流，就把支流的支流拿來湊。湖南人胡元玉反駁說：「宋儒乃各以
臆，雜取九水當之，強名洞庭爲九江，義不合於古，數不符於今，而謂其說
可信乎？」〔註4〕胡元玉是湖南人，卻主張九江在今江西。雖然九江不在今江
西，而在今湖北的最東部，但是他否定朱熹等人胡拉硬拽，還是合理。

清代胡渭、蔣廷錫等從宋代人的洞庭九江之說，也有很多清代學者駁斥
此說，指出此說爲了遷就九江，說東陵是巴陵，其實古代巴陵不稱爲東陵。

何秋濤說，江南的水都稱爲江，鄭玄既然認爲南江在江西，則九江必然
在湖南。〔註5〕其實江的泛化是很晚出現，直到今天，澧水還不叫澧江。鄭玄
說南江本來不成立。

宋代蔡沈說尋陽九江屬揚州，清代也有很多人誤信此說。〔註6〕其實尋陽
屬荊州，因爲《禹貢》說：「荊及衡陽惟荊州。」衡陽即衡山之陽，衡山即今
大別山，項羽封衡山王，秦設衡山郡，漢設衡山國。《戰國策・魏策一》吳起
說：「昔者，三苗之居，左彭蠡之波，右有洞庭之水，文山在其南，而衡山在
其北。」彭蠡、洞庭之間是三苗，其北的衡山正是今大別山。漢代的南嶽衡
山在今安徽，不在湖南，隋代才南移到今湖南衡山。有人不明此事，以爲《禹
貢》荊州北界的衡山是今湖南衡山，〔註7〕如果是今湖南衡山，則是荊州南界，
則不是荊州的南界不是衡陽而是衡陰！而衡山是今大別山，則衡陽才通。

漢代人已經誤以爲荊州界上的衡山在今湖南，《漢書・地理志下》長沙國
湘南縣：「《禹貢》衡山在東南，荊州山。」這個錯誤延續了兩千多年，雖然
有學者糾正，〔註8〕仍未得到重視。

除了胡元玉，也有不少人認爲《漢書・地理志》記載豫章郡（今江西省）、
長沙國安成縣（今江西安福縣西北）注入湖漢水（今貢水與贛江）的八條支
流，即鄱水（今昌江）、餘水（今信江）、修水（今修水）、盱水（今撫河）、
蜀水（今錦江）、南水（今袁水）、廬水（今瀘水），加上豫章水（今章水）是

〔註4〕 〔清〕胡元玉：《九江考》，《璧沼集》卷二，《清人文集地理類彙編》第四冊，
　　　　 第 116～118 頁。
〔註5〕 〔清〕何秋濤：《禹貢鄭氏略例》，《續修四庫全書》第 55 冊，第 433 頁。
〔註6〕 〔清〕汪世鐸：《九江考》，《汪梅村先生集》卷二，《清人文集地理類彙編》
　　　　 第四冊，第 113～115 頁。
〔註7〕 李零：《茫茫禹跡》，北京：三聯書店，2016 年，第 181 頁。
〔註8〕 徐旭生：《中國古史的傳說時代》，第 352 頁。陳立柱、紀丹陽：《古代「衡山」
　　　　 地望與〈禹貢〉荊州範圍綜說》，《中國歷史地理論叢》2011 年第 3 期。

九江。〔註9〕胡渭認爲彭水（今桃江）在贛江上游，不在九江之列。孫星衍、皮錫瑞認爲有彭水，無盧水，大同小異。

此說出自劉歆，《水經注》卷三十九《贛水》：

> 王莽更名（南昌）縣曰宜善，郡曰九江焉。劉歆云：湖漢等九水入彭蠡，故言九江矣。

王莽改豫章郡爲九江郡，據說因爲豫章郡有湖漢九水。我認爲此說顯然不能成立，《禹貢》導水篇是說長江過九江，這些江西的小河已經遠離長江。而且尋陽的九江本身緊鄰江西，豫章郡改名九江郡，自然也有可能是源自尋陽的九江，也即眞正的九江。

鄭玄解釋《禹貢》荊州的九江孔殷說：「殷猶多也，九江從山溪所出，其孔眾多。」鄭玄認爲九江是山溪，誤導了很多人，使得很多人從江西的中南部的小河中尋找九江。

王夫之提出九江在江漢平原，是大江、清江、魯洑江、潛江、沱江（夏水）、漳江、沮江、直江（油水）、漢江。焦循、魏源等人的說法，接近此說。前人或誤以爲焦循主尋陽說，其實不是。

焦循主張荊州九江在尋陽，說宋人提出的洞庭說不值一辨，他又詳細研究《禹貢》體例，指出注入稱入、交會稱會、分出稱迤，九江孔殷不用這三個字，說明九江就是長江。他又說鄭玄的山溪說正是指長江分爲九道，穿過山間。但是他又說導山篇的九江，過衡山，指的是長江以南的諸山和江中的磯石。〔註10〕焦循的看法雖然接近尋陽說，但是爲了論證鄭玄的山溪說，而牽合太多的山地和磯石，不僅不符合自然地理，還過度解釋了鄭玄的意思，鄭玄傳世之說太簡單，而且模糊了長江以南諸山和磯石的差別。

魏源說接近焦循，他說《水經》下雋西北即江漢平原，九江是荊江九穴分出，既不是洞庭九江，也不是尋陽九江。他先說古代長江到了永濟，東至宿松，尚未築堤，今現代的長江廣闊很多，符合九江。但是又否定尋陽九江，因爲漢代尋陽縣屬揚州盧江郡，所以不是荊州九江。〔註11〕此說也接近焦循之說，非常可惜，魏源雖然成功解釋了尋陽九江的由來，竟不知漢代尋陽縣在揚州盧江郡不能說明上古尋陽屬揚州，漢代揚州不等於上古揚州。而且漢

---

〔註9〕〔清〕莊有可：《九江辨》，《慕良雜著》卷一，《清人文集地理類彙編》第四冊，第 109～112 頁。
〔註10〕〔清〕焦循：《禹貢鄭注釋》，《續修四庫全書》第 55 冊，第 219、231 頁。
〔註11〕〔清〕魏源：《禹貢說》，《續修四庫全書》第 55 冊，第 279～282 頁。

代尋陽縣在廬江郡的西南角，其實已經到了上古荊州之地。

更有甚者，清代人鄒漢勳認爲九江有四個在湖南，即湘、資、沅、澧，有五個在江西，即修、贛、盱、鄱、餘。〔註12〕他把九江又變成了兩省均攤的遊戲，顯然也不能成立，否則史書會出現五江、四江之名。而且九本來是泛指多，本來就不必指實。

尤其甚者是惲敬，說尋陽的九江是秦始皇的九江，彭蠡的九江是王莽的九江，洞庭的九江是《禹貢》的九江。〔註13〕他不懂九江是地名通名，各地都可以有，不必在不同朝代跑來跑去。惲敬是常州人，屬常州學派，不懂考證。

楊守敬說洞庭的九江是荊州的九江，尋陽的九江是導江的九江，這也是一種調和論。〔註14〕

安慶桐城縣人姚鼐駁斥朱熹之洞庭九江說，力主尋陽九江說，他的同鄉望江縣人倪文蔚也同意此說，他說長江到了黃州（今黃岡）、安慶之交，擺脫了山丘的束縛，數百里洲渚縱橫，旁流四溢，正是九江。古代九江郡在安徽中部，《史記・龜策列傳》說神龜出廬江，也在安徽中部。〔註15〕倪文蔚的家鄉靠近尋陽九江，熟悉此處的地理情況。

而且《禹貢》荊州說：「九江納錫大龜。」《史記・龜策列傳》：「神龜出於江水中，廬江郡常歲時生龜長尺二寸者二十枚輸太卜官。」廬江郡即從九江郡析出，所以閻若璩認爲九江在廬山之北。其實《魯頌・泮水》：「憬彼淮夷，來獻其琛。元龜象齒，大賂南金。」正是因爲九江北通淮夷，元龜就是占卜的大龜，《龜策列傳》又記載宋元王因爲獲得來自長江的神龜，因而強國，此龜：「衣玄繡之衣。」實即玄龜。宋國保留商朝崇龜習俗，故有神龜強國之說，宋國之南是江淮。南方稱大龜爲元龜。南朝劉敬叔《異苑》卷三說：「吳孫權時，永康縣有人入山，遇一大龜……野人故呼龜曰元緒。」〔註16〕元緒即黿，即元龜。

〔註12〕〔清〕鄒漢勳：《九江考》，《教藝齋文存》卷一，《清人文集地理類彙編》第四冊，第107～108頁。
〔註13〕〔清〕惲敬：《九江考》，《大雲山房文稿初集》卷二，《清人文集地理類彙編》第四冊，第103～104頁。
〔註14〕〔清〕楊守敬：《禹貢本義》，《續修四庫全書》第55冊，第595頁。
〔註15〕〔清〕倪文蔚：《禹貢說》，《續修四庫全書》第55冊，第429頁。
〔註16〕〔劉宋〕劉敬叔、黃益元校點：《異苑》，《漢魏六朝筆記小說大觀》，上海古籍出版社，1999年，第617頁。

　　《山海經》的《南山經》首篇杻陽山怪水：

　　　　其中多玄龜，其狀如龜而鳥首、虺尾，其名曰旋龜。

《中次六經》密山：

　　　　豪水出焉，而南流注於洛，其中多旋龜，其狀鳥首而鱉尾。

旋龜、玄龜即元龜，此龜是鳥頭蛇尾，即今南方的鷹嘴龜，學名平胸龜，是我國淡水龜中最特殊的一種。這種龜的頭不能縮入殼內，性情兇猛。

　　據我另文考證，杻陽山在今安徽省明光市一帶，密山在今河南省澠池縣附近。中全新世大暖期時，很多南方生物北移。隨著三代氣候變冷，鷹嘴龜也不斷南移到長江流域。商周時期，中原已經沒有鷹嘴龜，只能通過淮夷獲取。因此中原人不熟悉元龜了，戰國時的玄武變成了龜蛇纏繞，真相全失。〔註17〕到了漢代，中原人已經不明玄武為何物。

鷹嘴龜、漢長安城遺址出土的玄武側視圖瓦當（陝西歷史博物館藏）

　　我認為，荊州篇的九江，可能是尋陽的九江，也可能是兩湖平原的九江，或許是兼有兩地，因為從武漢到尋陽之間的長江也有很多汊道，所以九江可能泛指兩湖平原到今九江一帶。

　　而導水篇的九江肯定是江漢平原的九江，因為導山篇說：「岷山之陽，至於衡山，過九江，至於敷淺原。」

　　史書有多個衡山：

　　1. 大別山，也即荊州北界衡陽的衡山，上文已經論證。

　　2. 湖南衡山，《漢書‧地理志下》誤以為是《禹貢》衡山，其實既不是荊州篇的衡山，也不是導山篇的衡山，因為這個衡山和岷山不是一列山脈上。

　　3. 湖北長陽縣的佷山，是《山海經‧中次八經》的衡山，西漢設佷山縣，《水經注》卷三七《夷水》：「夷水又東逕佷山縣故城南，縣即山名也。孟康

〔註17〕周運中：《中國文明起源新考》，第 141 頁。

曰：音恒，出藥草。」很山縣在今長陽縣漁峽口鎮，其北部有一列東西向的山脈，這可能就是橫山（很山）的由來。

很山在長江三峽的東南，正是從岷山延伸而來，所以導山篇的衡山是很山，則九江是兩湖平原的九江。

## 第二節　尋陽九江的名稱與位置

長江在黃梅縣向東分爲九支，到宿松縣西南又會合爲一，《通典》卷一百八十一舒州宿松縣：「有雷水。江水自鄂陵分爲九派，會於此縣界洲上，三百餘里合流，謂之九江口。東得武林洲，即桑落洲之下尾。」所謂鄂陵，指黃梅縣原來屬鄂州，在鄂州之東的長江對岸。《太平寰宇記》卷一百二十五舒州宿松縣：「桑落洲，在縣西南一百九十四里。江水始自鄂陵分派爲九，於此合流，謂之九江口。」九江合流處在今宿松縣西南桑落洲，其東還有武林洲。

關於九江之名，古人有多種說法。《禹貢》揚州：「九江孔殷。」鄭玄注引《潯陽地記》云：「一曰烏白江，二曰蚌江，三曰烏江，四曰嘉靡江，五曰畎江，六曰源江，七曰廩江，八曰提江，九曰菌江。」又引張須元《緣江圖》云：「一曰三里江，二曰五洲江，三曰嘉靡江，四曰烏土江，五曰白蚌江，六曰烏江，七曰菌江，八曰沙堤江，九曰廩江。參差隨水長短，或百里，或五十里。始於鄂陵，終於江口，會於桑落洲。」司馬遷《史記・夏本紀》改譯《禹貢》此句爲：「九江甚中。」《索隱》：「按《尋陽記》九江者：烏江、蚌江、烏白江、嘉靡江、沙江、畎江、廩江、隄江、菌江。又張湞《九江圖》所載有三里、五畎、烏土、白蚌。九江之名不同。」

這四種說法，相同的很少，僅有嘉靡江、菌江、廩江。但是《潯陽地記》的作者張僧監是《九江圖》作者張須無之子，所以四說同源。《永樂大典》卷六千三百三十九引《江州志》：「張僧監，南陽人。父須無，徙尋陽，世爲州別駕從事。僧監善屬文。先是，須無嘗作《九江圖》，具載八州曲折，成江者九，僧監因之，遂作《尋陽記》。」前人指出張須元是張須無之形訛，又誤爲張湞。〔註18〕

因爲諸說同源，比較諸說，仍然可以復原。提江、隄江無疑是沙堤江的脫誤與形誤，沙堤在江岸才通，所以應有沙堤江。三里江，指江面寬闊三里。

---

〔註18〕張國淦：《中國古方志考》，北京：中華書局，1962年，第556頁。

五洲江，指江中有五個沙洲。各地都有蚌，但是白蚌不多，所以蚌江應是白蚌江的脫誤。烏白不通，烏白江原應是烏江，誤把白蚌江的白字聯結在烏字之下了。張須元《緣江圖》與張湞《九江圖》二說皆有三里、烏土、白蚌，但《史記索隱》有五畎，應是五洲之誤，說明畎江又是五畎之脫誤。三里草書，易誤爲源字，所以源是誤字，沙江是源江之壞字。烏江指江水發黑，安徽也有項羽自刎之地烏江，說明是地名通名。

比較以上四說，可以發現《緣江圖》記載最確，因爲是原始地圖，所以最準確。而《尋陽記》是根據原始地理圖書改編的地方志，所以有誤。《緣江圖》所說的九江是：三里江、五洲江、嘉靡江、烏土江、白蚌江、烏江、箘江、沙堤江、廩江。我以爲這九江之名是按照從南到北的次序，三里江在最南，是大江，所以江面最寬，有三里。五洲江靠北，初步形成五個沙洲，尚未連成一片。白蚌江出產蚌類，水已不是很深。烏江發黑，則已經稍爲淤積。再北有箘江、廩江，困、廩都是糧倉，說明人口較多，靠近北部丘陵。中間還有沙堤江，這是爲了防止江水氾濫而築堤，也說明此處人口較多。

## 第三節　彭澤源自彭氏

彭蠡澤，應是由彭澤、蠡澤組成。彭澤一名，很早就出現了，戰國楚國鄂君啓節銘文就有彭澤，其文說：「逾江，就彭澤，就松陽。」郭沫若疑爲彭蠡澤，李平心提出是漢代的彭澤縣，黃盛璋贊同此說。〔註 19〕從鄂君啓節銘文的全文體例來看，此處的彭澤是城邑之名，而非湖泊之名。楚國可能已設彭澤縣，因爲彭澤扼守江淮平原進入江西省的水路孔道，而且是長江中游和下游之間的咽喉之地，所以特別重要。

彭澤與彭姓有關，彭姓的來源比較複雜，中原東部有彭城（今徐州市），和傳說中的彭祖有關。春秋戰國時期，在今彭城附近的徐國從江淮遷居江西，所以江西彭澤的彭氏或許來自江淮地區。靖安、高安發現了數件徐王青銅器，因爲西元前 512 年，吳國滅徐，徐人南逃到吳國的敵國楚國與越國，有一支遷入江西，當時屬於楚國。〔註 20〕《後漢書》卷五十三《徐稚傳》記載南昌人徐稚，字孺子，徐孺下陳蕃之榻的典故出自此處。《陳書》卷三十五記載陳

〔註19〕吳良寶：《戰國楚簡地名輯證》，第 283 頁。
〔註20〕李學勤：《東周與秦代文明》，上海人民出版社，2007 年，第 117 頁。

朝時期崛起的新吳縣（今奉新縣）洞主余孝頃，可能就是徐人的後代，奉新緊鄰靖安。江西境內的大姓還有舒、涂，可能也和江淮的徐、舒有關。舒姓南遷江西，而後有江西塡湖廣，湖廣塡四川，所以當今中國的舒姓主要分佈在重慶、湖南、湖北、四川、江西五地，占全國舒姓七成，除了西南地區，皖贛鄂豫交界處就是最密之處。〔註21〕根據袁義達統計，宋代、明代的涂姓主要分佈在江西，現代涂姓人口最多的三個省是湖北、江西、廣東，〔註22〕這顯然是江西移民的結果。

東漢末年，彭姓就是江西大姓。《三國志・吳志・董襲傳》說到鄱陽賊彭虎等眾數萬人，《賀齊傳》說到建安十八年（213 年）豫章東部民彭材等起爲賊亂，眾萬餘人，《周魴傳》說到黃武中（225 年）鄱陽大帥彭綺作亂，攻沒屬城，《孫權傳》說到嘉禾五年（236 年）鄱陽賊彭旦等作亂，可見彭在東漢就是江西北部大姓。

漢水流域也有彭族，《尚書・牧誓》說到周武王伐商，有庸、蜀、羌、髳、微、盧、彭、濮人追隨，庸、盧、彭、濮都在漢水流域，《中國歷史地圖集》把彭標在湖北房縣。因爲彭、房上古音雙聲疊韻，並母陽部，可以通假。楚國境內有兩條彭水，一在今河南省魯山縣境內，見於《水經注》卷三十一，一是漢水的支流南河，《左傳》桓公十二年楚國伐絞國時：「楚師分涉於彭，羅人欲伐之。」前人認爲即此彭水。包山楚簡提到彭君，吳良寶認爲楚國的封君很少在邊境地區，所以應在湖北境內的彭水流域。〔註23〕

西南地區也有彭人，戰國時期成書的《逸周書》卷七《王會》說到四方民族來到成周朝貢，說到西南：「蜀人以文翰，文翰者，若皋雞。方人以孔鳥。卜人以丹沙。」中國的丹砂，最集中的分佈區是貴州東部及附近的湖南西部與重慶等地，此處進貢丹砂的卜人即後世四川南部的僰人。也即濮人，讀音很近。夾在蜀人、卜人之間的方人進貢孔鳥，可能就是孔雀。方人就是彭人，方、房、彭音近。上古時期的西南就有彭姓，現在重慶東南還有彭水縣。現在湖南的大姓彭姓，應源自漢水或西南的彭人。

彭澤的彭氏最有可能來自江淮，也有可能是楚地漢水彭氏東遷。總之上

---

〔註21〕 袁義達主編：《中國姓氏・三百大姓——群體遺傳和人口分佈》中冊，華東師範大學出版社，2007 年，第 256 頁。

〔註22〕 袁義達主編：《中國姓氏・三百大姓——群體遺傳和人口分佈》中冊，第 226 頁。

〔註23〕 吳良寶：《戰國楚簡地名輯證》，第 222～223 頁。

古江西就有彭氏，而且是江西大姓。所以袁義達統計，宋代、明代的彭姓人口最多之地都是江西，現代彭姓人口最多的省依次是湖南、四川、湖北、廣東、江西。〔註 24〕顯然這是因爲江西塡湖廣、湖廣塡四川的移民大潮，使得彭姓分佈重心從江西移到湖南、四川。

## 第四節　蠡澤、雷池源自雷氏

彭澤縣在長江以南，所以彭澤是長江以南的湖泊。彭蠡澤在彭澤、蠡澤的合稱，蠡澤應在長江以北，長江以北恰好有一個大湖，叫雷池。雷、蠡讀音很近，所以雷池就是蠡池。現在粵語蠡、雷同音，源自江西與江淮。至今江蘇淮安方言仍然如此，清代迮朗《淮陰竹枝詞》之四說：「磊李紛紛辨不明。」注：「淮人謂李曰磊。」盛大士《淮陰竹枝詞》之五說：「夜潮好趁風帆利。」注：「淮人呼利曰累。」〔註 25〕

雷池非常著名，不敢越雷池一步的典故就出自這個湖泊。東晉時期，蘇峻從歷陽（治今安徽和縣）攻打建康，江州刺史溫嶠準備出兵，保衛建康，《晉書·庾亮傳》說：「（庾）亮並不聽，而報溫嶠書曰：吾憂西陲過於歷陽，足下無過雷池一步也。」雷池是江州東面的大湖，庾亮叫溫嶠不要離開江州。雷池即今安徽省西南部龍感湖、大官湖、泊湖等湖泊的前身，雖然雷池在東晉時期著稱，但是這個著名的大湖不可能是六朝時期才有名字，其實漢代已有雷池之名，不過前人未曾發現雷池源自土著雷氏。

雷池得名於上古的雷氏，《三國志·蜀志·先主傳》說：「廬江雷緒，率部曲數萬口稽顙。（劉）琦病死，群下推先主爲荊州牧，治公安。」劉備在荊州，廬江郡的流民首領雷緒，率領數萬人投奔他，這時劉備住在公安（在今湖北公安縣北）。

《宋書》卷三十七《州郡志三》荊州的南河東郡說：「松滋令，前漢屬廬江，後漢無，晉屬安豐。疑是有流民寓荊土，故立。」沈約沒有猜錯，根據《漢書·地理志》，漢代的松滋縣屬於廬江郡，在今安徽宿松縣、望江縣一帶。但是東晉或劉宋時期突然在荊州出現一個松滋縣，一定是廬江流民所立，我

〔註 24〕袁義達主編：《中國姓氏·三百大姓——群體遺傳和人口分佈》上冊，第 135 頁。

〔註 25〕趙明、薛維源、孫珩編著：《江蘇竹枝詞集》，江蘇教育出版社，2001 年，第 54～55 頁。

認爲就是源自雷緒的部屬。漢代的松滋縣就在雷池的北岸，雷姓是當地最大的土豪，雷池因此得名。

沈約說東晉屬安豐郡，其實是指東晉時在安豐郡也出現了一個松滋縣，這個松滋縣在今霍邱縣，很可能是因爲松滋縣有一部分人在漢末的戰爭中北遷到淮河邊上，所以在安豐郡也僑立了一個松滋縣。北面的松滋縣就在芍陂邊上，可能和曹魏的屯田有關，管理流民最好的方法就是讓他們屯田。

因爲原來的松滋縣人一部分西遷，一部分北遷，所以出現了兩個新的松滋縣。但是原來雷池北岸的松滋縣卻消失了，後來北面的松滋縣又被裁併，只有西面的荊州松滋留存至今。《隋書》卷三十一《地理志下》南郡說：「松滋，江左舊置河東郡。平陳，郡廢。」此即東晉僑置在荊州的南河東郡，而在淮河以南的安豐郡松滋縣，《南齊書》卷十四《州郡志上》仍有，但不見於《隋書》，應是併入淮南郡的安豐縣。

今安徽省宿松縣恰好就在上古的松滋縣地，宿松的意思可能就是松滋舊地之意。《隋書》卷三十一《地理志下》同安郡說：「宿松，梁置高塘郡。開皇初，郡廢，改縣，曰高塘。十八年，又改名焉。有雷水。」

《太平寰宇記》卷一百二十五望江縣說：「本漢皖縣地，《宋書・州郡志》云晉安於此立新冶縣，屬晉熙郡，亦爲大雷戍。按《宋書》注云西岸有大雷江，自尋陽柴桑，沿流三百里，入江，即新冶縣也。歷宋、齊、梁不改，至陳，於新冶置大雷郡。隋開皇初郡廢，十一年改爲義鄉縣，屬熙州。十八年，又改爲望江縣。大雷池水，西自宿松縣界流入，自發源入縣界東南，積而爲池，謂之雷池，又東流經南去縣百里，又東入於海。江行百里爲大雷口，又有小雷口。」所謂望江縣原爲皖縣的說法不確，這是忘記了古代的松滋縣。所謂大雷江，其實就是雷池，其東入江之口設戍，陳改爲郡。隋改爲縣，即後世的望江縣。

雷池即蠡澤，源自土著雷氏。根據袁義達的統計，今天中國的雷姓人口最多的三省是四川、湖南、陝西，但是明代雷姓最多的是江西省。〔註26〕歷史上有江西塡湖廣、湖廣塡四川的移民浪潮，所以現代四川、湖南雷姓最多無疑是因爲歷史上的江西移民。《後漢書・獨行傳》記載豫章郡鄱陽縣人雷義，公正廉潔。六朝又有南昌人雷次宗，《宋書・高逸傳》說他：「少入廬山，事

---

〔註26〕袁義達主編：《中國姓氏・三百大姓——群體遺傳和人口分佈》上冊，第289頁。

沙門釋慧遠，篤志好學，尤明《三禮》、《毛詩》……元嘉十五年，徵次宗至京師，開館於雞籠山，聚徒教授，置生百餘人……還廬山，公卿以下，並設祖道……後又徵詣京邑，爲築室於鍾山西岩下，謂之招隱館，使爲皇太子諸王講《喪服》經……二十五年，卒於鍾山。

北京圖書館藏唐代高士廉《條舉氏族事件》記豫章郡五姓有雷，斯坦因劫掠到英國的敦煌晚唐文書《新集天下姓望氏族譜》記洪州豫章郡八姓有雷，說明唐代雷姓仍是洪州（治今南昌）的望族。〔註27〕

今安徽懷寧有雷埠鄉，東至、貴池、黃梅、鄱陽、瑞昌、進賢、新建、南昌都有雷家村，彭澤縣有雷家嶺，太湖、廬山有雷家咀。

袁義達指出，雷是苗、瑤、佘這三族的大姓，是佘族四大姓之一。其實瑤族、佘族都出自苗族，而苗族原先分佈在長江中游，《戰國策·魏策一》吳起說：「昔者，三苗之居，左彭蠡之波，右有洞庭之水，文山在其南，而衡山在其北。」彭蠡澤邊就是苗族居地，所以源自雷池岸邊的雷姓或許與苗瑤民族有關。《太平廣記》卷二八四引《冥祥記》：「魏時，尋陽縣北山中蠻人，有術，能使人化作虎。」尋陽縣在今湖北武穴、黃梅一帶，此處有蠻族，古人把苗瑤民族稱爲蠻。不過這裡的苗蠻或許是後來北遷，原來的土著也有可能是越人。

# 第五節　大別、小別源自越語

九江一帶的土著很可能是越人而非苗族，《北堂書鈔》卷一一四引《竹書紀年》說：「周穆王伐大越，起九師，東至九江，駕黿鼉以爲梁也。」〔註28〕周人不可能稱越爲大越，應是伐越，大起九師，《太平御覽》卷七引《竹書紀年》：「周穆王四十七年伐紆，大起九師，東至於九江，比黿以爲梁。」紆是越之音訛，上古音的紆是 iua，越是 ɣuat，音近。

劉向《說苑·善說》記載春秋時期，鄂君子晳泛舟，有越人擁楫而歌，歌詞用漢字音譯越語，鄂君子說：「吾不知越歌，子試爲我楚說之。」於是召來越語翻譯，爲他譯爲漢語。這一段記載是中國最古老、最珍貴的整篇漢越

〔註27〕梁洪生：《唐以前江西地方姓望考》，《歷史地理》第十輯，上海人民出版社，1992 年，第 84〜85 頁。

〔註28〕《北堂書鈔》卷一百一十四引，另《初學記》卷七引《竹書紀年》：「周穆王三十七年，東至於九江，比黿鼉以爲梁。」

對譯文獻，壯族語言學家韋慶發現壯語這一段越語可以用壯語完好解釋，[註29] 這就說明鄂地的越人是壯族，此時的鄂國已經東南遷到了現在湖北東南部。

上古的湖北也有很多越人，《呂氏春秋·恃君》說：「揚漢之南，百越之際，敝凱諸、夫風、驪兜、餘靡之地，縛婁、陽禺、驪兜之國，多無君。」據《水經注》，揚水在長江與漢水之間，說明古人早已指出越人分佈到了江漢平原。這是戰國的情況，此前的越人分佈區域更大。

上古音的別是並母月部 biat，其實就源自越語。南島語的石頭，馬來語是 batu，他加祿語是 bato，巴拉望語是 bad。壯語的石頭山叫 ba，現在一般寫成巴、岜，其實就是 batu 的同源字。其實這源自一個更古老的人類同源語，在印歐語系都有保留，比如石頭的拉丁語是 petra，印地語是 patthar，庫爾德語是 berd。根據分子人類學的最新研究，印歐人的血緣非常接近東方的華夏、南島等民族，所以有這種語言同源也很正常。

大別山的位置，在今大別山脈的西北部，《左傳》定公四年：

> 冬，蔡侯、吳子、唐侯伐楚，捨舟於淮汭，自豫章與楚夾漢。左司馬戌謂子常曰：「子沿漢而與之上下，我悉方城外以毀其舟，還塞大隧、直轅、冥阨，子濟漢而伐之，我自後擊之，必大敗之。」既謀而行。武城黑謂子常曰：「吳用木也，我用革也，不可久也。不如速戰。」史皇謂子常：「楚人惡子而好司馬，若司馬毀吳舟於淮，塞城口而入，是獨克吳也。子必速戰，不然，不免。」乃濟漢而陳，自小別至於大別。三戰，子常知不可，欲奔。史皇曰：「安，求其事；難而逃之，將何所入？子必死之，初罪必盡說。」十一月庚午，二師陳於柏舉。

吳、蔡、唐聯軍伐楚，楚左司馬戌的計劃是到方城之外毀壞吳人的船隊，堵塞大隧、直轅、冥阨的山路，子常東渡漢水，夾擊吳人。但是子常違背計劃，想獨佔頭功，於是先渡漢水，從小別到大別，再到柏舉。柏舉在今麻城的舉水上游，則大別山還在其西北。

大別山在此，還有一個證據，《漢水·地理志下》六安國安豐縣：「《禹貢》大別山在西南。」安豐縣在今固始、商城，大別山在其西南，則在今商城、

---

[註29] 韋慶穩：《〈越人歌〉與壯語的關係》，《民族語文論集》，中國社會科學出版社，1981 年。韋慶穩：《試論百越民族的語言》，《百越民族史論集》，中國社會科學出版社，1982 年。

麻城之間，完全符合《左傳》的記載。《漢書·地理志上》盧江郡：「金蘭西北有東陵鄉，淮水出。」此淮水是今灌河，東陵鄉的北界到達灌河發源地的分水嶺，未必到達分水嶺以北，但是譚其驤主編《中國歷史地理圖》第二冊把分水嶺之北的商城縣全部畫在東陵鄉境內。因此誤以為大別山是在金寨縣西南，其實金寨縣西南不是漢代的安豐縣西南，而是雩婁縣西南。

不過在六朝時期，大別山之名已經向東南延伸到了今金寨縣西南，《水經注》卷三五《江水》：「江水左則巴水注之，水出雩婁縣之下靈山，即大別山也。與決水同出一山，故世謂之分水山，亦或曰巴山。南歷蠻中。」大別山又名巴山，上文已經說過，馬來語的石頭 batu 和壯語的石山 ba 同源，所以此處的巴山之名其實源自越語。所以巴山、巴河未必是源自巴人，很可能是源自石山，所以才有小別、大別。至於巴人和越人的關係，則比較複雜，巴人包含了越人成分，但不等於越人，我將在他書論證。

導水篇：「至於大別，南入於江。」後人於是把大別山附會在今漢陽，《元和郡縣志》：「魯山一名大別山，在今漢陽縣東北。」錢穆指出《水經注》稱魯山為古翼際山，不稱大別山。沈堯說：「大別山在光州西南，黃州西北，漢陽東北，霍邱西南，班志屬之安豐，但據山之東北言。若論其西南，則直至漢水入江處，故商城西南，麻城、黃陂之山，古人皆目為大別。」這是把大別山強行牽合到漢陽，錢穆認為合理。〔註 30〕我認為大別山距離漢陽很遠，顯然不能如此強行牽合。其實導水篇的作者之所以誤以為大別山靠近漢陽，很可能是因為他手中的地圖太小，所以把大別山之名標在靠近漢陽之處。這就和他看到的地圖上東陵和廣陵靠近，所以誤以為邗溝出自東陵的錯誤一樣。

## 第六節 陽鳥、敷淺原、流黃

既然上古彭蠡澤就分為江南的彭澤與江北的蠡澤，則其中間很可能已有沙洲。前人提出漢代江北的彭蠡澤才與長江分離，〔註 31〕所以《中國歷史地圖集》的第一冊、第二冊把彭蠡澤畫成一個湖，中間未被沙洲隔開。〔註 32〕此說顯然不能成立，上古的彭澤、蠡澤之間的江面就有沙洲，證據很多。

〔註 30〕錢穆：《古史地理論叢》，第 274 頁。
〔註 31〕張修桂：《中國歷史地貌與古地圖研究》，第 166〜170 頁。
〔註 32〕譚其驤主編：《中國歷史地圖集》，第一冊第 45 頁，第二冊第 24 頁。

先看《禹貢》九州篇說：「彭蠡既豬，陽鳥攸居。」揚雄《揚州箴》、《論衡・書虛》作瀦，應是瀦，瀦是淤積，與渚、州是同源字。彭蠡既豬，就是指彭蠡澤中間的長江有沙洲。因爲有沙洲，所以說陽鳥才有居住之地。陽鳥就是候鳥，《詩・匏有苦葉》疏引鄭玄注：「陽鳥，鴻雁之屬，隨陽氣南北。」〔註33〕太陽直射角度隨季節變化，導致氣溫變化，候鳥南北遷徙，故稱候鳥爲陽鳥。現代鄱陽湖還是候鳥遷徙的重要地點，這也證明上古彭蠡澤中早已瀦積了沙洲。

我們說上古的彭蠡澤之中就有沙洲，還有《山海經》的證據。《山海經・南次二經》第 7 山浮玉山，北望具區，出苕水，北流注入具區。苕水即今苕溪，具區即太湖，浮玉山即天目山。此篇諸山從西向東，則首山應在今江西東北部。首山櫃山，西臨流黃，又出英水，西南流入赤水。此山應在鄱陽湖東北部，流黃是鄱陽湖北部的長江沙洲，《山海經》原有地圖，把沙洲畫成粒狀，所以被讀圖的人誤解爲流黃。

櫃山之北的諸毗，或是指雷池等沼澤。《西次三經》說槐江山西望大澤，北有諸毗，也是沼澤，《山海經》裏的諸毗大概都是湖沼之意。古代的彭蠡澤是盜賊活躍之地，秦末的六縣人英布就活躍在這一片地區，成爲鄱陽縣令吳芮的女婿，和吳芮北伐到江淮，加入了項梁的隊伍。英布之所以能到鄱陽，就是因爲江南、江北的湖泊有水路相通，但是中間又有沙洲可以住人。如果沒有廣闊的沙洲，則英布等人無處藏身，這也證明漢代之間的彭澤、蠡澤之間的江面上就有沙洲，不可能晚到漢代才有。

彭蠡澤不是一個湖，還有第五個證據，《史記・淮南衡山列傳》說淮南王劉安謀反，伍被建議：「南收衡山以擊廬江，有尋陽之船，守下雉之城，結九江之浦，絕豫章之口，彊弩臨江而守，以禁南郡之下，東收江都、會稽，南通勁越，屈彊江淮間，猶可得延歲月之壽。」他建議劉安掌控尋陽縣（治今湖北武穴市東）的造船基地，守衛下雉縣城（治今陽新縣），聯結九江之浦，扼守彭澤入江的孔道，臨江而守。如果長江沿岸不存在長條形的沙洲，如果北岸的蠡澤與南岸的彭澤完全是一個湖，如何臨江而守呢？

從自然地理學的角度來看，以長江巨大的水量和泥沙量，南北的彭澤與蠡澤中間不可能沒有沙洲。但是兩個湖泊中間的沙洲人煙稀少，港汊眾多，

---

〔註33〕顧頡剛、劉起釪：《尚書校釋譯論》，北京：中華書局，2005 年，第 626～627頁。

而且沙洲漲坍無常，經常被洪水淹沒，所以古人才把兩個湖泊合稱彭蠡澤。

考古學也證明彭澤、蠡澤之間原有沙洲，湖北黃梅縣王埠鄉湖口閘村有塞墩新石器時代遺址，[註34] 或許還有未被發現的遺址與已經塌入長江的沙洲遺址，說明彭澤、蠡澤之間原來就被長江沙洲分隔。

有人引《史記·封禪書》漢武帝：「浮江，自尋陽出樅陽，過彭蠡。」提出此時的彭蠡澤還在江北。此說完全錯誤，根據《史記》這句話根本不能得出彭蠡澤在江北的結論，因為彭澤在江南，蠡澤在江北，合稱彭蠡澤，從長江經過，也即經過彭蠡澤之間，就是所謂過彭蠡。《史記》這句話不僅不能證明彭蠡澤在江北，也不能證明彭蠡澤是一個完全相通的湖泊。

有人引《漢書·地理志上》：「彭澤，《禹貢》彭蠡澤在西。」提出西漢彭蠡澤南移，其實這也不能證明。因為古彭澤城在今湖口縣，《元和郡縣圖志》卷二八江州都昌縣：「彭澤故城，在縣北四十五里。」古彭澤縣包括今彭澤、湖口、都昌三縣境，江北的蠡澤本來就在彭澤縣境西北，而江南的彭澤本來就在彭澤縣境西南，所以可以概稱彭蠡澤在彭澤縣西。《漢書》這句話不能說明彭蠡澤在具體情況，也不能說明彭蠡澤在漢代南移。

綜合以上可以證明，彭澤、蠡澤之間在上古時代就有長江沙洲分隔，不可能是一個湖泊。江北的蠡澤源自雷氏，江南的彭澤源自彭氏，雷、彭都是土著大姓，也是後世江西望族。因為彭澤、蠡澤地域鄰近，而且有水道相通，上古南方人煙稀少，地名所指範圍較廣，所以古人合稱為彭蠡澤。雖然蠡澤在江北，確實與今鄱陽湖無關。但是彭澤向南擴展，演化為今日鄱陽湖。所以我們也可以說彭蠡澤是今鄱陽湖的前身，總之彭蠡澤與今日鄱陽湖有關。

導山篇說長江，過衡山（峎山）和九江，就是敷淺原。上文說過，此處的九江很可能是江漢平原的九江，則敷淺原很可能是江漢平原。

班固《漢書·地理志上》說豫章郡歷陵縣：「傅易山、傅易川在南，古文以為傅淺原。」顏師古注：「易，古陽字。」傅、敷，確實可以相通。但是陽、淺二字，無論是讀音還是字義的關係都不近，所以此說有誤。敷淺原一定是平原，不可能在廬山南面的山地。因為廬山南面沒有大平原，即使有，《禹貢》也不可能跳過廬山而不提廬山。後人把德安縣指為敷淺原所在，但是德安縣

〔註34〕國家文物局主編：《中國文物地圖集》湖北分冊，西安地圖出版社，2002 年，上冊第 221 頁，下冊第 457 頁。另國家文物局主編：《中國文物地圖集》安徽分冊（中國地圖出版社，2014 年）上冊第 253 頁說到程嶺鄉王灣村的新石器時代與商代遺址，下冊第 452 頁標在匯口鎮王灣村，待考。

明顯是丘陵爲主地區，不是平原。

　　饒宗頤認爲傅陽在今鄱陽，此說顯然不通，因爲傅陽之說源自班固，上文已經說過陽和淺的讀音不通。錢穆認爲傅陽是西漢九江郡的博鄉縣，〔註35〕還是同樣的問題，不能成立。

　　其實敷淺原是河網平原之地的通名，敷淺、敷衍是同源詞，表示鋪在表面的薄土，也即沙洲。上古音的衍是以母元部ʎian，淺是清母元部 tshia，讀音很近。敷、鋪、浦、埔都是同源字，浦在《水經注》裏是長江的支流，這是沙洲的引申義。埔字多用於華南地名，是浦的後起俗字，現代臺灣人還把海邊的低地稱爲海埔地。

　　楚國地名還有一個通名羨字，羨是以母歌部ʎiai，和衍讀音很近，意思相同。江夏郡有沙羨縣，在今武漢市西南部，沙羨，顧名思義是沙洲。江蘇省宜興市的古名是陽羨，宜興所在恰好是水中的沙洲，現在宜興市區東西各有一個湖泊區，宜興城原來就是湖沼之中的小塊陸地。

　　衍、羨也就是現代地名的汕字，閩南語的汕、線讀音都是 suã，汕即沙洲，汕是根據線的讀音造出的形聲字，因爲海岸的沙洲形似線條而稱爲線。所以荷蘭人在臺灣最早建立的城市熱蘭遮城，北面還有一個堡壘，稱爲海堡，就建造在北線尾上。北線尾就是北汕尾，是沙洲的尾部。現在廣東省還有汕頭市和汕尾市，都是地名通名。

---

〔註35〕錢穆：《古史地理論叢》，第 276 頁。

# 第十章　青州地名考

古代山東半島有一個著名的大湖奚養澤，《逸周書》卷八《職方解》、《周禮》卷三三《職方氏》：「東北曰幽州，其山鎮曰醫無閭，其澤藪曰貕養，其川河沛，其浸菑時，其利魚鹽，其民一男三女，其畜宜四擾，其穀宜三種。」河、沛、菑、時，四條河都在山東，因爲戰國晚期，燕國曾經佔領齊國，所以此時人所寫的《職方》把山東歸入幽州。

## 第一節　長廣縣城、奚養澤在今海陽

漢代人說奚養澤在長廣縣之西，《漢書·地理志上》琅邪郡長廣縣：「有萊山、萊王祠。奚養澤在西，秦地圖曰劇清池，幽州藪，有鹽官。」

上古音的劇是群母魚部 gia，奚是匣母脂部 hyei，讀音接近。清可能是漾之形訛，字形極其接近，劇漾即奚養。

我們找到長廣城，才能確定奚養澤的位置。但是歷史上長廣縣有過遠距離的遷移，所以很難確定。

譚其驤主編《中國歷史地圖集》把長廣縣城畫在今萊陽之東，但是位置非常奇怪，緊鄰挺縣、觀陽縣城，夾在兩個縣城之間，而且挺、觀陽兩個縣屬膠東國，而長廣縣屬琅邪郡。所以長廣縣插入挺、觀陽之間，而長廣縣到海邊之間卻沒有縣城。這樣的畫法，存在嚴重問題！

挺縣城，確實在今萊陽之南，《太平寰宇記》卷二十萊州萊陽縣：「挺城，在縣南七里。」觀陽城，在今海陽北部的郭城，觀陽連讀接近郭。兩個縣城之間是丘陵，不可能有一個奚養澤。

長廣縣城，不應遠離海陽沿海的平原而跑到挺、觀陽縣城之間的丘陵去。前人之所以定長廣縣城在挺、觀陽兩個縣城之間，因為《太平寰宇記》卷二十的萊州萊陽縣說：

> 故長廣城，亦漢縣，屬琅邪郡。後漢改屬東萊郡，高齊天保七年，因長廣郡城，自膠東城入中郎城，復移長廣縣於膠東城，此城遂廢。故城在今縣東五十里，有萊王山祠，奚養澤在西也。

據此，則高齊天保七年之前的長廣縣城在萊陽城東五十里，所以前人把長廣縣城插入膠東國之間。

但是我們看《魏書·地形志中》光州：

> 長廣郡：晉武帝置。治膠東城……昌陽：二漢屬東萊，後罷，晉惠帝復，後屬。有挺城、望石山、凡馬祠、五龍廟、浮游水。長廣：前漢屬琅邪，後屬東萊，晉屬。有馬山祠、即墨城、康王山祠、金泉山、昌城、沽水。

北魏的長廣縣，就有即墨城，在今平度東南部，還有金泉山，而《太平寰宇記》萊州膠水縣說：「金泉山，在縣東南四十里。」膠水縣城在今平度，則金泉山也在平度之東，說明北魏的長廣縣城就在平度東部，而不在今萊陽以東了。

所以，北齊把長廣郡城從膠東城也即今平度縣城北遷到中郎城，才把就近的長廣縣城遷入膠東城也即今平度縣城。

所以《太平寰宇記》所說萊陽之東的長廣縣城，正是漢代的長廣縣城，但是東可能是東南之誤，而且唐代萊陽縣城有過遷移，《太平寰宇記》萊陽縣說：

> 廢萊陽城，在縣東南二十三里。隋大業中，屬東萊郡。唐永徽元年，水淹破。

因為樂史抄錄舊志，經常不分時間，所以漢代的長廣縣城應在萊陽縣城東南五十里，也有可能是從唐代舊城算起，則在今萊陽城東南七十多里，就在今海陽城附近了。

這裡是沿海平原，適合建縣。如果長廣城在此，就不會插入挺、觀陽兩縣城之間，漢代的琅邪、膠東界線也就合理了。

如果長廣縣城在此，奚養澤在其西，就在今海陽城附近，也就很合理了。因為現在海陽南部海岸還有平行的沙丘。古代海岸線更在內側，海陽城南還有一列東北到西南走向的山丘，所以其內很容易形成潟湖，這就是奚養澤。

現在海陽沿海沿海還有明顯的潟湖，近年因為城市建設導致海陽南部的

潟湖面積縮小。在數千年前，海陽沿海的潟湖應一直延伸在海岸，面積比現在大很多倍。奚養澤不是一個小湖，所以秦代地圖也有記載。

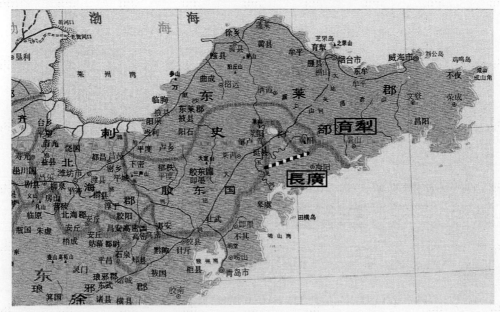

調整的長廣縣、育犁縣位置和琅邪郡界〔註1〕

　　奚養澤的名字很奇怪，我認爲，其實就是啓陽。《堯典》說：「乃命羲和，欽若昊天，曆象日月星辰，敬授民時。分命羲仲，宅嵎夷，曰暘谷。寅賓出日，平秩東作。日中，星鳥，以殷仲春。」

　　《史記·封禪書》講齊地八神將時說：「七曰日主，祠成山。成山斗入海，最居齊東北隅，以迎日出雲。八曰四時主，祠琅邪。琅邪在齊東方，蓋歲之所始。」齊人在東方成山頭（在今榮成）迎接日出。

　　寅賓出日的意思是引導和迎接太陽的出現，恰好在先秦時期的膠東，就有一些地名都和這項活動有關。

　　1.《水經注》卷二十五《沂水》：

　　　　沂水又南逕開陽縣故城東，縣故鄅國也。《春秋左傳》昭公十

　　八年，邾人襲鄅，盡俘以歸。鄅子曰：余無歸矣！從帑於邾是也。

　　後更名開陽矣。《春秋》哀公三年，《經》書季孫斯、叔孫州仇帥師

　　城啓陽者，是也。縣，故琅邪郡治也。

─────────────

〔註1〕底圖來自譚其驤主編《中國歷史地圖集》第二冊，第20頁。加方框的長廣、育犁爲調整的位置、虛線爲調整的郡界。

郯國的都城叫啓陽，啓陽的意思就是開啓太陽。漢代爲了避漢景帝劉啓諱，改啓陽爲開陽縣。

2. 在今山東省莒南縣境內，還有辟陽，辟陽即開陽，開、闢相通。《水經注》卷二十六《沭水》：

> 沭水又南，與葛陂水會。水發三柱山，西南流，逕闢城南，世謂之辟陽城。《史記·建元以來王子侯者年表》曰：漢武帝元朔二年，封城陽共王子節侯劉壯爲侯國也。其水於邑，積以爲陂，謂之辟陽湖，西南流注於沭水也。

闢城是辟陽的省城，此名在漢武帝之前已有，很可能追溯到先秦。此地距離啓陽很近，可能是同源地名。

3. 春秋時，在今棗莊市境內，還有一個小國：逼陽，逼陽即辟陽音轉。闢是並母錫部 biek，逼是幫母職部 piək，讀音很近。

啓陽、辟陽、逼陽、奚養，讀音都很接近，當然都是源自開啓太陽，迎接日出，源自太陽崇拜。

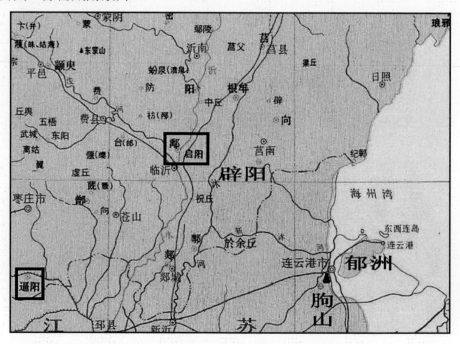

啓陽（開陽）、辟陽、逼陽等迎日文化地名〔註2〕

〔註2〕本圖底圖來自譚其驤主編：《中國歷史地圖集》第一冊，第 27 頁，朐山、郁洲、辟陽三個地名及方框爲本書所加。

　　這也說明長廣縣是一個重要的海港，《太平寰宇記》萊州萊陽縣：「高麗山，在縣西南九十里，司馬懿討遼東，於此置戍，以高麗爲名。」萊陽西南九十里，就是海口，靠近海陽的長廣縣。

　　山東半島也造了很多海船，《三國志》卷三《魏明帝紀》景初二年七月：「詔青、兗、幽、冀四州大作海船。」

　　晉武帝設長廣郡，最初治長廣縣，說明長廣地位更加重要。而長廣縣的內遷，則在西晉時期，《太平寰宇記》萊陽縣說：

> 本漢昌陽縣……按此前昌陽縣理，在文登縣西南三十里昌陽故城是也。顧野王曰：晉惠帝元康八年復立昌陽縣，屬長廣郡，今理是也。高齊天寶八年，廢長廣郡，復以昌陽縣屬東萊郡。

說明晉惠帝時，原來在今文登的昌陽城內遷到今萊陽，長廣縣城可能也在此時從海陽內遷到了平度。

　　西晉時期，膠東一帶發生動亂，《晉書》卷一百《王彌傳》：

> 王彌，東萊人也……惠帝末，妖賊劉柏根起於東萊之㟬縣，彌率家僮從之，柏根以爲長史。柏根死，聚徒海渚，爲苟純所敗，亡入長廣山爲群賊。彌多權略，凡有所掠，必豫圖成敗，舉無遺策，弓馬迅捷，膂力過人，青土號爲飛豹。後引兵入寇青徐，兗州刺史苟晞逆擊，大破之。彌退集亡散，眾復大振，晞與之連戰，不能克。彌進兵寇泰山、魯國、譙、梁、陳、汝南、潁川、襄城諸郡，入許昌，開府庫，取器杖，所在陷沒，多殺守令，有眾數萬，朝廷不能制。

王彌逃入長廣山，就是海陽北部的山地，長廣縣城的內遷與此戰亂有關。或許內遷時間比昌陽晚，昌陽也即今文登一帶可能是王彌早期活動之地。

　　晉武帝設長廣郡時，昌陽城尚未內遷，所以長廣郡應有昌陽縣，包括今文登、榮成一帶。長廣郡其實就是把東萊郡南部分出，所以在今膠東半島的南部。長廣縣城居中，又是最靠近海岸的一個縣，所以自然成爲郡治。譚其驤主編《中國歷史地圖集》西晉長廣縣不包括文登、榮成，可能不確。自從西晉末年，長廣縣城因爲戰亂內遷，本地經濟一直未能恢復。所以到了北齊，長廣郡再次北遷到今黃縣境內。

　　法顯於隆安三年（399 年）從長安出發，從中亞到達印度，義熙十年從海路回到中國。耶婆提出發，正常五十多天就到廣州，但是因爲遇到風暴，所

以七十多天還沒有到。於是改向西北行，居然到達長廣郡嶗山南岸。蕭梁慧皎《高僧傳》記載，涼州人智嚴從陸路到達印度，邀請印度高僧覺賢入華，到交趾（今越南）附商船，漂流到東萊郡，智嚴再次從海路到印度，死於印度。高昌人道普到印度，隨商船回到長廣郡，可惜未記載具體地點。

# 第二節　錦屏山岩畫是暘谷迎日圖

中國的岩畫，西北多，而東南少。中國東南沿海的岩畫，在江蘇省的不多，但是連雲港市區南部錦屏山將軍崖的岩畫卻很有名。錦屏山的岩畫，特色鮮明，發現和研究較早，但是多數花紋比較抽象，因此研究難度較大。不同專家解讀，分歧也較大。就在錦屏山東部的雲台山間，還有一座新石器時代的藤花落古城。中國新石器時代的古城集中在三個地區，一是內蒙古南部的岱海周圍，一是中原的黃河下游地區，一是江漢平原。江淮地區的古城很少，而在沿海或島嶼上的古城更是僅此一座。

## 一、將軍崖岩畫的爭論

1978年連雲港市文物普查時，發現了將軍崖岩畫。岩畫在海拔20米的山崖上，在長22米、寬15米的平整光亮的黑岩上有三組岩畫。1980年俞偉超來此地考察之後，認爲這是3000年前殷周之際東夷部落社祭之畫。〔註3〕

錦屏山岩畫分爲三組，其中A組最爲有名，比起另外兩組，第一組已經比較寫實。但是仍有不同說法，本文第一組岩畫根據陸思賢的摹圖。〔註4〕

龐樸認爲第一組岩畫是海洋生物的寫眞，下面的放射線是貝殼，上面的圓圈紋及其下部的一條線是鱟。〔註5〕我認爲畫面上的花紋不可能是貝殼和鱟，因爲貝殼千差萬別，花紋各不相同，但是沒有一個人會在畫貝殼時，會不畫邊緣。這組岩畫下面的放射線，上面沒有一道弧線，不可能是畫貝殼。上面的部分也不可能是鱟，因爲在最上面的圓圈紋裏，一般都有兩個突出的眼睛，這兩個眼睛都在一條橫線的下方，但是鱟雖然有四個眼睛，卻在頭胸

---

〔註3〕　李洪甫：《連雲港將軍崖岩畫遺跡調查》，《文物》1981年第7期。俞偉超：《連雲港將軍崖東夷社祀遺址與孔望山東漢佛教摩崖造像》，《文博通訊》第34期，1982年。改爲《連雲港將軍崖東夷社祀遺址的推定》，收入俞偉超：《先秦兩漢考古學論文集》，1985年，第59～61頁。

〔註4〕　陸思賢：《將軍崖A組岩畫破釋》，《東南文化》1996年第3期。

〔註5〕　龐樸：《人・鱟・貝——將軍崖岩畫漫筆》，《文物》1983年第1期。

甲的前段和兩側，所以位置不合。如果要畫鱟的兩個眼睛，一定是在圓圈的
上半部分。而且岩畫圓圈裏充滿各種紋路，但是鱟的背部卻是極為光滑。

　　還有一些學者認為這些圓圈紋是太陽，我們經常在畫作中把太陽擬人
化，此說有理。但是再看這些圓圈之內各種各樣的花紋，便覺此說不妥，因
為沒有一種畫法是把太陽裏面畫出各種繁複的花紋的。我們肉眼看到的太
陽，表面均質，不會有充滿花紋的感覺。而且我們畫太陽，往往會畫出其周
圍的光芒，但是圖上沒有，所以不太可能是太陽。

　　有學者認為岩畫上的臉盤及下面的細線是伏羲和女媧，指其人首蛇身。
〔註6〕我認為此說不確，因為蛇身畫得太細，和人首的比例失調。

　　有學者認為下面的放射線是農作物，中間的細線象徵人和土地的依
賴。〔註7〕我認為看似農作物，其實沒有一種農作物是如此生長的。因為農
作物的穗也不是放射形的，往往是細長形，所以下面的放射線不能解釋為
農作物。

　　有學者把 B 組岩畫解釋為女陰崇拜，〔註8〕這一組岩畫雖然充滿圓圈和圓
點，但是這種抽象的花紋照樣可以解釋為標記，或者日月星辰。這一組岩畫
更像是描寫天象，因為圈點密集有序，而且條帶狀斜向分佈，其中有三個圓
圈還有光芒，無疑是太陽，還有一些圓圈為同心圓，無疑也是天體。所以整
幅 B 組岩畫很像是繪製星辰的軌道，或是一組星辰。有學者認為這一組岩畫

〔註6〕 李洪甫：《連雲港將軍崖岩畫與女媧的古史傳說》，《東南文化》1988 年第 2 期。
〔註7〕 陳兆復：《古代少數民族的岩畫》，《民族學研究》第 3 輯，1982 年。李洪甫：
　　　　《江蘇連雲港將軍崖石刻與原始農業》，《農業考古》1983 年第 1 期。
〔註8〕 高偉：《將軍崖岩畫與女陰崇拜》，《東南文化》1998 年第 4 期。

的不同圓圈層次指的是各星辰的亮度，C 組岩畫指的是五星會聚。〔註9〕

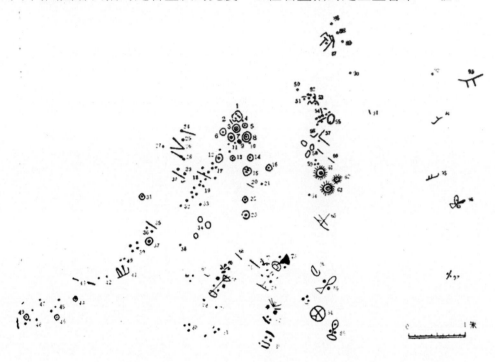

B 組岩畫

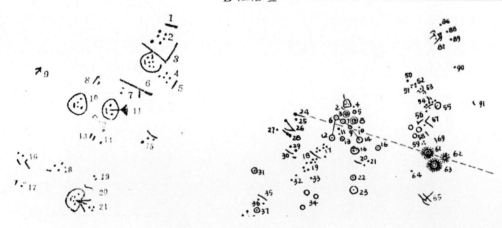

C 組岩畫與 B 組黃道天文圖

　　還有學者發現將軍崖山頂有三塊巨石，南面一塊布滿 22 個圓窩，可以稱為 D 組岩畫。其實也是星圖，而且是 4300 年前的北極天頂部位的星圖。B 組

---

〔註9〕王玉民：《將軍崖岩畫古天象圖新探──兼論岳陽君山岩畫的星象意義》，《廣西民族大學學報（自然科學版）》2009 年增刊。

岩畫大中小三個太陽是中午、下午和早上的太陽，後二者的連線即黃道，穿過的星象類似參星團，下方的大星（B23）可能是最亮的天狼星，所以這是 3800～3000 年前的星圖。〔註10〕此說和學者利用其他方法檢測的岩畫年代完全吻合，而且和連雲港藤花落古城的時間也完全吻合，所以比較可信。這些證據表明連雲港岩畫主要是天象圖，而非生物圖、農業圖等。

## 二、將軍崖岩畫的磔梟迎日圖

　　三組岩畫的時間可能不同，不過關鍵還是在 A 組岩畫，所以本文主要解讀第一組岩畫。第一組岩畫最突出的是上面有眼睛的圓圈紋，動物之中，有圓盤臉的只有靈長類、貓科和貓頭鷹。貓頭鷹就是因爲臉盤像貓得名，貓是普通的動物，不太可能成爲岩畫對象，但是貓頭鷹則很不尋常。貓頭鷹有人一樣的圓臉，畫伏夜出，兩眼放光，飛時無聲，爪尖嘴利，叫聲恐怖，所以令古人非常害怕。貓頭鷹是黑夜的象徵，是古人厭惡的凶鳥。我認爲第一組岩畫的臉盤是貓頭鷹的頭，還有四點證據：

　　第一，花紋複雜，貓頭鷹種類很多，羽毛不同，所以畫出其花紋。

　　第二，貓頭鷹的嘴很尖，而岩畫的臉盤幾乎都是尖嘴，最左邊的一個（A3）不明顯，但是右邊的七個圓臉中，又可以分爲三組，最左邊的兩個（A1、A2）幾乎連爲一體，最右邊的兩個（A4、A5）較大，中間有三個（A7、A8、A9）較小，最左邊和最右邊的四個（A1、A2、A4、A5）最明顯。

　　第三，右下角有兩個圖像（A11、A12），只畫出巨大的眼睛和彎曲的眉毛，這也是貓頭鷹的抽象表示。漢字之中的觀字，左上角就是這個象形，左下角的隹表示鳥，這個字本義是指貓頭鷹。因爲貓頭鷹夜裏活動，在樹上用放光的眼睛觀看地上的捕食對象，給古人的印象很深，所以用來造觀字。觀和看的區別在，觀是目不轉睛地仔細看，所以現代漢語的觀察、觀測、觀摩、觀賞還都用觀，而不用看。看是隨意的看，見表示看到。

　　也許有人要問，貓頭鷹雖然以頭部最奇怪，但是爲何畫面上只有頭部，而沒有身體呢？畫面上的身體部分，只有一條線。其實這正是描述一種古代的奇特風俗：夏至磔梟。許愼《說文解字》卷六上說：

　　　　梟，不孝鳥也。日至捕梟磔之，從梟頭在木上。

夏至日這天要捕殺貓頭鷹，分解其身體，而且掛在木杆上。所以梟字的上面

---

〔註10〕王洪金：《將軍崖大石星圖考》，《東南文化》1993 年第 5 期。

是鳥的頭，下面是一個木。之所以在五月五日這一天，因爲端午節象徵夏天到來。五是陽數，所以又名端陽節。夏至是白晝最長，也即太陽最盛。因爲陽氣最盛，黑暗和陰間的象徵梟要被殺死。我們如果明白了夏至日要把貓頭鷹的頭掛在木杆上，就會立即悟出將軍崖岩畫的原義了。原來上面的臉盤是貓頭鷹的頭，中間的一根直線是木杆，這是夏至磔梟圖。

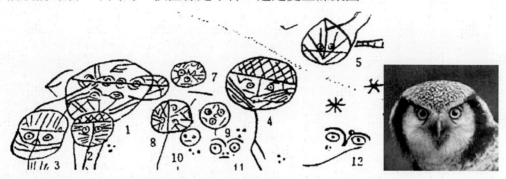

將軍崖岩畫與貓頭鷹（右下角）對比圖

所以下面的放射線就是陽光，大自然中的放射線不多，古人最熟悉的放射線自然是陽光。陽光在最下面，象徵朝陽初出海平面，射出第一縷的光線。我們注意到將軍崖的東面，正好有一條狹長的山谷。日出之時，從這個山谷東望，正好看到陽光從狹窄的山谷之間射來。因此岩畫下面放射線可能是從這個山谷觀察到的日出陽光，參見胸山（錦屏山）地圖。〔註11〕

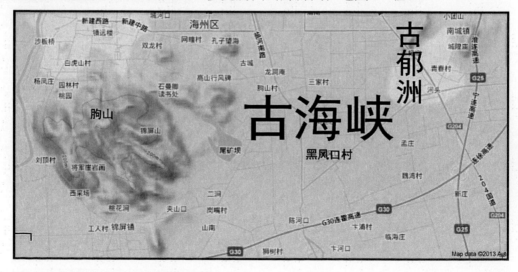

〔註11〕此圖來自房迎三等：《連雲港錦屏山麓的打製石器及相關問題討論》，《人類學學報》2004年增刊。

## 二、郁洲啓日

　　錦屏山，原名朐山。連雲港市，秦漢爲朐縣，《隋書》卷二十六《地理志下》說北周改名爲朐山縣，其實《魏書》卷一百六《地形志中》海州朐縣說：「二漢屬東海，晉曰臨朐，屬。蕭衍改爲招遠，武定七年復。有朐城，朐山郡治。」說明蕭衍置朐山郡，則朐山作爲政區之名起自蕭梁。明洪武元年（1368年）省入海州，從此朐山一名漸隱。朐山原在海岸。現在朐山在內陸，這是清代康熙五十年之後的情況。清崔應階《雲台山志》卷一：「康熙庚寅、辛卯（五十年）間海漲沙田，始通陸路。」〔註12〕

　　原來的朐山在海岸，而連雲港雲台山（花果山）在海中，是郁洲島。所以朐山和花果山之間是海峽，風急浪大，被稱爲黑風口。可以想像，古代的這個海峽，能見度很高，所以是觀看日出的好地方。

　　《堯典》說：「乃命羲和，欽若昊天，曆象日月星辰，敬授民時。分命羲仲，宅嵎夷，曰暘谷。寅賓出日，平秩東作。日中，星鳥，以殷仲春。」此段被司馬遷《史記·五帝本紀》抄錄，但是司馬遷把古文改爲今文，嵎夷改爲郁夷，這令人想到中原最東部的郁洲。

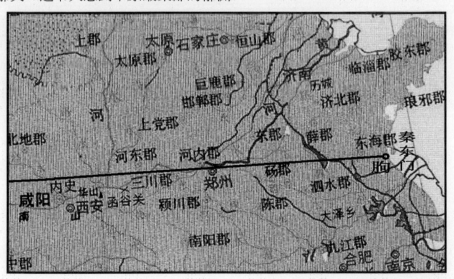

秦朝東西軸線（咸陽——洛陽——朐山秦東門）〔註13〕

---

〔註12〕　〔清〕崔應階重編、吳恒宣校訂：《雲台山志》，《中國方志叢書》華中地方第468號，臺北：成文出版社，1983年。
〔註13〕　本圖底圖來自譚其驤主編：《中國歷史地圖集》第二冊，第4頁，黑色直線爲本書所加。

郁洲島和大陸之間的這個海峽，被嬴政看成是秦朝東門，《史記·秦始皇本紀》說：「於是立石東海上朐界中，以爲秦東門。」因爲這裡是咸陽、洛陽的正東，這一條東西向的線路是秦朝的東西軸線。所以朐縣的秦東門是咸陽、洛陽東門的東延，我們在地圖上看到的方向有偏差，這是受到渭河、黃河、濟水形成的交通道路影響。直到漢代的長安城，中軸線仍然是坐西朝東，〔註14〕而非東漢以降的坐北朝南，這與秦代以來的傳統有關，長安城的中軸線其實是一直向東延伸到東海之濱的大陸東門。

從郁洲島到三門峽的這一條道路被古人當成太陽行經路線，《淮南子·天文》說：「日出於暘谷，浴於咸池，拂於扶桑，是謂晨明。登於扶桑，爰始將行，是謂明。至於曲阿，是謂旦明。至於曾泉，是謂早食。至於桑野，是謂晏食。至於衡陽，是謂隅中。至於昆吾，是謂正中。至於鳥次，是謂小遷。至於悲谷，是謂餔時。至於女紀，是謂大遷。至於淵隅，是謂高舂。至于連石，是謂下舂。至於悲泉，爰止其女，爰息其馬，是謂懸車。至於虞淵，是謂黃昏。至於蒙谷，是謂定昏。」上文涉及的地名其實能找到現實依據：

1. 曲阿即句吾，也即後世的司吾縣，在今江蘇省新沂市司吾村，司、句形近而誤，句即曲，上古音的吾是疑母魚部 ngea，阿是影母歌部 ai，讀音相近。此地原有鍾吾國，吳滅之，改爲司吾，應爲句吾，即句吳。《水經注》卷二十六《沭水》說：「又逕司吾縣故城西。《春秋左傳》吳執鍾吾子以爲司吾縣。」也即曲阿，江南也有曲阿縣（在今江蘇省丹陽市）。

2. 曾泉即繒縣之泉，繒縣在今山東省蘭陵縣。

3. 桑野即宋衛之地，衛國一帶被稱爲桑間濮上，宋地靠近衛地，殷人崇拜桑樹。

4. 衡陽即衡雍，在今河南省原陽縣。

5. 在原陽之南，上古有巨大的圃田澤，這個澤後世分解爲很多小湖，《水經注》卷二十二《渠》說：「澤在中牟縣西，西限長城，東極官渡，北佩渠水，東西四十許里，南北二十許里。中有沙岡，上下二十四浦，津流逕通，淵潭相接，各有名焉。有大漸、小漸、大灰、小灰、義魯、練秋、大白楊、小白楊、散咪、禺中，羊圈、大鵠、小鵠、龍澤、密羅、大哀，小哀、大長、小長、大縮、小縮、伯邱、大蓋、牛眠等浦，水盛則北注，渠溢則南播。」其

---

〔註14〕 劉瑞：《漢長安城的朝向、軸線與南郊禮制建築》，中國社會科學出版社，2011年。

中就有一個小湖叫禺中，很可能與此隅中有關。

　　6. 昆吾即南遷的昆吾，在今河南許昌市。

　　7. 虞淵是西遷的虞國，在今山西平陸縣。

　　這條太陽行經的線路，從郁洲島到三門峽，其實向西延伸到關中，這是中原的中軸線，也即今日隴海線所經之地。

　　《堯典》暘谷出來自《山海經》湯谷，中國的溫泉不多，連雲港市東海縣恰好有溫泉，距離朐山很近。古人在朐山觀測日出，是絕佳之地。而且在此碣稾慶祝夏至，也不僅是這一個地區的大事，對於中原地區也有重要影響。《堯典》說堯派人到郁夷地區觀測天象，很可能就是指到中原東西中軸線最東部的朐山和郁洲島。

　　《史記・封禪書》講齊地八神將時說：「七曰日主，祠成山。成山斗入海，最居齊東北隅，以迎日出雲。八曰四時主，祠琅邪。琅邪在齊東方，蓋歲之所始。」齊國的東南是琅邪，堯舜時期的部落聯盟的東南也差不多在今魯東南到連雲港附近。

　　可見，在今魯南有一個和迎接太陽有關的族群，這個族群很可能就是《堯典》所說羲仲一族。如果羲仲是從中原東遷一族，那麼將軍崖岩畫可能有 4000 年以上的歷史。如果羲仲是東夷土著，不存在中原向朐山、郁洲的移民，那麼將軍崖岩畫的年代還要更久。很有可能是東夷土著的祭禮影響了堯舜時代中原人，只是中原人聽到了東方的迎日之俗，後人誇大為堯命羲仲遷居於此。

## 四、郁洲古城

　　雲台山分為南北中三塊，南雲台山、中雲台山之間的諸朝村南部有藤花落龍山文化城址，外城周長 1520 米，南北 435 米，東西 325 米，內城周長 806 米，南北 207～209 米，東西 190～200 米。〔註15〕

　　根據研究，藤花落遺址存在於 7000～4000 年前，興起於全新世氣候變暖時期，繁榮於全新世中期的大暖期。藤花落古城沒有發現海水淹沒跡象，但是經歷過突變的水生環境，古城在山間，所以可能毀滅於 4200 年前的山洪。〔註16〕

---

〔註15〕南京博物院、連雲港市文物管理委員會、連雲港市博物館：《江蘇連雲港藤花落遺址發掘紀要》，《東南文化》2001 年第 1 期。

〔註16〕李蘭、朱誠、姜逢清、趙泉鴻、林留根：《連雲港藤花落遺址消亡成因研究》，《科學通報》2008 年第 53 卷增刊 I。

　　藤花落古城興盛之時爲龍山文化，正是夏朝之前的五帝時期，此城在郁洲島上，和堯命羲仲到郁夷迎日開陽一事吻合，所以此城即使不是羲仲一族建立，也一定和此事的傳說有關。至少表明當時的中原人知道他們最東方的郁洲島，知道東方的迎日開陽文化。

　　據考古學家採用微腐蝕斷代方法，測定將軍崖岩畫年代在 4500～4300 年前，這個年代和郁洲島古城的年代正好相仿。有學者認爲古城因爲海水上漲而被淹沒，但是他又同時引用鑽孔碳十四測定，認爲 4100 年前的連雲港海岸線是向東退去，顯然這是自相矛盾。他又同時提到在 6000～5000 年前的全新世大暖期時，海平面達到最高。〔註 17〕

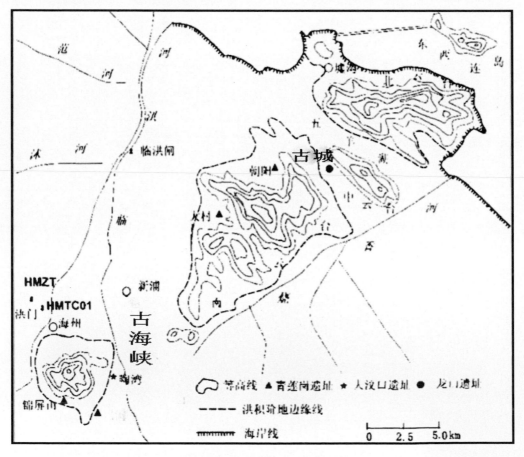

藤花落古城附近地形圖

〔註 17〕湯惠生、梅亞文：《將軍崖史前遺址岩畫的斷代及相關問題的討論》，《東南文化》2008 年第 2 期。

海平面上升之時，正是藤花落遺址興起的時間。隨著海平面的下降，郁洲島周圍土地增多，經濟繁榮，所以在龍山文化時期又出現了古城。因為郁洲島上成為人口密集之地，所以成為中原人眼中的日出之地。錦屏山東部是往來郁洲的渡口，南部有迎日祭禮所用的岩畫。這個迎日祭祀之地不在郁洲島上的古城周圍，而在去向古城的渡口，可能因為錦屏山一帶和中原來往較多，所以這裡的祭祀典禮為中原熟悉，或者是這裡已經歸順了堯舜為領袖的部落聯盟。而郁洲島上還是獨立的方國，或者是這個方國的核心地區。

藤花落古城不在郁洲島西部靠近大陸之地，而在東部的山間，說明這個方國的核心在東部靠近大海之處，說明這個島國是原生的海洋性文化。很可能有海路直通江南和膠東，是江南和膠東交流的中樞。龍山文化時代山東南部的文化受到良渚文化的強烈影響，尤其是魯東南人群。因為越人善於航海，所以良渚文化人群沿海北上，很可能還有一條海上通道。

連雲港之所以出現迎日、觀星岩畫，這是東夷人的航海活動導致的。海上航行，需要依靠觀星確定方位。海上及沿海平原地勢開闊，適合觀星。古希臘人之所以提出地圓說，就是因為古希臘人在海上航行，發現船隻的桅杆首先出現在視野中，因而悟出了地球是圓形的。航海活動對人類探索天文學具有不可替代的重要作用，江淮沿海的東夷人對中國天文學的發展有巨大貢獻。關於古代東方沿海人的天文學貢獻，我還有另文考證。

## 第三節　嵎夷、郁夷是有易、搖民

青州：「嵎夷既略，濰、淄其道……萊夷作牧。」嵎夷、萊夷是青州重要的兩大部族，萊夷的資料很多，嵎夷在歷史上似乎無記載。

顧頡剛、劉起釪說，嵎夷是九夷總名，九夷本來是泛稱，《後漢書》卷八十五《東夷傳》從史書中找出畎夷，於夷，方夷，黃夷，白夷，赤夷，玄夷，風夷，陽夷。這本來是湊數，原文也不說九夷總名嵎夷，不知顧、劉說嵎夷為九夷之總名有何依據。總之，前人都不能解釋嵎夷。

司馬遷《史記·夏本紀》，嵎夷作郁夷。上古音的嵎是疑母侯部 ngio，郁是影母職部 iuək，讀音接近。西漢的膠東國有郁秩縣（在今平度），東萊郡有育犁縣（在今乳山），今連雲港有郁洲島（今雲台山），其實前人從未發現，《山海經》還有對應的記載，《大荒東經》：

> 有人曰王亥，兩手操鳥，方食其頭。王亥託於有易、河伯僕牛。
> 有易殺王亥，取僕牛。河伯念有易，有易潛出，爲國於獸，方食之，
> 名曰搖民。帝舜生戲，戲生搖民。

有易，前人多誤以爲在今河北，在古代易水，即荊軻所歌易水寒之易水。但是《大荒東經》此條在東方的中間，上文是東海神和北海神，下文是扶桑，則此條應在膠東半島，不可能在河北。前人考證，不成系統，望文生義。

上古音的易是以母錫部 jiek，搖是以母宵部 jiô，宵部接近侯部，所以易、搖的對應關係，正是郁-k、嵎-o 的對應關係。有易之名，見於商代甲骨文，所以應是東方本名。司馬遷雖然是西北人，但是他改寫爲郁夷，可能參考了東方儒家的經典。

我已經論證《禹貢》作者是西北人，所以嵎應該是西北話。漢代山東的縣很多，郁秩、育犁應是山東話。

恰好，我又在揚雄《方言》找到證據，卷一說：

> 臺，胎，陶，鞠，養也。晉衛燕魏曰臺，陳楚韓鄭之間曰鞠，
> 秦或曰陶，汝潁梁宋之間曰胎，或曰艾。

陳、楚、韓、鄭在東南，養說鞠，而秦說陶。陶和窯、窰是同源字，上古音的鞠是見母屋部 kiuk，陶是定母幽部 du，窰是以母幽部 jiu，窯是以母宵部 jiô。鞠和郁，讀音很近。陶和搖，讀音很近。也有明顯的對應關係，這也是漢語東南和西北兩大方言的對應關係。

雖然陳、楚、韓、鄭說鞠，不提齊、魯、海岱，但是我們看到《大荒東經》說：「大荒之中，有山名曰鞠陵，於天東極，離瞀，日月所出。有神名曰折丹，東方曰折，來風曰俊，處東極以出入風。」說明鞠陵在正東，就在膠東。至今膠東還是鞠姓核心地，鞠和育也是同源字，鞠是養育。因爲東南方言入聲多，所以都是入聲的 k 收聲。西北方言入聲少，所以轉爲平聲。

| | | 嵎夷、郁夷 | 搖民、有易 | 揚雄《方言》 |
|---|---|---|---|---|
| 西北 | -o、-ô | 嵎 ngio（禹貢） | 搖 jiô（大荒東經） | 陶 du＝窯 jiô |
| 東南 | -k | 郁 iuək（史記） | 易 jiek、鞠陵（卜辭） | 鞠 kiuk |

搖民之地，疑在尤水，搖、尤音近。尤水在今萊西，是大沽河的支流，《左傳》昭公二十年說齊國：「聊、攝以東，姑、尤以西，其爲人也多矣。」其西是郁秩縣，其東有育犁縣。這一帶很多地名都接近搖、郁，很可能是搖民（嵎

夷、郁夷）的居地。

鞠通郁，則鞠陵很可能就是郁洲島（今連雲港雲台山）。鞠、郁、曲是同源姓氏，現在分佈地也很近似。鞠姓、曲姓主要分佈在膠東，而郁姓的分佈地也以山東爲中心，擴散到遼寧和江浙，東北和江南的郁姓主要來自山東。

西漢在今榮成設不夜縣，在今萊州設掖縣，不是地名詞頭，表示山皇，不夜即夜（掖）。上古音的夜是喻母鐸部 jyak，讀音接近郁、易，也是有易氏（郁夷）分佈地。說明從榮成、乳山、萊西、萊州到連雲港，都有此族。

搖民、萊夷牧牛，令人想到春秋時期，膠東有個介國，國君介葛盧，能聽懂牛說的話，《左傳》僖公二十九年：

> 冬，介葛盧來，以未見公，故復來朝。禮之，加燕好。介葛盧聞牛鳴，曰：「是生三犧，皆用之矣，其音云。」問之而信。

杜預注：「介，東夷國也，在城陽黔陬縣。」《漢書》卷二八上《地理志上》琅邪郡黔陬縣：「故介國也。」

牟是膠東的大姓，現在山東還有牟平縣，漢代的牟平縣在今煙台西北，北齊移到蓬萊的東南，當時屬於黃縣。唐代重置牟平縣，在今地，《太平寰宇記》卷二十登州牟平縣：「高齊天保七年，自牟平故城，移縣於今黃縣東北七十三里，改屬長廣郡，隋開皇三年改長廣郡爲牟州，大業二年廢牟州，屬萊州。唐武德四年，又於中郎城置牟州，牟平屬焉。貞觀元年州、縣俱廢。麟德二年，析文登縣，於此重置牟平縣，屬登州。」《隋書》卷三十《地理志中》東萊郡黃縣：「舊置東牟、長廣二郡，後齊廢東牟郡，入長廣郡，開皇初郡廢。」漢代還有東牟縣，在今牟平縣。東牟縣在牟平之東，似乎是因爲在牟平縣之東。但是也可能不是因爲這個原因，因爲牟夷是膠東土著，而牟平顯然是指平定牟夷，是個外來地名。而東牟很可能是指在牟人東部，或者是指膠東半島東部的牟人之地，所以未必是晚出的地名。

《孟子·梁惠王下》：

> 昔者齊景公問於晏子曰：「吾欲觀於轉附、朝儛，遵海而南，放於琅邪：吾何修而可以比於先王觀也？」

這是中國最早的君主論海記載，轉附應即今煙台市芝罘島，這是中國最早明確記載的沿海航路，也可見齊國航海發達。芝罘島原爲島嶼，因爲離岸較近，所以在海峽自然發育了沙嘴，聯結島嶼和大陸，使得芝罘灣成爲良港。轉附很可能是東牟，因爲轉的上古音是 tiuan，很接近東 tong，附、牟讀音也接近。

牟字從牛，《說文解字》牟：「牛鳴也。」牟夷或許與牛有關，而《禹貢》青州說：「萊夷作牧。」牧的本義也是牧牛，所以從牛。

## 第四節　育犁縣在今乳山

傳說堯命羲和氏的四人到四方，管理天文，《尚書·堯典》說：

乃命羲和，欽若昊天，曆象日月星辰，敬授民時。分命羲仲，宅嵎夷，曰暘谷。寅賓出日，平秩東作。日中，星鳥，以殷仲春。

《史記·封禪書》講齊地八神將時說：

七曰日主，祠成山。成山斗入海，最居齊東北隅，以迎日出雲。

八曰四時主，祠琅邪。琅邪在齊東方，蓋歲之所始。

西漢在今膠東有育犁縣，育犁的育，很可能就是因為郁夷得名，正是在膠東，也即古人認為日出之地。

譚其驤主編《中國歷史地圖集》定在煙台之南，但是附近緊鄰兩個縣城，西北有牟平，東南有腄縣。芝罘島屬於腄縣，但是中間竟有育犁縣城。《漢書》卷二八上《地理志上》東萊郡：「腄，有之罘山祠。居上山，聲洋水所出。東北入海。」既然芝罘島屬腄縣，中間就不可能還有一個育犁縣城。三個縣城如此密集，不合情理。聲洋水即清陽水，《金史》卷二五《地理志上》寧海州：「牟平，有東牟山、之罘山、清陽水。」其實芝罘島、清陽水已經在福山縣，原為兩水鎮，《元史》卷五八《地理志一》登州：「福山，下。偽齊以登州之兩水鎮為福山縣，楊疃鎮為棲霞縣。」寧海州：「偽齊劉豫，以登州之文登、牟平二縣，立寧海軍，金升寧海州。」兩水鎮，在兩河交匯處，清陽水在腄縣，在東南，牟平縣在西北，清陽水是今清洋河。西漢的腄縣、牟平如此之近，所以育犁縣不可能在腄縣、牟平之間，其實現在乳山北部還有育黎鎮，這就是西漢育犁縣城所在。

北宋樂史《太平寰宇記》卷二十登州文登縣：

育犁，漢立縣，後漢省併入牟平，蓋在今郡東南一百二十里㳄港水側近，以地良沃，故以育犁名邑。

所謂土地肥沃，撫育黎民，出自漢人附會。而樂史的書抄錄前人地理志，經常有誤。前人看到育犁縣城在郡東南一百二十里，就定在煙台市南。其實牟平在登州東南二百里，則煙台早就超過一百二十里，所以育犁定在煙台之南，

其實毫無根據。如果育犁在今乳山，則溦港水是今乳山河，溦港就是乳山灣。乳山灣在膠東非常特別，開口很小，內部很大，形如洞窟，很可能原來名爲窟港，轉寫爲溦。上古音的窟是溪母物部 khuət，溦是見母月部 kiuat，讀音很近，特別是韻尾都是 t，非常符合。

# 第十一章 雍州地名考

## 第一節 豬野在固原

《禹貢》雍州：「終南、惇物，至於鳥鼠。原隰厎績，至於豬野。三危既宅，三苗丕敘。」鳥鼠同穴山在渭河源頭，生物學家已經證實在西北確實有鳥和黃鼠使用同一個洞穴。豬野澤，前人一般解釋為休屠澤（在今甘肅民勤），《漢書‧地理志下》武威郡武威縣（今武威）：「休屠澤在東北，古文以為豬野澤。」但是我以為不確，因為休屠澤是漢武帝時代才攻佔，所以很可能是漢代人的附會。

其實豬野應該在涇河的源頭都盧山，上古音的豬野，王力擬為 tia-ʎya，鄭張尚芳擬為 ta-laaʔ，讀音都接近北方民族語言的草原 talas，唐代人譯為怛羅斯（在今哈薩克斯坦江布爾）。《漢書‧地理志下》安定郡鳥氏縣：「鳥水出西，北入河。都盧山在西。」鳥水是今清水河，源自六盤山。上古音的都盧是 da-la，也即豬野。

涇河的源頭也稱太原，《國語‧周語上》：「穆王將伐犬戎……得四白狼、四白鹿以歸。」《後漢書‧西羌傳》說周穆王：「遂遷戎於太原。」同卷注引《竹書紀年》：「夷王衰弱，荒服不朝，乃命虢公，率六師伐太原之戎，至於俞泉，獲馬千匹。」周宣王伐玁狁到太原，《詩經‧小雅‧六月》：「玁狁匪如，整居焦穫，侵鎬及方，至于涇陽……薄伐玁狁，至于大原。」太原在涇陽（今平涼西北）之西北，則在涇河的源頭。不其簋銘文：「御方玁狁，廣伐西俞……伐玁狁於高陰。」我認為，高陰指高山之北，高山即涇河源頭之山，《山海經‧

西次二經》高山：「涇水出焉，而東流注於渭。」

太原也即 dala，《春秋》昭公元年（前 541 年）：「晉荀吳帥師，敗狄於大鹵。」《左傳》：「晉中行穆子，敗無終及群狄於大原。」《穀梁傳》：「中國曰大原，夷狄曰大鹵。號從中國，名從主人。」大鹵是戎狄語太原，鄭張尚芳指出其語源即突厥語的草原 dala。其實今蒙古國的土拉河、吉林的洮兒河等，都是源自 dala。漢語譯為涿鹿，印歐語也有同源字。〔註1〕

怛羅斯指多水之地，涇河源頭多泉水，《淮南子·地形》：「涇出薄落之山。」上古音的薄落 bak-lak 即突厥語的泉水 bulak，今譯為布拉格。隋唐在今寧夏固原東南設百泉縣，薄落就是這一帶的泉水。因為多水，故名都盧，《元和郡縣志》卷三原州百泉縣：「可藍山，在縣西南七十里，一名都盧山。」可藍即賀蘭、皋蘭、岢嵐，指野馬，〔註2〕這一帶是優美的牧場。現在靖遠縣東部還有打拉池，明代稱打剌赤，不過這個地名可能是元代產生。

因為這一帶高平而多水，所以《禹貢》說：「原隰底績。」固原古稱原州，漢代設高平縣，北魏改為平高縣。

隋代在今固原之北置他樓縣，唐代改名蕭關縣，他樓即 dala 的音譯，說明這個名字一直延續。

## 第二節　嶓冢、惇物的原義都是大山

三危既宅，三苗丕敘，源自舜遷三苗於三危的傳說，《尚書·堯典》：「遷三苗於三危，以變西戎。」但是我已經論證《堯典》是經過儒家嚴重改造的書，未必可信。

這個故事的另一個版本是《左傳》文公十八年，大史克說：「昔帝鴻氏有不才子，掩義隱賊，好行兇德，醜類惡物，頑囂不友，是與比周，天下之民謂之渾敦。少皞氏有不才子，毀信廢忠，崇飾惡言，靖譖庸回，服讒搜慝，以誣盛德，天下之民謂之窮奇。顓頊氏有不才子，不可教訓，不知話言，告之則頑，舍之則囂，傲很明德，以亂天常，天下之民謂之檮杌。此三族也，世濟其凶，增其惡名，以至於堯，堯不能去。縉雲氏有不才子，貪於飲食，冒於貨賄，侵欲崇侈，不可盈厭，聚斂積實，不知紀極，不分孤寡，不恤窮

---

〔註1〕周運中：《中國文明起源新考》，第 226～228 頁。
〔註2〕周運中：《文明的交互：絲綢之路上的古代動物交流（西北篇）》，《南方文物》2018 年第 1 期。

匿，天下之民以比三凶，謂之饕餮。舜臣堯，賓於四門，流四凶族，渾敦、
窮奇、檮杌、饕餮，投諸四裔，以禦魑魅。」

其中的檮杌，對應前一個版本中的三苗，因爲楚國的史書就叫《檮杌》，
《孟子・離婁》：「晉之《乘》、魯之《春秋》、楚之《檮杌》，其實一也。」楚
人出自苗族，苗族崇拜虎，檮杌是虎，《神異經》：「西方荒中有獸焉，其狀如
虎而犬毛，長二尺，人面虎足，豬口牙，尾長一丈八尺。擾亂荒中，名檮杌。」
苗語的老虎是 tsov，即檮杌。苗族崇拜老虎，湘西高廟文化 6000 多年前的陶
器上經常出現虎口和獠牙的圖案。

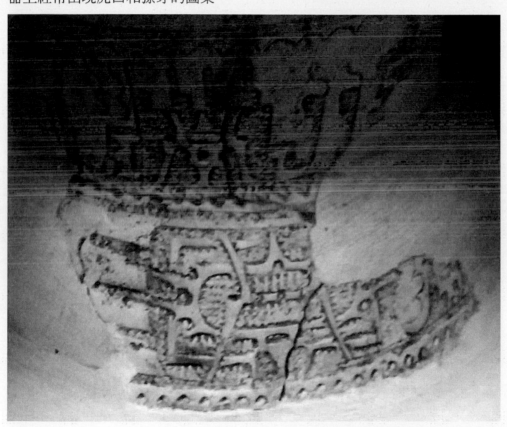

湖南高廟文化白陶器上的虎口獠牙圖案（周運中攝於 2016 年 12 月 18 日）

其實雍州的惇物，也即檮杌，讀音極近。或以爲在今太白山附近，《漢書・
地理志上》右扶風武功縣：「太壹山，古文以爲終南。垂山，古文以爲敦物。
皆在縣東。」據此，則惇物山緊鄰太壹山（太白山），距離鳥鼠山太遠。我認
爲，惇物山即嶓冢山，因爲惇物的原義是虎，而西北方言的虎讀成伯都，其

實就是嶓冢山，讀音非常接近。

西漢揚雄《方言》卷八說：

> 虎，陳魏宋楚之間，或謂之李父，江淮南楚之間，謂之李耳，
> 或謂之於㬟。自關東西，或謂之伯都。」〔註3〕

上古音的伯都是 peak-ta，嶓冢是 pai-tiong，對應今天維吾爾語的虎 bars。伯都的上古音非常接近博格達山 Bogda，漢語的伯、蒙古語的勇士拔都很可能都是同源字。不過檮杌（惇物）和伯都很可能都是源自大，漢語的大蟲就是老虎，因爲虎是東亞最大的猛獸。因爲高棉語的 tʰom 就是大，顯然是 tsov 的同源字。所以扶南的國都是特牧城，〔註4〕即大城。《檮杌》的原義或許不是虎之書，而是大書，類似《尚書》。

惇物、嶓冢，都是大山。《漢書·地理志下》五原郡有莫䵣縣，即博格達，上古音的莫是明母鐸部 mak。《史記·建元以來侯者年表》有元狩二年封輝渠侯僕多，原是匈奴人，僕多即博格達，上古音的僕是幫母屋部 pok。上古音的輝渠是 hun-ga，顯然是渾邪、允吾，證明渾邪、允吾都是突厥人。

嶓冢山是今天水之南的麥積山，高達 2197 米，正是在太白山和鳥鼠山之間的一座名山，《山海經·西山經》嶓冢山：「漢水出焉，而東南流注於沔。䳰水出焉，北流注於湯水。其上多桃枝鉤端，獸多犀、兕、熊、羆，鳥多白翰、赤鷩。」此山猛獸很多，自然也有虎。湯水指溫泉，嶓冢山之北的湯水很可能是今麥積山之北的街亭溫泉。

因爲《禹貢》說：「嶓冢導漾。」漢代人認爲漾水是西漢水的源頭，《漢書·地理志下》隴西郡氏道縣：「《禹貢》養水所出，至武都爲漢。」養水即漾水，氏道縣在今禮縣，於是有人誤以爲嶓冢在今天水之南，但是天水之南根本沒有大山，唯有麥積山可以定爲嶓冢山。

有人誤以爲嶓冢山在今寧強縣，說漢水的南源在此，又說《魏書·地形志下》梁州華陽郡嶓冢縣：「有嶓冢山，漢水出焉。」我認爲不足爲據，因爲《魏書》明確說這個梁州是蕭梁置，這是南朝的儒生根據《禹貢》附會，此時南朝得不到原有嶓冢山，於是虛備職方，這個華陽郡也不在華山之陽，不過是爲了貼合梁州之名，《禹貢》說「華陽黑水惟梁州」，於是生造出華陽郡

---

〔註3〕 〔漢〕揚雄著、周祖謨校箋：《方言校箋》，第51頁。
〔註4〕 《新唐書》卷二二二下《扶南傳》：「治特牧城，俄爲眞臘所併，益南徙那弗那城。」

名。這裡不屬秦嶺，不可能是《山海經・西山經》秦嶺山脈之中的嶓冢。錢穆引唐代張守節《史記正義》說嶓冢在金牛縣（今寧強縣東北），[註5] 顯然不能成立，唐代已經很晚，唐代人不明上古地理而誤。

非常有趣的是，《禹貢》導山篇說：「道嶓冢，至於荊山。」荊山是荊楚的發祥地，古人認爲嶓冢有路去荊山，嶓冢南通漢水流域，所以很可能有苗族西北遷到此處，把嶓冢轉譯爲惇物。漢水原名沔水，而苗族和同源的瑤族都有自稱爲勉的支系，羌族的自稱也是綿，可見沔水的名字其實就來自苗族、羌族，而苗族的名字又影響了羌族。

這一帶是重要的交通要道，諸葛亮出祁山，就是到天水，街亭在今麥積山的西北。麥積山北的放馬灘出土了著名的戰國木板地圖和西漢紙地圖，說明這一帶的交通非常重要。

## 第三節　三危、三苗在河湟

但是三苗在南方，不可能遠遷到河西走廊，更不可能到現在的敦煌，漢武帝時攻佔敦煌，後人竟把三危附會到敦煌。東漢桑欽《水經》所附《禹貢山水澤地考》說：「三危山在敦煌縣南。」唐代《括地志》：「三危山有三峰，故名三危，俗亦名卑羽山，在沙州敦煌縣東南三十里。」這個錯誤的說法，一直延續至今，現在敦煌之南仍然有三危山，其實這個說法出現很晚，未必可信。究其原因，很可能是因爲三危是通名，所以《山海經・西次三經》三危山在今阿富汗，但是這個三危山太遠，不可能是三苗所遷的三危山。

其實上古就有一個讀音接近三危的地名，靠近雍州，《漢書・地理志下》金城郡允吾縣：「烏亭逆水出參街谷，東至枝陽入湟。」烏亭逆水是今蘭州西北的莊浪河，參街音近三危，上古音的街是見母支部 ke，危是疑母歌部 ngiuai，看似有差異，其實允吾縣的北部就有允街縣，允吾和允街是同源地名，則吾、街相通，吾的上古音是疑母魚部 ngea，非常接近危。既吾、街相通，則危、街也相通，則三危山就在參街谷，在今天祝縣的烏鞘嶺之南。

三苗住在此處，還有一個證據，《穆天子傳》卷四說周穆王回程，路過重〔䍃邑〕氏，是原來是三苗之所處。這個地方根據上下文可以確定在今武威，很可能是漢代張掖縣（今張義鎮），上古音的張掖 tiang-jyak 和重䍃tjiong-jiô

---

〔註5〕錢穆：《古史地理論叢》，第 272 頁。

很近，其南就是參街谷。

住在河湟之地的是羌族，羌族和苗族有何關係？李零提出一個有趣的看法，他說党項人古稱彌藥，其後裔即今木雅人，三苗就是彌藥、木雅。〔註6〕我認為這個看法非常重要，羌族屬漢藏語系，但是現在羌族、藏族人的 Y 染色體測出大量的 D 類型，不是漢族主要的 O 型，說明歷史上有很多漢藏語系的人西遷到了高原，改變了羌族、藏族原有文化。這很可能就是羌族有源自苗族名稱的原因，其實更早的記載是無弋，《後漢書‧西羌傳》說羌人的祖先名為無弋爰劍，上古音的無弋是 ma-ʎiək，也接近彌藥、木雅、苗。

無弋爰劍的傳說：「羌無弋爰劍者，秦厲公時為秦所拘執，以為奴隸。不知爰劍何戎之別也。後得亡歸，而秦人追之急，藏於岩穴中得免。羌人云爰劍初藏穴中，秦人焚之，有景象如虎，為其蔽火，得以不死。既出，又與劓女遇於野，遂成夫婦。女恥其狀，被髮覆面，羌人因以為俗，遂俱亡入三河間。諸羌見爰劍被焚不死，怪其神，共畏事之，推以為豪。河湟間，少五穀，多禽獸，以射獵為事，爰劍教之田畜，遂見敬信，廬落種人依之者日益眾。羌人謂奴為無弋，以爰劍嘗為奴隸，故因名之。其後世世為豪。至爰劍曾孫忍時，秦獻公初立，欲復穆公之跡，兵臨渭首，滅狄豲戎。忍季父卬畏秦之威，將其種人附落而南，出賜支河曲西數千里，與眾羌絕遠，不復交通。」

羌人的祖先原先是秦人的奴隸，因為秦人向西擴張，而西遷數千里，到了河湟之地。上文說過，苗族又西遷到天水的一支。而天水南北的禮縣、清水縣是秦人早期最重要的發祥地，所以這一帶的苗族再次西遷河湟。三河間，《續漢書》作河湟間，從下文來看應是河湟間。

原先住在河湟的是塞人，析支是上古音是 syek-kie，即塞人 Saka。其實參街（三危）的讀音 sam-ke，就是源自 Saka，所以中亞也有三危山，因為那裡正是塞人的大本營。

戎的上古音 njiuəm，接近 Iran。所以戎、狄的原義不同，狄 dyek 原指突厥人 turk，戎原指伊朗人，後來混淆。西漢西河郡有益闌縣，即 Iran。《穆天子傳》卷一的燕然山很可能是今靖遠縣哈思山，燕然即伊朗。下文還要論證祖厲縣（在今靖遠、會寧）的名字，就是源自粟特，也是伊朗語民族。所以上古的伊朗語族群在六盤山以西到青海，連成一片。

還有允街人，也即渾邪，《史記‧趙世傑》說：「北滅黑姑。」黑姑音近

---

〔註6〕李零：《茫茫禹跡》，第 192 頁。

允街、渾邪，其實都是點戛斯，也即今柯爾克孜（吉爾吉斯）族。〔註7〕還有吐火羅人，西漢在今廣河縣設大夏縣，大夏即吐火羅的音譯。

　　1992 年，西寧沈那遺址出土一件齊家文化銅矛，具有倒鉤，這種造型來自新疆的塞伊瑪──圖爾賓諾文化，年代可能在 3000 到 4000 年前，〔註8〕說明青海在上古時代就是東西交流的要衝。

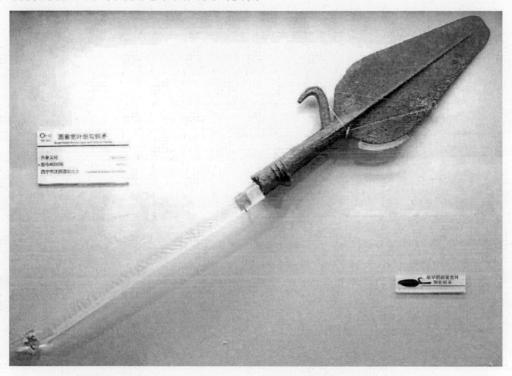

青海博物館藏齊家文化倒鉤銅矛（周運中攝於 2017 年 8 月 20 日）

　　羌人西遷之事不可能早於春秋，所以三苗（羌）西遷三危之事也不可能早於春秋，說明《堯典》舜遷四族是春秋之後儒家的改造，《禹貢》的這段文字也不可能早於春秋。

　　至於無弋的原義未必是奴隸，也未必源自羌人是秦人的奴隸，很可能是西遷的漢藏語系居民原本是高原土著的奴隸，轉而附會出無弋指奴隸的故事，或者引申出無弋指奴隸的意思。今藏語的奴隸是 brang.yog，讀音確實解決無弋的上古音，但是這不能證明無弋原指奴隸。因爲漢語的僕也是源自濮

〔註7〕　周運中：《中國文明起源新考》，第 205～206 頁。
〔註8〕　林梅村：《塞伊瑪──圖爾賓諾文化與史前絲綢之路》，《文物》2015 年第 10 期。

人的族名，所以這種藏語的奴隸一詞也可能源自族名。英語的奴隸 slave 也是源自斯拉夫人，而斯拉夫人的名字不是因爲他們的祖先是奴隸。

## 第四節　黑水是怒江、黑河

黑水是雍州、梁州的西界，雍州：「黑水、西河惟雍州，弱水既西，涇屬渭汭，漆沮既從，澧水攸同。荊、岐既旅，終南、惇物，至於鳥鼠。原隰底績，至於豬野。三危既宅，三苗丕敘。」梁州：「華陽、黑水惟梁州。」導水篇：「導黑水，至於三危，入於南海。」

劉起釪羅列古人的各種說法，有在伊吾（今哈密）、沙州（今敦煌）、肅州（今酒泉）、甘州（今張掖）、河州（今臨夏）、鳥鼠山（在今渭源）、宕州（今宕昌）、扶州（今文縣）、秦州（今天水）、原州（今平涼）、慶州（今慶陽）、隴州（今隴縣）、夏州（今靖邊）、延州（今延安）、鰲屋（今周至）、漢中、潘州（今松潘）、疊溪（今茂縣）、崇慶（今崇州）、符縣（今合江）、金沙江、滇池、牂牁江（今北盤江）、鬱水（今南盤江）、西洱河、瀾滄江、怒江、雅魯藏布江、伊洛瓦底江、越南、羅布泊等。黑水簡直遍佈各地，難以解釋。

今有人認定梁州黑水是松潘黑水，說雍州和導水篇的黑水是黨河，黑水流入的南海是黨河注入的哈拉湖。〔註9〕其實松潘黑水出現太晚，明清才有此說，而且在岷江上游，既不是獨立的河流，又不是很遠，所以不能成立。哈拉湖顯然不可能稱爲海，所以黨河說也不能成立。

其實通過黑水入南海，就大體上可以定黑水是今瀾滄江或怒江，瀾滄江下游即湄公河，怒江的下游是薩爾溫江，都入南海。怒江更西，怒江再西大河就是雅魯藏布江，但是雅魯藏布江不是南北向，雍州、梁州的西界的黑水應該是南北向，很可能是怒江。

漢代稱怒江爲類水，〔註10〕類的讀音通黎，黎有黑的意思。清代沈丙瑩《黑水考》說潞江（怒江）上游，蕃語稱哈喇烏蘇，即黑水。白庚勝《納西考釋》說怒族自稱努蘇，怒是黑。

怒江上游有索縣，清代稱索克宗，唐代稱索曲爲大速水，速的古音 sok，

---

〔註9〕 李零：《茫茫禹跡》，第 186、189 頁。
〔註10〕 周運中：《秦漢歷史地理考辨》，臺北：花木蘭文化出版社，2019 年。

上文說過三危源自塞人 Saka，怒江上游的索克很可能也是源自塞人。新疆南部的土著是塞人，河湟也有塞人，塞人自然也有可能進入青藏高原。

古代就有譯塞 Saka 爲索 Sheak 的例子，《周書》卷五十《突厥傳》：「或云突厥之先出於索國。」指突厥出自塞人。

上古中原人沒有到青藏高原，於是問高原東部的羌人，黃河以西最西的河是哪條河，得到的答案是黑水（怒江），於是《禹貢》作者得到這個信息，指爲雍州、梁州的西界。

不過《穆天子傳》卷四說周穆王回來經過河西走廊，也有黑水，采石山很可能在今張掖丹霞國家地質公園，則黑水很可能是今黑河，雍州西界的黑水也可能是這個黑水。

## 第五節　弱水窫窳是印歐人的水神

《禹貢》雍州開頭第一句就說：「弱水既西，涇屬渭汭，漆沮既從，灃水攸同。」導水篇第一句：「導弱水，至於合黎，餘波入於流沙。」

漢武帝攻佔河西，漢代人把弱水附會爲今天河西走廊的黑河，《漢書·地理志下》張掖郡刪丹縣：「桑欽以爲道弱水自此，西至酒泉合黎。」《說文》溺：「溺水自張掖刪丹，西至酒泉合黎，餘波入於流沙。」但是黑河大體上是向東北流，而且距離關中太遠，中間的山水都不提及，怎麼可能先說遙遠的黑河，再說關中最重要的涇、渭等河呢？

前人都沒有發現，其實這個弱水是今寧夏的清水河，此事端賴《山海經》方能破解，《海內南經》：

> 窫窳龍首，居弱水中，在狌狌知人名之西，其狀如貙，龍首，
> 食人……

> 匈奴、開題之國、列人之國並在西北。

《海內西經》：

> 貳負之臣曰危，危與貳負殺窫窳。帝乃梏之疏屬之山，桎其右
> 足，反縛兩手與髮，繫之山上木。在開題西北……

> 開明東有巫彭、巫抵、巫陽、巫履、巫凡、巫相，夾窫窳之屍，
> 皆操不死之藥以距之。窫窳者，蛇身人面，貳負臣所殺也。

在《山海經》各部分中，《海內經》四篇錯亂最嚴重，《海內南經》窫窳一句

原應在《海內西經》。其實《海內南經》末尾的氐人、匈奴、開題都在西北，原文就明確說在西北，可見是從《海內西經》開頭誤入《海內南經》末尾。因爲已經錯亂，所以窫窳在狌狌（猩猩）西北不可信，是後人誤加。

開題山即今六盤山，《漢書・地理志下》安定郡涇陽縣（在今平涼）：「開頭山在西，《禹貢》涇水所出，東南至陽陵入渭，過郡三，行千六十里，雍州川。」題即頭，此處所說是六盤山。則弱水在六盤山西北，是今清水河。

弱水之中的窫窳，其實是印歐人的水神伐樓那，印度婆羅門教經典《梨俱吠陀》稱 varuna，西元前約 1380 年《米坦尼協約》稱 aruna。〔註11〕《北山經》首篇少咸山：「有獸焉，其狀如牛，而赤身、人面、馬足，名曰窫窳，其音如嬰兒，是食人。敦水出焉，東流注於雁門之水。」郭璞注：「軋愈二音。」上古音的軋是影母月部，愈是以母侯部，軋愈 iat-jio 讀音可對應 aruna，突厥語的龍 ulu、蒙古語的龍 luu、漢語的龍 long 也是同源字。

清水河又名蔚茹水，《元和郡縣志》卷三原州蕭關縣（在今同心南）：「蔚茹水，在縣之西，一名葫蘆河，源出原州西南頽沙山下。」蔚茹水是今清水河，蔚茹正是 varuna 的音譯，中古音的蔚茹是 vi-ru，訛爲葫蘆 hu-lu。

清水河之西，今有屈吳山，古名契吳山，契吳即窫窳，更證明窫窳所在的弱水就是清水河。

窫窳是龍首，這就是匈奴人祭祀的龍，《史記・匈奴列傳》：「五月，大會龍城。」《索隱》：「《漢書》作龍城……崔浩云：西方胡皆事龍神，故名大會處爲龍城。《後漢書》云：匈奴俗，歲有三龍祠，祭天神。」胡人都祭祀龍神，其實是印歐人的水神。

窫窳又作掹於，《北周書》卷十九《楊忠傳》說：「北臺謂猛獸爲掹於。」北臺語指鮮卑語，引申爲猛獸。

殺窫窳的人被囚在疏屬山，疏是山母魚部 shia，屬是照母屋部 tjiok，疏屬 shia-tjiok 其實就是清水河之西的甘肅靖遠縣，西漢設祖厲縣，上古音的祖是精母魚部，厲是來母月部，祖厲是 tsia-liat，讀音很近。其實疏屬、祖厲都源自粟特，粟特語是 sjwδyk，玄奘《大唐西域記》稱窣利 Sūlya，〔註12〕前者譯爲疏屬，後者譯爲祖厲。

〔註11〕林梅村：《古道西風：考古新發現所見中西文化交流》，北京：三聯書店，2000年，第 10～12 頁。

〔註12〕〔唐〕玄奘、辯機原著、季羨林等校注《大唐西域記》，北京：中華書局，1985年，第 73 頁。

　　殺害竅窳的危，顯然對應鬼方。而祖厲縣源自粟特人，也屬於伊朗族群，所以伊朗族群的祭司造出鬼方人殺害水神而被天神嚴懲又被看管在疏屬（粟特）之地的傳說。

　　今本《山海經》的劉歆《上山海經表》說：「考宣帝時，擊磻石於上郡，陷得石室，其中有反縛盜械人。時臣秀父向爲諫議大夫，言此貳負之臣也。詔問何以知之，亦以《山海經》對。」郭璞序：「劉子政辨盜械之屍。」上郡在今陝北，靠近六盤山和清水河，所以有此傳說。

　　宋代出土的秦國三塊《詛楚文》，其中《告大沈厥湫》出於朝那湫，在今固原的西南。《史記‧封禪書》說秦代祭祀：「湫淵，祠朝那。」《索隱》：「即龍之所處也。」湫淵顯然是印歐人祭祀水神龍神處，《水經注》記載固原西南有龍泉。朝那湫又名沈厥湫，沈厥顯然就是突厥，上古音的沈是端母侵部 diəm。之所以改譯爲沈，因爲沈通沉，祭祀的物品沉入水底。《爾雅‧釋草》：「蕭，萩。」上古音的蕭 syu 和萩 tsiu 音近，是同源字。〔註13〕我認爲蕭關即湫關，蕭關在固原南。上古音的朝是 tiô，音近湫，朝那縣名或許也源自湫。

　　竅窳又作猰貐，《淮南子‧本經》：「猰貐、鑿齒、九嬰、大風、封豨、修蛇皆爲民害。」猰貐所在的深淵，即貐（俞）淵，《後漢書‧西羌傳》注引《竹書紀年》：「夷王衰弱，荒服不朝，乃命虢公，率六師伐太原之戎，至於俞泉，獲馬千匹。」上文說過太原在今固原，俞泉很可能是湫淵。蕭關，或即源自《穆天子傳》卷一隃關，俞讀爲輸 sjio，音近。不其簋銘文：「御方玁狁，廣伐西俞。」西俞，即隃關以西。

　　湫 tsiu 的本義是湖，源自印歐語，德語是 see，丹麥語是 sø，瑞典語是 sjö，證明湫淵祭祀印歐人的水神。對應漢語的水，也對應海 sea。因爲印歐人原居內陸，所以有湖海混淆的用法。最早應是海，因爲印歐人從東方沿海遷往內陸，而轉用指湖，所以在印歐語系中並不普遍。印歐語的 lake 對應漢語的濼 lak，湫不是源自阿爾泰語系，蒙古語是 nuur（對應漢語的淖），突厥語是 göl（對應漢語的湖）。

　　再看《穆天子傳》卷一最重要的人物河宗氏伯夭，上古音是 peak-yô，很可能就是印歐人的水神 varuna，讀音很近。小說中河宗直呼周穆王的名字，引導他去崑崙山，卷四周穆王稱他爲河宗正，即最高水神。他住的地方在固原的西北，根據上下文似在今靖遠縣。

---

〔註13〕王力：《同源字典》，北京：商務印書館，1982 年，第 208 頁。

西漢烏氏縣在今寧夏涇源縣，古希臘斯特拉波《地理志》記載 Asiani 人、Pasini 人、Tokharoi（吐火羅）人、Sacarauli（塞）人一起滅亡了巴克特里亞 Bactria，Asiani 成爲國王。Asiani 又作 Asii，我認爲即烏氏，也即烏孫的親緣名字，讀音稍近。烏孫之南有溫宿國，在今烏什縣。《漢書·西域傳》說：「本塞地也，大月氏西破走塞王，塞王南越縣度。大月氏居其地。後烏孫昆莫擊破大月氏，大月氏徙西臣大夏，而烏孫昆莫居之，故烏孫民有塞種、大月氏種云。」說明烏孫不是塞人、月氏，烏孫原居新疆北部，很可能是希羅多德《歷史》所說的伊賽多涅斯人 Issedones，音近，希羅多德說其東是阿里馬斯波伊（獨目）人，再東是看守黃金的格里芬，獨目人向西驅逐伊賽多涅斯人，伊賽多涅斯人又向西侵略西徐亞人 Scythian。獨目人對應《山海經·海內北經》說鬼國一目，格里芬住在金山（阿爾泰山），鬼國在阿爾泰山西麓，伊賽多涅斯人原在新疆北部，符合《漢書》記載的烏孫原居地。讀音也接近現在高加索地區的奧塞梯人 Ossete，說的是東伊朗語，說明其祖先是西遷到此地。

李零指出，滹沱，《戰國策·秦策一》作呼池，《燕策一》作呼沱，《職方》作虖池，《禮記·禮器》：「晉人將有事於河，必先有事於惡池。」不是今山西北部的滹沱河，而是水神。宋代出土的秦國三塊《詛楚文》，其中《告亞駝文》出於要冊湫（今正寧縣湫頭鄉），祭祀水神亞駝，亞駝即惡池，這是秦、晉的水神，其實源自戎狄。西漢在安定郡也有滹沱苑，《漢書·平帝紀》元始二年：「罷安定呼池苑，以爲安民縣。」《小雅·白華》：「滮池北流。」齊、魯、韓三家作淲沱北流，《說文》：「淲，水流貌。從水，彪省聲，《詩》曰淲沱北流。」《水經注》卷十九《渭水》：「鄗水又北流，西北注，與彪池合。水出鄗池西，而北流入於鄗。」膚施（在今榆林），也是滹沱。〔註14〕

我認爲，烏氏和惡池同源，安定郡的滹沱靠近烏氏。烏氏、惡池其實就是印歐人的水神，也即龍神，亞駝的上古音是 a-thjiai，非常接近波斯語的龍 eždehe 或 aždar，印地語是 azadhā 或 ajgar，土耳其語是 ejderha，哈薩克語是 aydahar。因爲烏氏縣就在固原之南，所以他們的族名就是龍。

現代英語的 dragon 其實是古印歐語的後半部，源自蜥蜴，西漢揚雄《方言》卷八說：

> 守宮，秦、晉、西夏謂之守宮，或謂之蠦𧉚，或謂之蜥易。其

〔註14〕 李零：《滹沱考》，《黃盛璋先生八秩華誕紀念文集》，中國教育文化出版社，2005 年。

在澤中者謂之易蜴。南楚謂之蛇醫，或謂之蠑螈。東齊、海岱謂之
蠑侯。北燕謂之祝蜒。桂林之中，守宮大者而能鳴，謂之蛤解。

守宮是守閭之誤，守閭 ɡiu-lia、蜥蜴 syek-ʎiek 音近 ždar，接近蜥蜴的拉丁文
是 saruos，阿拉伯語是 siḥlíyya，愛沙尼亞語是 sisalik。因爲蜥蜴行走飛快，
所以蜥蜴的名字和蛇的原始讀音 sna-源自表示飛快的擬聲詞 slu-，也即候、速
等字的由來。

郭璞注蠑侯：「似蜥易大而有鱗，今所在通言蛇醫耳。」顯然是華南的巨
蜥，我已經論證，蠑侯即蚩尤的語源。郭璞注蛤解：「似蛇醫而短，身有鱗彩，
江東人呼爲蛤蚖。」我認爲，顯然是華南的長鬣蜥，蛤蚖即軒轅的語源，說
明龍的原型是鬣蜥。鬣蜥的脊背有一排鬣鱗，特別類似後世龍的形象。長鬣
蜥別名水龍，長達一米，喜歡潮濕環境，雨天更加活躍，所以《左傳》昭公
二十九年說：「龍，水物也。」因爲蜥蜴能上樹，所以說能飛，所以《易·乾》
說：「飛龍在天。」如果是鱷魚，則不能解釋飛在天上。

龍不是源自鱷魚，鱷的上古音是 ak，英語是 crocodile，豪薩語是 kada，
烏干達的 Gwere 語是 ngoona，柬埔寨語是 krapɔɔ，印地語的龍 naga 源自鱷魚
magar，這些同源字都是源自牙 ngea，牙的馬來語的 gigi，亞美尼亞語是 akra。
因爲鱷魚最顯著的特徵就是巨嘴利齒，而這些讀音都不接近蜥蜴、蛇的讀音，
因爲鱷魚的行動較慢。

因爲龍的原型是鬣蜥，所以我才悟出東北的紅山文化玉龍爲何有鬃毛，
前人往往誤稱爲豬龍，說是豬和龍的混合。其實那不是鬃毛，而是鬣蜥脊背
上的鬣鱗。鬣蜥生活在南方，形象傳到東北，發生變形。

良渚文化玉器上巫師下方的神獸，其實也是鬣蜥，眼睛很大，嘴部扁平，
爪子很小。因爲鬣蜥看似猙獰，其實性情溫和，容易飼養，所以古人才會養
龍，所以玉器上的巫師手持鬣蜥。所以上古有養龍的豢龍氏，《左傳》昭公二
十九年蔡墨說：「昔有飂叔安，有裔子曰董父，實甚好龍，能求其耆欲以飲食
之，龍多歸之，乃擾畜龍，以服事帝舜，帝賜之姓曰董，氏曰豢龍，封諸鬷
川，鬷夷氏其後也。故帝舜氏世有畜龍。及有夏孔甲，擾於有帝，帝賜之乘
龍，河、漢各二，各有雌雄。孔甲不能食，而未獲豢龍氏。有陶唐氏既衰，
其後有劉累，學擾龍於豢龍氏，以事孔甲，能飲食之。夏后嘉之，賜氏曰御
龍，以更豕韋之後。龍一雌死，潛醢以食夏后。夏后饗之，既而使求之。懼
而遷於魯縣，范氏其後也。」

1971 年内蒙古翁牛特旗塞沁塔拉出土的紅山文化玉龍
（周運中攝於 2016 年 12 月 7 日）、良渚文化玉器圖案

而水神 varuna 和龍神 azdar 或許也是同源字，前面的 va 源自原始印歐語的水 wodr，漢語的活 wat 是同源字。分子人類學的最新研究證明印歐人的祖先原來住在東亞沿海，所以馬來語的水 air、波斯語的河 rud、古漢語的流 liu 也是同源字。

其實突厥王族阿史那也是源自龍，讀音很近，所以傳說源自水神，《酉陽雜俎》卷四說：「突厥之先曰射摩舍利海神，神在阿史德窟西。射摩有神異，又海神女每日暮，以白鹿迎射摩入海，至明送出，經數十年。」

我已經論證，《逸周書·王會》說義渠人進貢的茲白馬之名源自波斯語的馬 aspa，[註15] 雖然義渠即焉耆（國都員渠），屬月氏人，但是他們能得到波斯馬，說明其西北有伊朗人，其實就在今寧夏。

焉耆人崇拜龍，焉耆王姓龍，唐代光啓年間的敦煌寫本《沙州地志》：「龍部落，本焉耆人。」《晉書》卷九八《焉耆傳》說到國王龍安，《魏書》卷一百二《焉耆傳》：「其王姓龍。」日本的大谷橘瑞等人從我國新疆羅布泊偷竊去的李柏文書說：「臣柏言：焉耆王龍。」《隋書》卷八三《焉耆傳》：「其王姓龍。」唐代有很多記載說焉耆王姓龍，焉耆王的祈願文的梵文說到兩個王號：Indrarjuna、Candrarjuna，arjuna 是梵文的龍，也可指白、光、猛，于闐的文書也說焉耆王姓龍。焉耆自稱 Arsi，法顯稱為焉夷。貝利認為焉耆來自焉耆語的蛇 Okni，轉為龍。黃盛璋認為是語音變化，從 Argi 變

〔註15〕周運中：《文明的交互：絲綢之路上的古代動物交流（西北篇）》，《南方文物》2018 年第 1 期。

成 Arsi。〔註16〕現在看來，Arsi 其實就是龍。因爲焉耆靠近焉耆海（今博斯騰湖），所以祭祀龍。不是語音變化，Agri 和 Arsi 的來源不同，從義渠可知上古焉耆已有 Agri 的近似讀音。其實，前人未曾注意，焉耆國之旁就是危須國，危須即 arsi 的由來。

因此，隴山的名字其實就是源自龍。《說文》：「隴，天水大阪也。《地理志》天水郡有隴縣。」這不是解釋隴山的由來，隴字顯然源自龍，即印歐人的水神。清水河在六盤山之北，降水少，水量少，故名弱水。弱水在今中寧注入黃河，北周設鳴沙縣，所以《禹貢》說弱水餘波入於流沙。合黎，無疑就是賀蘭山，北岸就是賀蘭山。上古音的黎讀 lai，現在粵語仍同。因爲弱水靠近涇、渭，所以雍州開頭就說弱水。

## 第六節　隴山是東方的崑崙山

我曾經論證《山海經·西次三經》的崑崙山是今新疆和西藏之間的崑崙山，廣義的崑崙山還包括帕米爾高原和阿里高原。《山海經·海內西經》的崑崙山也是這個崑崙山。〔註17〕

但是《禹貢》雍州「織皮、崑崙、析支、渠搜，西戎即敘」的崑崙在今六盤山，也即上古的隴山。

隴山是崑崙的證據很多：

1. 崑崙、隴山都有懸圃，《穆天子傳》卷二說崑崙山之北：「舂山之澤，清水出泉，溫和無風，飛鳥百獸之所飲食，先王所謂縣圃。」舂山即《山海經·西次三經》和《海內西經》所說崑崙東北的鍾山，《淮南子·地形》：「崑崙之丘，或上倍之，是謂涼風之山，登之而不死。或上倍之，是謂懸圃，登之乃靈，能使風雨。或上倍之，乃維上天，登之乃神，是謂太帝之居。」《職方》雍州：「其澤藪曰弦蒲。」《漢書·地理志上》右扶風汧縣：「吳山在西，古文以爲汧山。雍州山。北有蒲谷鄉弦中谷，雍州弦蒲藪。」在今隴縣。

2. 崑崙、隴山附近都有西王母，《太平寰宇記》卷三二涇州保定縣（今涇

〔註16〕黃盛璋：《試論所謂「吐火羅語」及其有關的歷史地理和民族問題》，《中外交通與交流史研究》，安徽教育出版社，2002 年，第 216～239 頁。
〔註17〕周運中：《〈山海經〉崑崙山位置新考》，《中國歷史地理論叢》2008 年第 2 期。

川縣）：「西王母祠，《周地圖記》云：王母乘五色雲降於漢武，其後帝巡郡國，望彩雲以祠之，而雲浮五色，屢見於此……每水旱，百姓禱祈，時有驗焉。」周穆王征犬戎，見西王母，原應在此。西王母是游牧民族女首領的通稱，《史記‧衛將軍驃騎列傳》說霍去病攻祁連山：「獲五王、五王母……千騎將得王、王母各一人。」新疆尼雅遺址出土木簡有：「王母謹以琅玕致問王。」〔註18〕戰國時的魏國人把周穆王見西王母的故事附會到極西崑崙山的西王母，寫出《穆天子傳》。

3. 崑崙、隴山都有共工，《山海經‧海內北經》：「其東有犬封國。貳負之屍在大行伯東。犬封國曰犬戎國，狀如犬。有一女子，方跪進杯食。有文馬，縞身朱鬣，目若黃金，名曰吉量，乘之壽千歲。」《海內經》：「奚仲生吉光，吉光是始以木爲車。」犬戎靠近涇川西王母和隴山，奚仲是奚國人，1972年靈臺縣白草坡發現西周奚國君主奚伯墓，〔註19〕靈臺縣就在涇川縣之南。

崑崙山也有奇肱，《海外西經》：「奇肱之國在其北，其人一臂三目，有陰有陽，乘文馬……形天與帝爭神，帝斷其首，葬之常羊之山。乃以乳爲目，以臍爲口，操干戚以舞。」奇肱音近吉光，也即《穆天子傳》卷一渠黃，我已經論證也即共工、康居，因爲此族把造車、冶金技術從西域傳到中國，所以《博物志》說玉門關西萬里的奇肱人造飛車在商湯時來到中國，《左傳》昭公十五年、定公四年說到珍貴的闕鞏之甲，闕鞏即共工。〔註20〕

更有趣的是，奇肱國附近有刑天神，而刑天通開頭，隴山又名開頭山。所以這些民族東遷時，把傳說和地名一併東傳。

4. 隴山有空同之名，其實就是崑崙的音轉。《史記‧趙世家》說趙襄子娶空同氏，顯然是想聯合戎狄。

林梅村認爲祁連、崑崙都源自吐火羅語的 kilyom，〔註21〕我認爲不確，祁連、吉量確實源自 kilyom，但是崑崙的讀音不近，崑崙應源自藏語 khyung lung，即大鵬鳥之地。象雄古國都城穹隆銀城在今箚達縣曲龍村 Khyung Lung，〔註22〕這一帶正是崑崙最核心之地。

---

〔註18〕林梅村：《樓蘭尼雅出土文書》，文物出版社，1985年，第88頁。

〔註19〕初仕賓：《甘肅靈臺白草坡西周墓》，《考古學報》1977年第2期。

〔註20〕周運中：《中國文明起源新考》，第206～210頁。

〔註21〕林梅村：《祁連與崑崙》，《敦煌研究》1994年第4期。

〔註22〕張雲：《象雄都城穹隆銀城今地考》，《中國藏學》2016年第2期。

# 第七節　渠搜在姑臧

雍州的崑崙、析支既然在隴山、河湟一帶，則渠搜不會太遠。其實《逸周書・王會》列舉西部朝貢民族，有義渠、央林、北唐、渠叟、樓煩、卜盧、區陽、規規、西申、氏羌等。

其中義渠在今慶陽，唐李吉甫《元和郡縣志》卷三寧州、慶州也都說原為義渠戎地，寧州在今甘肅慶陽、寧縣、正寧一帶，慶州在今慶城、合水、華池、環縣一帶。

樓煩不應是山西北部的樓煩，而是漢代是略畔縣，音近樓煩，在今合水縣，唐代設樂蟠縣。

卜盧源自突厥語的泉水 bulak，涇水源頭薄落山源自此字，《元和郡縣志》卷三鄜州甘泉縣：「武德元年，分洛交縣於伏陸城置縣，取城為名。天寶元年，改為甘泉縣。」伏陸即 bulak，即甘泉。西漢西域有卑陸國，在今新疆吉木薩爾縣，也即唐代的憑洛州，卑陸、憑洛也是源自泉水。〔註23〕《史記・建元以來侯者年表》有壯侯復陸支，原來是匈奴的因淳王，《漢書》卷十七記其孫名為屠耆，我認為復陸支即今巴基斯坦的俾路支。因淳，《漢書》作因敦，敦是敦之誤，因淳、因敦即印度，源自印歐人的雷神 Indra。屠耆應是塔吉克 tajik，這是匈奴收編的伊朗語族部落。因為塔吉克人、俾路支人的語言都屬伊朗語族，但是伊朗語的泉水不是 bulak，所以俾路支、勃律不知是否源自泉水。泉水非常重要，波斯語的泉水是 čašme，我認為很可能是克什米爾 Kashmir 的語源，玄奘《大唐西域記》卷二說迦濕彌羅國（今克什米爾）本是龍池，證明國名源自泉水。

區陽，即漢代的昫衍縣，在今寧夏鹽池縣，也即居延、呼延，音近。《史記・匈奴傳》有呼衍氏，匈奴北服屈射，屈射即居延，庫頁島名也源自此族。

規規即《山海經・西次三經》槐江山的槐鬼、《戰國策》趙國北部的遺遺，源自鬼方，《穆天子傳》說回路從河西走廊到文山，文山之人名為歸遺，也即規規。〔註24〕文山是有岩畫的山，根據上下文可以判斷在今山丹縣，硤口村確實有岩畫。漢代在今中寧設昫卷縣，其實就是槐鬼。西漢北地郡有渾懷障，在今寧夏北部，也是槐鬼。

---

〔註23〕錢伯泉：《車師語言與車師種族初探》，《新疆大學學報（哲學社會科學版）》1997 年第 3 期。
〔註24〕周運中：《中國文明起源新考》，第 200～204 頁。

甘肅省博物館藏武威雷臺漢墓出土銅馬（周運中攝於 2017 年 8 月 19 日）

再往東南的巨蒐，在今武威，古名姑臧，上古音的姑臧是 ka-dzang，渠搜是 ga-siu，音近地合。收、藏是同源字，所以搜和臧可通。姑臧，《元和郡縣志》卷四十涼州：「州城本匈奴所築，漢置爲縣，城不方，有頭、尾、兩翅，名爲鳥城。南北七里，東西三里。地有龍形，亦名臥龍城……因姑臧山爲名，亦言故匈奴蓋藏城，後人音訛爲姑臧。」匈奴已有城，說明以前很重要。

第二章第二節說過，《墨子‧兼愛中》墨子說：「古者禹治天下，西爲西河漁竇，以泄渠孫皇之水。」渠孫即渠搜，皇水即青海的湟水，說明渠搜的位置靠近湟水。

我認爲渠搜即奄蔡，《史記‧大宛列傳》：「奄蔡在康居西北可二千里，行國，與康居大同俗。控弦者十餘萬。臨大澤，無崖，蓋乃北海雲。」《正義》引《漢書解詁》：「奄蔡即闔蘇。」上古音的渠搜是 ga-siu 和闔蘇 hap-sa 音近，姑臧的原名蓋藏讀音更近。奄蔡靠近大澤（裏海），習俗類似康居，則屬伊朗族群，《三國志》卷三十裴注引魚豢《魏略》說：「奄蔡，一名阿蘭。」阿蘭

即雅利安 Aryan，則渠搜屬印歐語族群。奄蔡就是《山海經》弇州、弇茲，《大荒西經》：「有弇州之山，五采之鳥仰天，名曰鳴鳥。爰有百樂歌儛之風……西海陼中，有神，人面鳥身，珥兩青蛇，踐兩赤蛇，名曰弇茲。」弇州、弇茲即奄蔡，所以有西海（裏海）。屈原《離騷》：「望崦嵫而勿迫。」崦嵫是太陽所入之山，《山海經・西次四經》鳥鼠同穴山（在今渭源）之西是崦嵫山，今甘肅山丹和永昌間有胭脂山，《史記・匈奴列傳》：「漢使驃騎將軍去病將萬騎出隴西，過焉支山。」胭脂 ian-zei 音近奄蔡 iam-tsat，《正義》引《西河故事》說匈奴失焉支山後，歌曰：「失我焉支山，使我婦女無顏色。」胭脂即臙脂，又名紅藍 safflower，出自中亞，崔豹《古今注》：「燕支葉似薊，花似蒲公，出西方。」

哈薩克 Kazakh 很可能就是源自闔蘇 ha（p）sa，一說 Kazakh 源自突厥語的游蕩 qaz，我認為 qaz 和 kaza 不同，而且 qaz 或許是從此族游牧行為引申而來。我認為哈薩克源自印歐語的草，哈薩克最大的特點就是草原，這是哈薩克和吉爾吉斯、塔吉克不同之處。日語的草是 kusa，印地語是 ghas，德語是 gras，北美土著的奎查語 Quechua 是 qora，說明源自北亞。日語的 kusa 很接近斛薩，《新唐書・地理志七下》說斛薩部置高闕州，又置稽落州，又廢，又以阿特部置稽落州，說明靠近貝加爾湖。也即《魏書・蠕蠕傳》的賀術，位置符合。日本文化有很大一部分來自吳地，吳國都城姑蘇 ka-sa 很可能是草，蘇的字形說明原義就是草，姑蘇原來是低窪的草澤之地。

羊吃草，所以羊的讀音也很接近草，現代英語山羊 goat，古英語是 gat，今俄語 koza，希臘語 gida，梵語 aja，愛沙尼亞語 kits，土庫曼語 geçi，說明渠搜這個族名很可能源自羊，渠搜人最有名的特產正是羊毛織品。

渠搜人的毛織品叫氀毭（氀毹），是渠搜的同源字。《廣韻・上平聲・虞第十》引《聲類》：「氀毹，毛席也。」又引《風俗通》云：「織毛褥謂之氀毹。」《太平御覽》卷七○八引《通俗文》：「氀毭，細者渭之毹毭。」又引《南州異物志》：「氀毭，以羊毛雜群獸之毷為之，鳥獸人物，草木雲氣，作鸚鵡。遠望軒若飛也。」毹毭即毹毭，是羊毛氈。〔註25〕《三輔黃圖・未央圖》：「規地以

---

〔註25〕〔美〕勞費爾著、林筠因譯：《中國伊朗編》，北京：商務印書館，2015 年，第 346 頁。馬雍《新疆佉盧文書中之 Kosava 即氀毭考——兼論「渠搜」古地名》（《西域史地文物叢考》）認為佉盧文書之毛紡品 kośava 即氀毭、氀毹，源自渠叟，渠搜人在中亞，不在陝北。我認為馬雍未能發現《穆天子傳》、《逸周書》記載的渠搜在甘肅。我認為 kośava 不是氀毭，玄奘《大唐西域記》卷

罽賓氍毹。」《隋書・西域傳》記載出此物的有康國、漕國、波斯、龜茲，除龜茲是月氏故地外，都是伊朗語民族。《禹貢》說的織皮，或許就是氍毹之類的毛織品。《穆天子傳》說巨蒐人獻的物品有□□十篋，這兩個字，上面都是草，下面是既處。郭璞注：「疑此絓葛之屬。」因爲郭璞看到是草字頭，我認爲上古音的既處 kiət-tsa，接近氍毹，很可能是氍毹，至少是渠搜人的一種織品。

1989 年，新疆尉犁縣營盤三號魏晉墓出土了一件大型毛毯，長 260 釐米，寬 100 釐米，用白、紅、藍、綠、褐等色彩的毛絨、栽絨組成動物和幾何圖案，正中是獅子和卍字圖案。這種大型毛毯很可能就是氍毹，符合古代文獻的記載，既是毛褥，又有各種圖案，也可以作爲地毯，即《聲類》所說的毛席，《三輔黃圖》說用作規地。《南州異物志》說氍毹主要用羊毛織成，但是也夾雜其他動物的毛。

尉犁縣營盤魏晉墓出土的毛毯（周運中 2017 年 8 月 25 日攝於巴音郭楞州博物館）

二述印度衣飾云：「其所服者，謂僑奢耶衣及氎布等。僑奢耶者，野蠶絲也。」源自梵文 kauséya，是野蠶絲布，不是毛織品，見季羨林等校注《大唐西域記》，第 179 頁。馬雍也說 kośava 源自梵文的繭 kośa，既然如此，kośava 就不是氍毹，不是源自渠搜人。古人不可能分不清絲布和棉布，這種野蠶絲布也不可能在上古就傳到河西走廊，既不能禦寒，也得不到原料。

巴音郭楞州博物館藏古代毛毯殘片（周運中攝）

　　因爲渠搜是草，所以山西有草中戎，﹝註26﹞《左傳》宣公十六年：「晉士會帥師，滅赤狄甲氏及留籲、鐸辰。」甲氏 keap-zjiei 音近渠搜，甲的韻尾也是唇音。《左傳》宣公十六年：「晉士會帥師，滅赤狄甲氏及留籲、鐸辰。」甲氏 keap-zjiei 音近渠搜，甲的韻尾也是唇音。鐸辰 dak-zjiən 即古印度-伊朗語的南方 daksin，證明赤狄之中確實有來自中亞的伊朗語族群。

　　所以《禹貢》列舉的崑崙、析支、渠搜，其實是從關中向西北走，由近而遠。崑崙在今六盤山，析支在今甘肅到青海一帶，而渠搜在更西北。這一條路就是《穆天子傳》記載的道路，周穆王的去路經今靖遠、蘭州，上青藏高原，回路從河西走廊，經景泰、靖遠。

　　這一條路也是烏氏人的貿易之路，《史記・貨殖列傳》：「烏氏倮畜牧，及眾，斥賣，求奇繒物，間獻遺戎王。戎王什倍其償，與之畜，畜至用谷量馬牛。秦始皇帝令倮比封君，以時與列臣朝請。」烏氏在今固原之南，他們和西北的戎人貿易，即《禹貢》記載的崑崙、析支、渠搜之路，戎王應在今甘肅。

　　而烏氏就是龍部落，再看《穆天子傳》卷一：「於是得絕鈃山之隧，北循虖沱之陽。乙酉，天子北陞於□。天子北征於犬戎。」鈃山是汧山（隴山），虖沱是安定郡的滹沱，犬戎在今平涼。又說：「甲午，天子西征，乃絕隃之關隥。己亥，至於焉居、禺知之平。」平即今固原的高平之地，焉居是東遷的

焉耆人，很可能就是烏氏。禺知是東遷的月氏，漢代在烏氏縣之西，設月支道。焉耆和月氏在西域對應焉耆和龜茲，東遷也始終住在一起。在今慶陽，漢代有義渠道和鬱郅縣，也是這兩個部落。在山西，是燕京和榆次。《淮南子·地形》：「汾出燕京之山。」《竹書紀年》「太丁二年，周人伐燕京之戎，周師大敗。」前人或以為是在山西，其實就是周人西北的義渠，山西的燕京山是焉耆人東遷產生的另一個同源地名。

因為烏氏是龍部落，祭祀水神，地位很高，所以勢力很強。《穆天子傳》的河宗氏分佈到今靖遠，其實也是烏氏。所以烏氏人原來的地域不限於漢代的烏氏縣，而是一直向西北到達黃河。

# 第十二章　梁州地名考

## 第一節　岷山是山脈

岷山是今岷山，本無疑問，但是錢穆提出岷山原來不在今岷山，而在其南的邛崍山，岷山之名隨著人們對岷江源頭的探索而不斷北移，他認為岷山原來在今邛崍山的理由是《史記‧貨殖列傳》：「汶山之下沃野……乃求遠遷。致之臨邛，大喜，即鐵山鼓鑄，運籌策，傾滇蜀之民，富至僮千人。」臨邛在今邛崍，汶山即岷山，同書《張儀列傳》說：「大船積粟，起於汶山，浮江已下，至楚三千餘里。」〔註1〕我認為此說不可信，張儀所說的話不過是說客之詞，三千多里是概數而非確數。

上古的岷山本來就是山脈，《山海經‧中次九經》說岷山：「江水出焉，東北流注於海。」東北的崍山：「江水出焉，東流注於江。」再東北的崌山：「江水出焉，東流注於大江。」崌山應是嵎山之形誤，也即岷山，說明岷山是山脈。《海內東經》最末附錄一篇秦代的《水經》開頭說：「岷三江，首大江出汶山，北江出曼山，南江出高山，高山在城都西。入海，在長州南。」岷山流出三條江，說明是一列山脈。最南的高山也屬於岷山，在成都之西，已經靠近臨邛（今邛崍），錢穆未見《山海經》這兩段記載，不知岷山本來就包含今邛崍山。因為岷山在青藏高原東緣，從四川盆地來看，太過突出，所以古人就認為岷山是一列山脈，而不是一座單獨的山。

而且《史記‧封禪書》說：「自華以西，名山七……瀆山，蜀之汶山。」

---

〔註1〕錢穆：《古史地理論叢》，第 272 頁。

《漢書・地理志上》蜀郡說：「《禹貢》桓水出蜀山西南，行羌中，入南海。」湔氏道說：「《禹貢》崏山在西徼外，江水所出，東南至江都入海，過郡七，行二千六百六十里。」我認為，瀆山是濁山的通假，瀆 dok 和濁 deok 音近，濁通蜀，所以汶山即蜀山，而蜀山是桓水（今白龍江）之源，正是今松潘縣和九寨溝縣之間的分水嶺，也是岷江之源。說明秦代的岷山就在今岷山。岷山本來在徼外，蜀郡又有汶江道，在今茂縣，說明岷山一直在岷江上游，不是後世北移。

## 第二節　沱是池、潛是潛

《禹貢》梁州：「岷、嶓既藝，沱、潛既道。蔡、蒙旅平。」前人往往以為沱是長江支流的通名，潛是漢水支流的通名，理由是《爾雅・釋水》：「水自河出為灉，濟為濋，汶為灡，洛為波，漢為潛，淮為滸，江為沱。」長江的支流稱為沱，因為《召南・江有汜》說到江有汜、江有渚、江有沱，但是漢水的支流稱為潛找不到古籍的依據。

或以為沱水在成都之北，郭璞《爾雅音義》：「沱水自蜀郡都安縣湔山與江別而東流。」或以為郫江，《漢書・地理志上》蜀郡郫縣：「江沱在西，東入江。」或以為是《漢書・地理志上》蜀郡江原縣：「〔壽邑〕水首受江，南至武陽入江。」《尚書正義》懷疑是沱水。

我認為潛是一條河流的專名，西南讀音類似潛的地名太多，比如湔氏道（在今松潘）、湔江、潨水（今安昌河）、沈水（今鄪江），甚至渠江就叫潛水，《漢書・地理志上》巴郡：「宕渠，符特山在西南。潛水西南入江。不曹水出東北徐谷，南入灊。」灊即潛，我認為梁州的潛水即此渠江，因為其上游的南江，越過米倉山，到漢中之南，有池水，《漢書・地理志上》漢中郡南鄭縣（治今南鄭）：「旱山，池水所出，東北入漢。」池水即今南鄭縣的冷水河，池和沱是同源字，所以沱水即此冷水河。

所以下文說：「浮於潛，逾於沔，入於渭，亂於河。」即從潛水（今南江）越過旱山（今米倉山），經過池水（今冷水河）到漢中，再向北走褒斜道，越過秦嶺，到渭河。這條路在後世很不出名，但是在上古很重要，是巴人和中原的交通要道。現在陝西到四川所走的劍閣道原來是蜀人和中原的交通路線，但是巴人另有路線。《大雅・旱麓》即旱山之麓，詩云：「清酒既載，騂

牡既備。以享以祀，以介景福。」說明在旱山祭祀，《水經注》卷二七《沔水》：「漢水右合池水，水出旱山。山下有祠，列石十二，不辨其由，蓋社主之流，百姓四時祈禱焉。」印證了《旱麓》的祭祀。《後漢書》卷八六《南蠻列傳》說漢高祖看到巴人的歌舞說：「此武王伐紂之歌也。」則巴人也參加了周伐商之戰，他們很可能就是走《禹貢》所說的這條路到陝西。

## 第三節　蔡山是古邛崍山

《禹貢》梁州：「蔡蒙旅平。」司馬貞《史記索隱》：「蔡山，不知所在也。」孔穎達疏：「蔡山不知所在。」南宋歐陽忞《輿地廣記》：「蔡山在雅州嚴道縣。」南宋葉夢得竟以宋代嚴道縣（治今雅安）東五里的周公山為蔡山，明清人多引此說，清代閻若璩說宋代突然出現的說法不可信，而顧頡剛等人考證不出來，竟說蔡山是虛無縹緲之地，正是厚誣古人。

其實蔡山可考，而且歐陽忞所說可信。前人學術狹窄，不察唐代雅州治嚴道縣，治今雅安，而漢嚴道縣治今榮經，榮經最著名的是西南的邛崍山，今名大相嶺，在今榮經和漢源之間，唐宋在雅州、黎州之間。《元和郡縣圖志》卷三二雅州榮經縣：「邛崍山，在縣西五十里，本名邛筰山，故筰人之界也。山嵒峭峻，出竹高節實中，堪為杖，因名山也……九折阪，在縣西八十里。王陽為益州刺史，經此歎息，謝病去官。後王尊為益州刺史，至此叱馭而過。邛崍水，東流經縣北三十里。邛崍鎮，在縣西南八十里。」

《太平寰宇記》卷七七雅州榮經縣：

> 邛崍關，在縣西南七十里。隋大業十年置，約山據險，當雲南大路，以扼蕃夷之要害，唐亦因之不改……邛崍山，《山海經》：「崍山，江水出焉。」多雨少晴。

邛崍山即崍山，邛是族名，臨邛在今邛崍，邛都在今西昌，邛部在今越西。所以本名是崍山，《山海經·中次十經》說岷山出江水，東北流入海，崍山出江水，東流入江。岷山出的岷江，古人認為是長江正源。下一句說的是邛崍山（今大相嶺）出大渡河，東流入岷江。

蔡山即崍山，因為蔡、萊相通，《說文》：「蔡，草也。」蔡本來是草的通名，萊也是草，所以古人常說草萊。蔡是清母月部 tsat，萊是來母，舌齒鄰紐，讀音接近。

　　宋代人未必曉得蔡、萊相通，但是他們可以確定蒙山在雅州，《漢書‧地理志》蜀郡青衣縣：「《禹貢》蒙山溪，大渡水，東南至南安入渽。」據此蒙山在青衣縣（在今蘆山）西北，是今青衣江的發源地，在今寶興縣的西北。《元和郡縣圖志》卷三二雅州嚴道縣（治今雅安）：「蒙山，在縣南一十里，今每歲貢茶，爲蜀之最。」嚴道縣（治今雅安）之南，靠近榮經，但是蒙山在今雅安之北，此處所說或許有誤。《太平寰宇記》卷七七雅州盧山縣：「始陽山，在縣東七里，本名蒙山，唐天寶六年敕改爲始陽山，高八里，東道控川，歷嚴道縣，橫亙入邛州火井縣。」據此則蒙山在今蘆山縣東，又說名山縣：「蒙山，在縣西七十里。北連羅繩山，南接嚴道縣，《尚書》云蔡蒙旅平，即此山也。」名山縣西是蘆山縣東，則蒙山在今雅安與蘆山、邛崍之間。

　　前人指出，上古道路是從今邛崍，入蘆山東北的八步關（青龍關），到青衣縣（治今蘆山），到嚴道縣（治今榮經），過邛崍山。〔註2〕我以爲此說符合文獻和考古資料，所以蔡蒙旅平，指的是正是旅行平安。僞孔傳說：「祭山曰旅。」完全是附會，王引之《經義述聞》才說旅就是道，《爾雅》：「路、旅，途也。」我認爲王引之解釋正確。

　　宋代人自己不能考證出蔡山即崍山，宋代人是看到隋代之前的資料說蔡山在嚴道縣，指漢代嚴道縣的邛崍山，隋代移嚴道縣之名到今雅安，宋人照抄，誤以爲在宋代的嚴道縣，這是歪打正著。宋代的學術空疏，可見一斑。閻若璩駁斥宋代人之說，他說宋代之前的人都不知蔡山所在，宋代人所說未必可信。胡渭因此說蔡山是峨眉山，其實缺乏依據，不足爲據。如果蔡山是峨眉山，則在蒙山東南，順序顛倒，不是蔡蒙旅平，而是蒙蔡旅平。

　　古邛崍山不是今邛崍山，今邛崍山是大渡河和岷江分水嶺，從今邛崍市西部向北延伸。而今邛崍在漢代名爲臨邛，民國二年（1913 年）才改名爲邛崍縣，移用了古代山名，於是邛崍山也被人誤移到了現代邛崍的西北。古代的臨邛未必是因爲臨邛崍山而得名，因爲邛是族名，西漢邛都縣在今西昌，所以邛字地名可以分佈較廣。

---

〔註2〕〔晉〕常璩著、任乃強校注：《華陽國志校補圖注》，上海古籍出版社，1987 年，第 201 頁。

明代人嘉靖丙寅（1566年）在都江堰所寫的蔡蒙旅平碑文（周運中攝）

## 第四節　西傾是西羌

　　《禹貢》梁州：「西傾因桓是來，浮於潛，逾於沔，入於渭，亂於河。」西傾，前人皆以爲是西傾山，《漢書·地理志》隴西郡臨洮縣：「《禹貢》西傾山在縣西。」又蜀郡：「《禹貢》桓水出蜀山西南，行羌中，入南海。」《水經》：「桓水出蜀郡岷山，西南行羌中，入於南海。」

　　酈道元《水經注》卷三十六《桓水》：

　　　　《尚書·禹貢》，岷、蟠既藝，沱、潛既道，蔡、蒙旅平，和
　　　夷厎績。鄭玄曰：和上，夷所居之地也，和讀曰桓。《地理志》曰：
　　　桓水出蜀郡蜀山西南行羌中者也。《尚書》又曰：西傾因桓是來。馬
　　　融、王肅云：西治傾山，惟因桓水是來，言無他道也。余按《經》
　　　據《書》岷山、西傾，俱有桓水。桓水出西傾山，更無別流，所導
　　　者惟斯水耳。

　　桓水是今白龍江，酈道元說西傾山即岷山，但是今天的西傾山在青海省的河

南蒙古族自治縣到甘肅省瑪曲縣，在洮河源頭，距離不遠。

西傾別名強臺、西彊，《水經注》卷二《河水》：

> 河水又東，洮水注之。《地理志》曰：水出塞外羌中。《沙州記》曰：洮水與墊江水，俱出彊台山，山南即墊江源，山東則洮水源。《山海經》曰：白水出蜀。郭景純《注》云：從臨洮之西傾山，東南流入漢，而至墊江。故段國以爲墊江水也。洮水同出一山，故知彊臺，西傾之異名也。

《北史》卷九六《吐谷渾傳》：

> 阿豺兼併氐、羌，地方數千里，號爲強國。升西強山，觀墊江源，問於群僚曰：「此水東流，更有何名？由何郡國入何水也？」其長史曾和曰：「此水經仇池，過晉壽，出宕渠始號墊江，至巴郡入江，度廣陵入於海。」

我認爲，彊臺即羌臺，西彊即西羌。上古音的傾是溪母耕部 khiueng，羌是溪母陽部 khiang，讀音極近，所以西傾山其實是西羌山。現在淮揚話說把物體斜靠在某處，讀若嗆，其實是傾。所以西傾山不是一座山，而是一片山，指羌地的群山。因爲地處高原，人口本來稀少，上古人口更少，所以西傾山指代的面積很大。西傾山正是在羌中，而且桓水有一條支流就叫羌水，是今宕昌縣的岷江（不是四川的岷江），注入白龍江，即《水經注》卷三十二《羌水》，所以西傾山就是西羌山。今甘肅省隴西縣雲田鎮北站村傾家門村，還有傾姓，我曾經在蘭州遇到這個村姓傾的人。隴西靠近羌族，傾姓很可能源自羌人。

## 第五節　和夷是山夷

《禹貢》梁州：「和夷底績。」《史記集解》引馬融曰：「和夷，地名也。」酈道元《水經注》卷《桓水》引鄭玄曰：「和讀曰桓。」把和水解爲桓水，今白龍江。此說顯然不對，因爲下文說：「西傾因桓是來。」西傾指羌族，和夷在蔡、蒙二山之後，應在四川南部。

孔穎達疏：「和夷，平地之名。」此說也是臆測，宋代曾旼《尚書講義》：「自嚴道而西，地名和川，夷人居之。」《全解》：「今雅州猶有和鎮，此即和夷之故地也。」蔡沈《集傳》引晁氏曰：「和、夷，二水名。和水，今雅州滎經縣北和川水……所謂青衣水而入岷江者也。夷水，出巴郡魚復縣東……又

東過夷道縣北，東入於江。」王夫之說這兩條河隔三千里，顯然錯誤，和夷是和川之夷。胡渭《錐指》說《漢書·地理志》渽水是洮水之形誤，洮的讀音通和。

我以爲清代人的考據學和宋代人是天壤之別，和夷自然可以解釋爲和川之夷。但是史書不見和夷之名，此說可疑。既然已經越過邛崍山（今大相嶺），如果再越過小相嶺，則進入四川南部。唐代樊綽《蠻書》卷八：「山謂之和。」河夷即山夷，《蠻書》卷四：「河蠻，本西洱河人，今呼爲河蠻……貞元十年，浪詔破敗，復徙於雲南東北柘東以居。」這一支南遷的河蠻演變爲現代的哈尼族，哈尼 Hani 接近河的古音。河蠻原居雲南的西北部，哈尼族說藏緬語族語言，說明和夷指的是四川到雲南一帶的民族。

明代人嘉靖丙寅（1566 年）在都江堰所寫的蔡蒙旅平碑文（周運中攝）

# 第十三章　荊州地名考

## 第一節　荊州北界荊山是伏牛山

荊州北界的荊山，不是今天湖北的荊山，因爲荊楚的發祥地不在湖北，而在河南，丹陽是丹江之北。清華大學楚簡《楚居》說楚國祖先住在洲水，洲水即古均水（今淅川河）。〔註1〕《山海經・中次十一經》：「荊山之首，曰翼望之山。湍水出焉，東流注於濟。貺水出焉，東南流注於漢。」湍水是今湍河，東流注於濟，濟是淯之誤，淯水是今白河。貺水也是淯水之形誤，注入漢江。荊山是今欒川縣和內鄉縣之間的伏牛山，正是荊楚的發祥地。從嶓冢山經過秦嶺到伏牛山，正是一條連綿的山脈，再向東是平原。

伏牛山的東南靠近方城縣，所以下一句說：「內方，至於大別。」內方山在楚國的方城之內，向東南到大別山。方城在今河南葉縣西南的保安鎮前古城村，內方山在方城西南，在今方城縣的東南，正是在方城之內。荊山（伏牛山）和內方山之間是方城隘口，所以《禹貢》另起一句話來說內方山。古人竟誤以爲內方山在湖北，《漢書・地理志上》江夏郡竟陵縣：「章山在東北，古文以爲內方山。」在今鍾祥之南，此說缺乏根據，是漢代人的誤說。此地距離方城太遠，地處漢水岸邊，附近沒有顯著山丘要塞，所以不確。

荊州北界荊山是伏牛山，所以南陽盆地屬荊州，整個漢江流域屬荊州，這才符合地理形勢。如果荊山是今天湖北荊山，則荊州的位置太偏南，而且和梁州的北界秦嶺、揚州的北界淮河不銜接。而伏牛山是秦嶺的東延，東南

---

〔註1〕何琳儀：《楚都丹陽地望新證》，《文史》2004 年第 2 輯，第 11～14 頁。

延伸到桐柏山，又是淮河的源頭。這樣梁州、荊州、揚州三個南方州的北界才連貫，而且南陽盆地的文化本來就屬南方。西周在南陽盆地分封了很多國家，屬於所謂的漢陽諸姬，這時的南陽盆地才加速漢化。

## 第二節　沱是沌、潛是溠

《禹貢》荊州：「沱、潛既道，雲土夢作乂。」《爾雅·釋水》：「水自河出爲灉，濟爲濋，汶爲灛，洛爲波，漢爲潛，淮爲滸，江爲沱。」長江的支流稱爲沱，因爲《召南·江有汜》說到江有汜、江有渚、江有沱，但是漢水的支流稱爲潛找不到古籍的依據。

我認爲，潛是一條河流的專名，而且靠近雲夢澤，所以下一句提到雲夢澤。我認爲潛水即溠水，《水經注》卷二八《沔水》：「沔水又東得溠口，其水承大溠、馬骨諸湖水，周三四百里，及其夏水來同，渺若滄海，洪潭巨浪，縈連江沔。故郭景純《江賦》云：其旁則有朱、溠、丹、漅是也。」

上古音的潛是從母侵部 tsəm，溠是初母元部 tshean，讀音很近，所以潛水就是溠水，溠水出自雲夢澤，注入漢水。溠湖靠近今潛江，潛江雖然是北宋初年才設縣，但是縣名或有所本。

沱既然在雲夢澤，則也不在今荊州，《漢書·地理志上》南郡枝江縣：「江沱出西，東入江。」這個沱在今荊州之西，距離太遠。我認爲沱很可能是江漢之間的另一條支流，鄭玄就以爲：「華容有夏水，首出江，尾入沔，蓋所謂沱也。」他認爲沱水是夏水，因爲是長江支流，又在雲夢澤。

我認爲沱水很可能是沌水，讀音接近。《水經注》卷二八《沔水》：「沔水又東逕沌水口，水南通沌陽縣之太白湖，湖水東南通江，又謂之沌口。沔水又東逕沌陽縣北，處沌水之陽也。」沌水西北通漢水，東南通長江，中間是雲夢澤。南宋陸游《入蜀記》：「沌讀如篆……實江中小夾也……兩岸皆葭葦彌望，謂之百里荒……凡行沌中七日，自是泛江，入石首縣界。」這一片是水網，所以沌水向西，可通石首，其實是夏水的一段。沌讀如篆，可能因爲彎曲如篆字，今江蘇濱海縣的篆河就是因爲彎曲如篆字而得名。

沱通蛇，則沱很可能就是沌。《水經注》卷三二《梓潼水》提到大蛇出山的傳說，梓潼水在西漢稱爲馳水，馳通蛇，因爲梓潼河彎曲如蛇而得名。

荊州最末說：「浮於江、沱、潛、漢，逾於洛，至於南河。」沱、潛在江、

漢之間，如果把夏水的西段稱爲沱，則符合先到沱、再到潛的順序。

沌水的西段即夏水在溇水之西，上文說到江漢入海，又說到兩湖平原的九江，說明正是從西往東的順序，所以先說沱，再說潛。

## 第三節　滄浪是清泠

《禹貢》導水篇：「嶓冢導漾，東流爲漢，又東，爲滄浪之水，過三澨，至於大別，南入於江。」滄浪之水是漢江在古代武當縣西北（在今鄖縣）的一段，《水經注》卷二八《沔水》武當縣：「縣西北四十里，漢水中有洲，名滄浪洲。庾仲雍《漢水記》謂之千齡洲，非也。是世俗語訛，音與字變矣。《地說》曰：水出荊山東南流爲滄浪之水。是近楚都。故漁父歌曰：滄浪之水清兮，可以濯我纓，滄浪之水濁兮，可以濯我足。余按《尚書・禹貢》言：導漾水東流爲漢，又東爲滄浪之水，不言過而言爲者，明非他水決入也，蓋漢沔水，自下有滄浪通稱耳。纏絡鄢郢，地連紀鄀，咸楚都矣。漁父歌之，不違水地，考按經傳，宜以《尚書》爲正耳。」酈道元認爲，千齡洲是音誤。又說滄浪水是滄浪洲以下的漢江之名，因爲流經楚國的多個都城，所以屈原才提到滄浪。

其實酈道元不知，滄浪、千齡都是音譯，也可以寫成清泠，《山海經・中次十一經》豐山：「神耕父處之，常遊清泠之淵，出入有光。」豐山在今南陽，靠近漢江。下文又說高前山：「其上有水焉，甚寒而清，帝臺之漿也，飲之者不心痛。」清泠即清涼，《文選》宋玉《風賦》：「故其風中人狀，直慘悽惏栗，清涼增欷。清清泠泠，愈病析酲，發明耳目，寧體便人。」《玉篇》：「泠，清。」這是誤解，泠的同源字洌，也被很多人誤以爲是指清，《易・井》：「井洌寒泉。」《小雅・大東》：「有洌氿泉，無浸穫薪。」《毛傳》：「洌，寒意。」因爲寒冷，所以才說不要浸泡薪，如果是清澈就難以解釋。

漢江的每一段水質不可能相同，所以滄浪水不可能是滄浪洲以下的漢江通名。既然清泠、滄浪是清涼，則很多地方都可以有滄浪之水，屈原《漁父》所說的滄浪之水不必在漢江的滄浪洲，所以酈道元也就不必因此而把滄浪水一直牽扯到漢江下游。後人沒有看到《山海經》的清泠，自然就要誤信酈道元之說，誤以爲滄浪水是漢江的通名。

另外《水經注》卷二二《潁水》：「潁水又東南流，逕青陵亭城北。北對

青陵陂。」在今河南臨潁縣西南，青陵陂或許也源自清泠。

# 第四節　三澨

　　《禹貢》導水篇滄浪洲之下是三澨，《說文》：「澨，埤增水邊土。」《左傳》出現五次澨，都在楚地，說明是楚方言字。文公十六年：「自廬以往，振廩同食，次於句澨。」宣公四年：「王以三王之子爲質焉，弗受，師於漳澨。秋七月戊戌，楚子與若敖氏戰於皋滸。」成公十五年：「登丘而望之，則馳。聘而從之，則決睢澨，閉門登陴矣。」昭公二十三年薳越：「乃縊於薳澨。」定公四年：「左司馬戌及息而還，敗吳師於雍澨。」澨是軍隊駐紮和打仗的地方，又不是滸，還能決口，則很可能確實是堤壩。因爲漢水中游人口較多，所以才有可能和有必要建造很多堤壩。漢水下游是人煙稀少的雲夢澤，自然不需要也不可能有很多堤壩。

　　堤 te 是支部，澨 zjiuat 是月部，月部接近壩 peak 的鐸部。澨和壩的音轉關係，類似同源字噬和食的音轉關係，食 djiək 是職部。澨的韻部介於堤和壩、塘之間，因爲堤本來是中原用語，塘本來是南方用語，而澨所在的江漢正是在南方和北方之間。

　　揚雄《方言》卷六：「坻……場也。梁、宋之間，蚍蜉犁鼠之場謂之坻。」卷十：「垤，封，場也。楚郢以南，蟻土謂之垤。垤，中齊語也。」螞蟻堆土類似堤壩，梁宋之間稱爲坻 tyei，南楚和齊地稱爲垤 tjiet，坻、垤近堤，塘通場。堤本來是中原話，也影響了楚、齊。場通塘，原來可能是東南方言，漢代的場逐漸成爲中原用語，可能是因爲漢朝的統治者來自楚地，所以漢代的中原話受到楚文化的影響。

　　吳地稱堤壩爲塘，至今江南仍然把海堤稱爲海塘，六朝南京就有橫塘。堤和塘是同源字，源自抵和擋，堤壩抵擋河流。揚雄《方言》卷十：「拪，扰，推也。南楚凡相推搏曰拪……沅湧濮幽之語或曰擋。」郭璞注：「今江東人亦名推爲擋。」現在江淮人還把堤讀成堆，推對應堤。拪對應埤、陂，擋對應塘。楚地最南部和江東說擋，正是塘的由來。楚地北部多稱陂，源自拪，是江淮一帶的用語，中國史書中最早的陂多在這一帶，比如著名的芍陂。漢代的淮河流域有很多陂，現在湖北還有黃陂。江淮一帶，司馬遷《史記·貨殖列傳》也歸入南楚，所以揚雄說南楚人說拪。

　　至於三澨的位置，已經不可考，鄭玄說在竟陵縣（今鍾祥、潛江等地），《史記索隱》說是竟陵縣是三參水，其實讀音不合，未必正確。《禹貢錐指》認爲在襄陽，總之在漢水中下游。

　　導水篇的作者非常熟悉漢水和江水，不僅描述出滄浪洲、三澨，還記載了東陵這樣的小地名和長江口的分支，而對其他地方的河流描述則很普通，說明導水篇的作者很可能是熟悉楚地北部的中原人。導山篇的作者也熟悉楚地，把內方、外方分得很清楚，還記載了敷淺原這樣的小地名。因爲導山、導水不是《禹貢》原文，是後來附入，所以作者不是西北人。

## 第五節　陪尾山在江淮之間

　　導山篇說：「熊耳、外方、桐柏至於陪尾。導嶓冢，至於荊山。內方，至於大別。」外方山是在楚國方城之外的山，《漢書·地理志上》潁川郡密高縣（今河南登封）：「古文以崇高爲外方山也。」崇高即嵩山，嵩山距離方城太遠，顯然不可能是外方山，這是漢儒亂解古書。方城在今河南葉縣西南的保安鎮前古城村，外方山從今葉縣南部向東南，經過舞鋼，延伸到遂平縣西北。

　　其實從今方城縣西南的內方山到大別山，要經過桐柏山。但是《禹貢》導山篇作者依據的地圖不太精確，把淮河源頭桐柏山畫得偏東，所以被置入外方東南的山脈。從熊耳、外方、桐柏到陪尾的這一列山，和從內方到大別的一列山平行，陪尾不可能在今湖北，而應在桐柏山東南，在今江淮之間。《漢書·地理志上》江夏郡安陸縣：「橫尾山在東北，古文以爲陪尾山。」其實完全錯誤，地域不合，讀音也不合，橫和陪的讀音差別很大，豈能胡亂牽合。

　　元代吳澄《書纂言》認爲陪尾山是山東泗水縣的陪尾，很多人信從，其實也不對，距離太遠，而且中間隔著黃淮大平原。方向也不合，從熊耳到外方、桐柏是向東南，不會突然跳到東北。其實古人考證地名，不懂基本常識。考證地名，既不能看到一個字相同就胡亂牽合，也不能不顧地名通名而武斷選擇。世界上有很多地名是同源地名，但是位置不同。陪尾的陪是阜，阜尾就是一列山阜之尾，這種地名在很多地方都可以有陪尾這個地名。

　　春秋地名多有帶父、甫字者，如《春秋》定公十四年的莒父、桓公十二年的武父、昭公二十三年的雞父、《左傳》文公十七年的黃父、桓公十三年的冶父、昭公九年的城父，父、甫即山阜，梁父山又作梁甫，《左傳》雞父，《穀

梁傳》爲雞甫。〔註2〕負可同阜，負是奉母之部，阜是奉母幽部，之幽旁轉。所以負夏即夏丘，東夷是由越人和華夏融合而成，所以夷語受到越語影響，中心詞在修飾詞之前。越語即今侗臺語系，其中心詞就在修飾詞之前，類似的夷語地名還有城濮（在今鄄城縣西南臨濮鎮）、城鉏（在今濮陽市西南），其實城濮是濮城，此城在濮水岸邊。濮水早已湮沒，只有臨濮鎮之名留存。

　　還有負瑕在今山東兗州，即漢代的瑕丘縣，《史記・儒林列傳》有瑕丘江生、瑕丘蕭奮。《水經注》卷二五《泗水》：「瑕丘，魯邑，《春秋》之負瑕矣。哀公七年季康子伐邾，囚諸負瑕是也。應劭曰：瑕邱在縣西南。昔衛大夫公叔文子陞於瑕邱，蘧伯玉從。文子曰：樂哉斯邱！死則我欲葬焉。伯玉曰：吾子樂之，則瑗請前。刺其欲害民良田也。瑕丘之名，蓋因斯以表稱矣。曾子弔諸負夏，鄭玄、皇甫謐並言衛地，魯、衛雖殊，土則一也。」酈道元說瑕丘縣（負瑕）就是負夏，但是負夏在衛，不在魯，酈道元說魯、衛爲一，陳隆文認爲不對，他認爲負夏不是負瑕。〔註3〕《太平寰宇記》卷五七澶州濮陽縣說：「瑕丘在縣東南三十里，高三丈。」瑕、夏都是匣母魚部，雙聲疊韻，所以負夏也有可能是瑕丘。但是舜活動的雷澤、黃河都在濮陽附近，所以濮陽的負夏更有可能。〔註4〕

　　還有負函，《左傳》哀公四年：「夏，楚人既克夷虎，乃謀北方。左司馬眅、申公壽餘、葉公諸梁致蔡於負函，致方城之外於繒關……爲一昔之期，襲梁及霍。」我認爲，負函即函山，《左傳》襄公十六年：「庚寅，伐許，次於函氏。晉荀偃、欒黶帥師伐楚，以報宋揚梁之役。楚公子格帥師，及晉師戰於湛阪。楚師敗績。晉師遂侵方城之外，復伐許而還。」此時許國已經被楚人遷到葉（今葉縣舊縣鎮），湛阪在今駐馬店之東，今仍然有湛河之名。函氏在今襄城縣西南，正是丘陵，也即負函。梁、霍在今汝州，靠近襄城縣。繒關在《山海經・中次十一經》視水源頭的藏山，在今泌陽縣象河鄉，鄂君啓節說：「庚陽丘，庚方城，庚象禾，庚畐焚，庚繁陽，庚高丘，庚下蔡，庚居巢，庚郢。」象禾在方城之外，譚其驤釋畐焚爲漢代吳房縣，在今遂平縣。其東即上蔡，是蔡國故都。

---

〔註2〕程二行：《春秋都邑何多以父名》，《中國典籍與文化》2000 年第 12 期。

〔註3〕陳隆文：《負夏方足布地望考辨》，《古文字研究》第二十七輯，北京：中華書局，2008 年，第 352～355 頁。

〔註4〕周運中：《中國文明起源新考》，第 169～170、312～313 頁。

鄭張尚芳提出，上古山東和吳越的地名開頭的夫是山：

1. 夫椒（夫湫），即椒丘，《左傳》哀公元年夫椒，杜預注：「吳郡吳縣西南太湖中椒山。」

2. 《左傳》昭公四年夫於，杜預注在濟南於陵縣西北，說明夫即陵

3. 《左傳》桓公十一年夫鍾，在今山東寧陽縣北，有龔丘〔註5〕

陪尾山是山阜之尾，自然在今江淮之間，丘陵至此結束，所以《禹貢》說從熊耳、外方、桐柏到陪尾。安徽中部歷史上有很多浮山，比如明光北部的浮山，是梁武帝蕭衍浮山堰潰決慘案的發生地，樅陽北部原來也有浮山。《水經注》卷三十《淮水》：「淮水又東逕浮光山北，亦曰扶光山，即弋陽山也，出名玉及黑石，堪爲棋。其山俯映長淮，每有光輝。」浮光山在今光山縣西北，即今光山縣名由來，今已改屬息縣，今名濮公山，即浮光山古音的殘留。

所以陪尾山應該在今江淮之間，但具體位置難以確定，因爲這裡有很多小山，不知《禹貢》說的陪尾（阜尾）山在何處。

## 第六節　荊州之波與豫州之波

《禹貢》豫州：「伊、洛、瀍、澗既入於河，滎波既豬。導菏澤，被孟豬。」滎是滎澤，波應是另一個大湖，但是豫州找不到這樣一個大湖，於是古人有各種解釋，《史記‧夏本紀》作滎播，《索隱》：「播是水播溢之義。」此說可疑，因爲滎澤已瀦積，不可能再溢出。《周禮‧職方》豫州：「其浸波、溠。」鄭玄注：「波讀爲播。」《說文》：「潘，水名，在河南滎陽。」而且豫州波、溠這一句本來是荊州的錯簡，酈道元竟然未記載滎陽有潘水，所以此說可疑，很可能源自《禹貢》而原生地名。

鄭玄注《職方》豫州說：「自平底以後，滎澤塞爲平地，滎陽民猶以其處爲滎澤。」《史記索隱》引鄭玄注：「今塞爲平地，滎陽人猶謂其處爲滎播。」此處播是澤之誤，即便是播，也說不通，因爲不合《禹貢》體例，《禹貢》僅有震澤、菏澤，爲何下文說菏澤而上文說滎播？《管子‧五輔》：「導水潦，利陂溝，決潘渚，潰泥滯。」前人認爲潘渚是播溢的湖，潘也不應釋爲泊。

我認爲，上古音的波 puai 和圍 pha 接近，所以波就是圍田澤，《水經注》

---

〔註5〕 鄭張尚芳：《古吳越地名中的侗臺語成分》，《鄭張尚芳語言學論文集》，北京：中華書局，2012 年，第 637～638 頁。

卷二二《渠》：「《詩》所謂東有圃草也。皇武子曰：鄭之有原圃，猶秦之有具圃。澤在中牟縣西，西限長城，東極官渡，北佩渠水，東西四十許里，南北二十許里……水盛則北注，渠溢則南播，故《竹書紀年》梁惠成王十年，入河水於甫田，又為大溝而引甫水者也。」圃田澤是中原最大的湖，不可能不提。

　　至於《職方》豫州：「其浸波、溠。」荊州：「其浸潁、湛。」朱右曾據《說文》指出這兩句應該顛倒，因為潁、湛都在豫州，湛是汝水支流，在今襄城縣。《說文》潁：「豫州浸。」湛：「豫章浸。」豫章浸是豫州浸之誤。說明許慎看到的《職方》還未錯，或許是漢代人修訂。朱右曾雖然發現波應該在荊州，但是仍然從豫州去找波水。〔註6〕

　　溠水在今湖北隨州，波很可能是《左傳》定公四年的清發水（今溳水），《水經注》稱為清水，清發疑即清波，所以荊州的波水不是豫州的波水。所以《職方》豫州有圃田，而不提波。

---

〔註6〕黃懷信、張懋鎔、田旭東：《逸周書匯校集注》，第 981 頁。

# 第十四章　徐州名物考

## 第一節　嶧陽孤桐是梧桐

《禹貢》徐州：「嶧陽孤桐。」孔安國《傳》：「孤，特也。嶧山之陽特生桐，中琴瑟。」《大雅・卷阿》：「梧桐生矣，于彼朝陽。」東漢應劭《風俗通義》：「梧桐生於嶧陽山岩石之上，採東南孫枝以爲琴，聲甚清雅。」由於這句話來自後人輯佚，所以我們可能看不到原句全貌，不知原文是否認爲孤桐就是梧桐。我認爲孤桐確實是梧桐，因爲上古音的孤是見面魚部 kua，梧是疑母魚部 ngua，讀音很近，孤桐不可解，孤解釋爲特是望文生義，解釋爲梧桐才通。

古人認爲桐木是製琴的好材料，《鄘風・定之方中》：「樹之榛栗，椅桐梓漆，爰伐琴瑟。」《後漢書》卷六十下《蔡邕傳》：「吳人有燒桐以爨者，邕聞火烈之聲，知其良木，因請而裁爲琴，果有美音，而其尾猶焦，故時人名曰焦尾琴焉。」桓譚《新論・琴道》：「昔神農氏繼宓羲而王天下，亦上觀法於天，下取法於地，近取諸身，遠取諸物，於是始削桐爲琴，繩絲爲弦，以通神明之德，合天地之和焉。」由於琴難以保存，所以我們現在很難看到新石器時代的琴，但是我們從出土的大汶口文化禮器來看，當時很可能已有琴。

嶧陽是嶧山之陽，嶧山的位置，古人有多種說法，《漢書・地理志》東海郡下邳縣：「葛嶧山在西，古文以爲嶧陽。」下邳縣城在今睢寧縣古邳鎮，而上古的鄒國（在今鄒城）也有嶧山，《魯頌・閟宮》：「保有鳧繹。」繹即嶧山，《漢書・地理志》魯國鄒縣：「嶧山在北。」唐代李吉甫《元和郡縣志》卷十

兗州鄒縣:「嶧山,一名鄒山,在縣南二十里,《禹貢》曰嶧陽孤桐,即此也。」鄒縣說晚於下邳說,清代王先謙說:「嶧山在邳州西北嶧縣東,嶧縣以此名。」其實嶧縣是晚出的地名,不足爲據。劉起釪爲了調和以上三說,說從鄒城到嶧縣、下邳的山脈之南,都是嶧陽。〔註1〕

我認爲嶧山在古代下邳縣,因爲《禹貢》上一句說的羽山在今東海縣北,其西不遠就是下邳縣,下邳縣城在泗水岸邊,所以《禹貢》下一句就說泗濱浮磬,可見《禹貢》提到的三種樂舞器物夏翟、孤桐、浮磬都來自一個很小的地帶。翟是跳舞所用,《邶風·簡兮》:「左手執籥,右手秉翟。」徐州所貢五色土也是用於禮制,蚌埠雙墩的春秋鍾離國君墓發現用五色土作爲封土,我已有考證。〔註2〕《小雅·鼓鍾》描寫淮水的音樂說:「鼓鍾將將,淮水湯湯……鼓鍾欽欽,鼓瑟鼓琴,笙磬同音。以雅以南,以籥不僭。」

淮河流域是太皞伏羲氏之地,伏羲氏是中國禮樂的開創者,所以徐州一直是禮樂文化中心。江蘇泗洪順山集 8000 多年前的遺址,建有 1000 米長的壕溝,是淮河下游最早的新石器時代遺址,也是同時代面積最大的村落遺址。蚌埠雙墩 7000 多年前的遺址發現了 600 多件帶有刻畫符號的陶器,對中國文字起源的研究有重要價值。

古代下邳縣在新石器時代很可能是一個文化中心,今邳州的大墩子遺址就是重要的大汶口文化早期遺址,年代可以追溯到 6000 多年前,是全國重點文物保護單位。大墩子出土的彩陶器上有八角星圖案,這種圖案在湖南高廟文化、安徽凌家灘文化都有發現。大墩子遺址出土的獐牙勾形器,其實就是重要禮器牙璋的來源,還出土了玉環、玉墜、彩陶鼓、高腳杯,這些都是重要的禮器,說明這一帶確實是重要的文化中心。

我認爲這一帶在遠古時期能夠成爲文化中心,因爲正好在中原和大海之間,掌控海鹽向內地運輸的商路,所以積累了大量財富,才能發明很多禮器和禮樂文化。其北是山東丘陵,運輸不便。其南是江淮,上古人口稀少,所以遠古淮南的鹽業不如淮北發達。

前人已經指出羽山的名字來自夏翟也即鳥羽,但是前人沒有發現,嶧山的名字也是來自桐木製作的樂器,因爲懌、悅、豫、逸、娛、虞、樂都是同源字,《爾雅·釋詁》:「豫,樂也。」《廣韻》:「懌,悅也,樂也。」所以嶧

〔註1〕顧頡剛、劉起釪:《尚書校釋譯論》,第 612 頁。
〔註2〕周運中:《中國文明起源新考》,第 100 頁。

也可以通樂，上古音的嶧是以母鐸部 jak，樂是疑母鐸部 ngak，音近。

## 第二節　暨魚是貝類

徐州：「淮夷蠙珠暨魚。」前人已經發現蠙珠即蚌珠，蠙、蚌讀音接近。現在淮河岸邊還有蚌埠，江淮一直有用蚌殼製作工藝品的傳統。

但是前人不能解釋暨魚，南宋蔡沈說：「今濠、泗、楚皆貢淮白魚，亦古之遺制歟？」他懷疑這是古代貢魚的制度遺留，語氣既不肯定，又不是指魚而是說制度，因此我們不能由此得出暨魚就是淮白魚。但是今人竟然由此誤以為暨魚就是淮白魚，還肯定地說就是鮊（*Culterinae*），〔註3〕真是絕大的錯誤。暨魚未必是魚類，比如甲魚是爬行動物，鯨魚是哺乳動物，魷魚是軟體動物，鮑魚是甲殼動物，都不是魚類。

宋人治學，不明音韻。今按上古音的暨是見母物部 kət，讀音接近介，介是見母月部 keat，所以我認為暨魚就是介，也即貝類。《說文》：「介，畫也。從八，從人，人各有介。」許慎其實釋介為界，楊樹達認為介通間，是人在八之間，其實就是許慎之義。〔註4〕但是此說不能成立，我認為介字的甲骨文原字是鱗片的象形，所以甲殼即甲介。介 keat 和割 kat 是同源字，讀音很近，因為介的原義是鱗片，容易割傷人。介 keat 和骨 kuət 也是同源字，甲殼類似骨頭。

而且我們看到《逸周書·王會》記載四方進貢的物品，東南以貝類最多：「東越海蛤……於越納，姑妹珍，且甌文蜃，共人玄貝，海陽大蟹。」東越在今浙東，姑妹通姑蔑（在今金華），俞樾認為珍是珧之誤，《爾雅·釋魚》：「蜃小者珧。」說明姑妹獻的也是一種蜃。〔註5〕且甌是具甌之誤，通具區（今太湖）。共通龔，古代江南多龔姓。蟹的讀音接近介，也是一種甲殼動物。這些民族在今江蘇、浙江一帶，進貢的基本都是貝類。

寄居蟹稱為鮚，《漢書·地理志》會稽郡鄞縣（今寧波）：「有鮚埼亭。」顏師古注：「鮚音結，蚌也，長一寸，廣二分，有一小蟹在其腹中。」鮚的上古音是見母質部 kyet，其實是介、暨的同源字。既的本義就是結束，所以上古音的既 kət 和結 ket 讀音也接近，是同源字，所以暨（介）和鮚也是同源字。

---

〔註3〕 李零：《茫茫禹跡》，第 177 頁。
〔註4〕 楊樹達：《積微居小學金石論叢》，上海古籍出版社，2013 年，第 56 頁。
〔註5〕 黃懷信、張懋鎔、田旭東：《逸周書匯校集注》，第 838 頁。

　　貝類做成醬，比魚類容易保存，所以才能運輸到中原。揚州高郵人秦觀《以蓴薑法魚糟蟹寄子瞻》詩云：「鮮鯽經年漬醽醁，團臍紫蟹脂塡腹。後春蓴茁滑如酥，先社薑芽肥勝肉。鳧卵累累何足道，飣餖盤殽亦時欲。淮南風俗事瓶罌，方法相傳爲旨蓄。」他說家鄉風俗喜歡用瓶子醃東西吃，其中就有糟蟹，各種甲殼動物的肉都可以醃製保存。這種風俗很可能源自上古，所以《禹貢》提到淮夷的蟞魚。

　　淮夷在西周時期非常重要，《魯頌・泮水》：「憬彼淮夷，來獻其琛，元龜象齒，大賂南金。」周宣王時的兮甲盤銘文：「淮夷舊我貟晦臣，毋敢不出其貟、其責（積）。」師衰簋銘文：「淮夷舊我帛賄臣，今敢搏厥段，反厥工吏，弗速我東國。」西周不僅要淮夷進貢，還設工吏。淮夷和吳、越是在春秋時加快漢化，到戰國已經漢化，淮夷之名消失。西周淮夷所獻的元龜、象牙、南金都是非常貴重的物品，《禹貢》不提這些物品，《禹貢》說淮夷所獻蚌珠、蟞魚都是普通的物品，這或許也能看成是《禹貢》晚出的一個證據。

　　淮河下游靠近中原，所以上古爲中原提供了大量的貝類，變成食品、珠寶和貨幣，對中原歷史的影響很大。得字右上角原來就是貝，原字是手獲得貝的樣子，說明貝是古人非常難得的珍品。朋的原義也是貝，《小雅・青青者莪》：「既見君子，錫我百朋。」鄭玄箋注：「古者貨幣，五貝爲朋。」寶、資、貨、貴、貯、財、賄、賂、販、賒、貸、貿、購、買、賣、賈、賃、賺、賠、贖、贏、賽、賊、貪、貧的偏旁都是貝，可見貝是古人最重要的珍寶和商品。《淮南子・道應》：「大貝百朋。」賓、責、賞、賜、贈、贊、贄的偏旁也都是貝，說明貝是重要的外交和社交物品。戰國時期，楚國鑄造的金屬貨幣仍然保留貝殼的外形，現在人誤稱爲蟻鼻錢。

　　西周時期的小臣𧓊簋銘文說：「東夷大反，伯懋父以殷八師征東夷。唯十有一月，遣自𡔆𠂤，述東𨒌，伐海湄。雩厥復歸，才牧師，伯懋父承王令易師，率徵自五䱐貝。小臣𧓊蔑歷眔易貝，用作寶尊彝。」周軍東征到海邊，得到很多貝。小臣𧓊用這些貝貿易，製成這個簋。𨒌，或釋爲滕，在今山東滕州，或釋爲郯，在今山東郯城。〔註6〕從滕州或郯城向東，都是到達古代的東海（今黃海），都在上古徐州之地。我認爲五䱐的讀音非常接近贛榆，上古音的五 nga 接近贛 kan，鹵表示在海邊，所以很可能在今江蘇贛榆，方位也符合。這就證

<hr />

〔註6〕陳秉新、李立芳：《出土夷族史料輯考》，安徽大學出版社，2005 年，第 149 頁。

明上古的徐州確實是中原貝類主要的來源地，徐州的暨魚是貝類。

　　因爲淮夷出產商業最重要的貝幣，所以商人和東夷的關係非常密切。西周初年，東夷支持商朝的殘部反抗周人，周公東征三年才鎮壓下去。商人從族名轉變爲經商的人，說明他們很早就善於經商。正是因爲從商丘向東，有便捷的水網通往淮河下游，可以獲得很多貝幣、魚鹽及其他南方商品，轉運到中原。《史記・貨殖列傳》說：「陳在楚、夏之交，通魚鹽之貨，其民多賈。」陳（今河南淮陽）靠近商丘，商丘的情況應該類似。所以《商頌・長發》說：「相土烈烈，海外有截。」過去我們一直難以爲何相土向海外發展，現在看來正是爲了獲取海洋資源。過去我們對商朝的海洋文明認識不深，王國維的名文《殷周制度論》詳證商、周文化差異，〔註7〕我認爲商、周鬥爭的本質是東南海洋工商文明和西北內陸農業文明的鬥爭，周滅商是內陸文明對海洋文明的勝利。

---

〔註7〕王國維：《觀堂集林》，北京：中華書局，1959 年，第 451～454 頁。

# 第十五章 揚州名物考

## 第一節 島夷、卉服、織貝

《禹貢》揚州：「島夷卉服，厥篚織貝。厥包橘柚錫貢。」參照《禹貢》雍州織皮、梁州織皮，織皮是用獸皮編織爲衣服，織貝是用貝編織爲衣服。《漢書・地理志上》揚州是鳥夷，顏師古注：「鳥夷，東南之夷善捕鳥者也。」這個解釋顯然不通，各地人都可以擅長捕鳥。而且揚州的鳥夷，很可能是島夷，因爲上文有冀州鳥夷而連誤。

有學者認爲這裡的島夷就是臺灣，甚至包括琉球群島、日本列島，此說似乎稍遠。《禹貢》雖然成書於春秋戰國時代，但是作者是中原人，他對東南地區的瞭解很少。所以《禹貢》南部的三個州只有北界，沒有南界，文中說：「淮、海惟揚州……荊及衡陽惟荊州……華陽、黑水惟梁州。」揚州的北界、東界是淮河和大海，荊州的北界是荊山（伏牛山）和衡山（大別山）之陽，梁州的北界、西界是華山之陽和西部的黑水，這三個州沒有南界，因爲作者不知。揚州的東界是大海，《禹貢》的作者是西北人，可能知道閩浙島嶼，但不知道臺灣。

卉就是草，卉服即用草做的衣服，現在太平洋諸島還有草裙。《史記・夏本紀》，《集解》引孔安國曰：「南海島夷，草服葛越。」《正義》按：「東南之夷，草服葛越，焦竹之屬，越即苧祁也。」《漢書・地理志上》，顏師古注：「卉服，絺葛之屬。」古代瓊州（今海口）地方志說：「南中所出木綿、吉布、苧蕉、麻皮，無非卉也。」〔註1〕說明古人早已認識到卉服的多樣性，不僅有葛

---

〔註1〕 〔宋〕王象之撰、李勇先校點：《輿地紀勝》，四川大學出版社，2005 年，第 3931 頁。此句原爲無非花卉也，據《方輿勝覽》卷四三瓊州改。

布、苧布、竹布、蕉布衣服，可能還包括木棉衣等，還有學者認爲包括樹皮衣。〔註 2〕《太平寰宇記》卷一六五象州（今廣西象州縣）土產：「有古紵，俚人績以爲布，《尚書》云島夷卉服，此也。」

鄭玄云：「貝，錦名。《詩》云：萋兮斐兮，成是貝錦。」《毛傳》：「貝錦，錦文也。」織貝是織錦上的貝紋，或許是漢人的想像。宋代人接觸到了華南的民族，所以有了吉貝的新解，蘇軾說：「南海島夷績草木爲服，如今吉貝木棉之類，其紋爛斑如貝，故曰吉貝。」南宋蔡沈《尚書集傳》：「今南夷木棉之精好者，亦謂之吉貝。」

南方民族稱木棉爲吉貝，夏德（Hirth）認爲是馬來語 Kāpas 音譯，勞費爾認爲來自印度的巴那語 Käpaih。〔註 3〕所以織貝很可能是棉布，這與卉服相印證。但是此說也有問題，因爲吉貝譯爲兩個字，爲何單獨提一個貝字？這樣太容易和貝殼混淆，而且吉貝在上古是否非常重要？中原人是否能知道吉貝的讀音？雖然印度人很早就到了東南亞，但是熱帶地方人原來不需要穿太多衣服，所以棉布未必在上古就傳播到中國沿海，吉貝說值得懷疑。

近現代人發現臺灣土著有貝殼編成的衣服，林惠祥認爲這就是這就是《禹貢》的織貝，凌純聲指出這種貝衣不限於臺灣一地，劉起釪認爲《禹貢》的織貝是貝衣，但是不是指臺灣土著，而很可能是舟山群島的土著。〔註 4〕我認爲劉起釪的觀點太北，應該南延到浙南和福建的海島，這裡也有很多海島，而且浙東南的土著和南島民族同源。

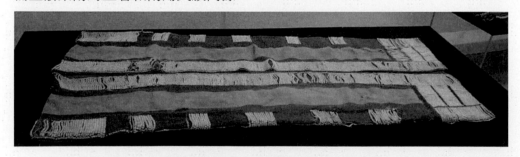

林惠祥在臺灣收集的土著貝珠衣（周運中攝於 2017 年 12 月 28 日）

孫吳沈瑩《臨海水土異物志》說：「安家之民，悉依深山，架立屋舍於棧

〔註 2〕 吳春明：《「島夷卉服」、「織績木皮」的民族考古學新證》，《從百越土著到南島海洋文化》，文物出版社，2012 年，第 187～202 頁。
〔註 3〕 〔美〕勞費爾著、林筠因譯：《中國伊朗編》，第 344 頁。
〔註 4〕 顧頡剛、劉起釪：《尚書校釋譯論》，第 637～639 頁。

格上，似樓狀。居處、飲食、衣服、被飾與夷州民相似。父母死亡，殺犬祭之，作四方函以盛屍。飲酒歌舞畢，仍懸著高山岩石之間，不埋土中作冢也。今安陽、羅江縣民是其子孫也。」安陽應爲羅陽，西晉改爲安固，在今浙江瑞安市，羅江縣在今浙江蒼南到福建福鼎一帶。安陽、羅江二縣的先住民安家人和夷洲（臺灣）人風俗相似，凌純聲從干欄建築、崖葬、獵頭、鑿齒、木鼓、犬祭六個方面，論證臺灣先住民和安家人同源，二者都是大陸越人的後裔，前者是南渡到臺灣一支，後者是進入到山區一支。〔註5〕安家人也即云家人，弘治《八閩通志》卷十二《地理》福寧州（治今霞浦縣）白水江：「《舊記》云，閩之先居海島有七種：盧亭、白水郎、樂山、莫徭、遊般子、山夷、雲家之屬是也。此江在州西南一百七十里，先是白水郎停舟之處因名。」其實盧亭就是白水郎、遊艇子，遊艇子形訛爲遊般子，這是水上的疍民。雲家無疑是安家，讀音接近，這就是《臨海志》說的羅江縣安家人。

關於浙閩沿海的土著文化和南島文化的關係，我已有論述，〔註6〕本處不再贅述。總之，島夷卉服和織貝主要指的是浙閩沿海的土著民族，可能是指用各種植物材料紡織服飾，更有可能是指用貝殼製作的衣服。

## 第二節　包即柚

有學者把《禹貢》揚州「包橘柚錫貢」和臺灣所出水果聯繫起來，〔註7〕其實這也未必能成立，因爲這些水果見於中國南方多地，不止臺灣出產。這位學者又引孔安國之說，解釋爲包裹橘柚，我認爲這裡的包不是包裹，因爲這不合《禹貢》體例。《禹貢》講貢品只用筐、貢二字，沒有包字。揚州說到的錫貢，亦見於豫州「錫貢磬錯」和荊州「九江入錫大龜」，既言入，應是入貢，所以荊州原文也應是錫貢，因此包應是一種貢品。

我認爲，包就是上古南方人對柚子的稱呼，柚子的別名是香拋，現在中國東南諸多方言還把柚子稱爲拋或包，廈門、福州話都說 pau，溫州話是 pɔ。據學者研究，這個字的源頭是越語，現在壯語還把柚子稱爲 pau 或 puk、pok，

〔註5〕凌純聲：《古代閩越人與臺灣土著族》，《中國邊疆民族與環太平洋文化》，臺北：聯經出版事業公司，1979 年，第 363～387 頁。
〔註6〕周運中：《中國南洋古代交通史》，第 30～51 頁。
〔註7〕李祖基：《〈禹貢〉島夷「卉服」、「織貝」新解》，《臺灣歷史研究》，臺海出版社，2006 年，第 6～8 頁。

柚子最早是越人栽種。現在南方漢語把品質稍差的柚子稱爲拋，這是後來的分化，拋是較早出現的品質。〔註8〕《禹貢》的包就是柚子的本名，指柚子的一種。

前秦道士王嘉的《拾遺記》卷十《諸名山》記載了海外五大神山，我據此考證出蓬萊是指呂宋島，方壺是澎湖島，瀛洲是夷洲，即臺灣島，〔註9〕其實此書卷三另有一則有關東南海外五大神山的記載說：

> 扶桑東五萬里，有磅磄山……鬱水在磅磄山東，其水小流，在大陂之下，所謂沉流，亦名重泉……中有白橘，花色翠而實白，大如瓜，香聞數里。

磅磄音近方丈，上古音的磅是旁母陽部 phang，方是非母陽部 piang，丈是定母陽部 diang，磄也是定母陽部 dang。我已考證方丈是方夫之形訛，即方壺、澎湖。大陂就是大湖，就是馬公內港，就是澎湖的原名平湖的由來。白色的大橘子，香飄數里，其實就是柚子。

既然到了秦漢六朝時期的柚子仍然是出自閩南的珍貴水果，則上古的柚子更不可能出自浙江北部，而是應該來自浙南到福建。

# 第三節　瑤琨即玉

許慎《說文》說瑤是玉之美者，琨是石之美者。僞《孔傳》：「瑤、琨，皆美玉。」《左傳》昭公七年，杜預注引僞《孔傳》說是美石，《釋文》說都是美石。孔穎達說，琨或以爲石，或以爲是玉。引王肅說：「瑤琨，美石，次玉者也。」古人實在是不能解釋。

我以爲，瑤琨這種構詞，很可能是源自非漢語。玉的爪哇語是 giok，泰語是 yòk，漢語的上古音是 ngiok，無疑是同源字。阿拉伯語是 yašb，印歐語的 jade，讀音也很接近，也都是同源字。

泰語的 yòk，讀音非常接近瑤琨。泰語屬侗臺語系，吳越人原來使用的就是這類語言，所以揚州瑤琨是古越語玉的音譯。

世界上唯有環太平洋的民族尊崇玉，除了中國，還有日本等東亞國家，還有太平洋上的南島民族，比如毛利人。還有中美洲的古文明，中美洲的這

---

〔註8〕 周振鶴、游汝傑：《方言與中國文化》，上海人民出版社，2006年，第114～115頁。

〔註9〕 周運中：《上古東南海外五大神山考實》，《海交史研究》2016年第1期。

種習俗很可能來自南島民族。而南島民族的家鄉在中國東南，所以崇玉的傳統源自中國的東南。所以漢語的玉很可能也是源自古越語，所以瑤琨雖然是越語的漢譯，其實是玉的本字。

　　中國古代早期的美玉都來自東南，比如安徽含山凌家灘文化出土精美的玉器，類似的造型在東北的紅山文化也有。對比容易發現，紅山文化的類似造型，顯然是對凌家灘文化的模仿。

安徽省博物院藏凌家灘文化玉鳥（周運中攝於 2011 年 10 月 12 日）

　　良渚文化有最精美的玉器，而且《越絕書》第十三《記寶劍》風胡子對楚王說：「軒轅、神農、赫胥之時，以石爲兵……至黃帝之時，以玉爲兵……禹穴之時，以銅爲兵……當此之時，作鐵兵，威服三軍。」史書唯一記載的玉器時代，出自吳越人之口。良渚文化的琮，成爲夏朝的禮器，說明良渚文化的玉對中國文化影響深遠。

　　喜歡玉石一類寶石的傳統可能是遠古人類的共同風俗，所以人類有表示玉石的遠古同源詞，比如希臘人稱錫爾河爲珍珠河 Yakhsha，漢譯爲藥殺水。突厥語、波斯語、阿拉伯語的寶石都是 yaqut，漢譯爲鴉鶻石。〔註10〕Yakhsha、Yakut 的讀音都接近漢語的玉 ngiok，這類寶石都有共性，說明這些詞語源自遠古的人類共同語。關於遠古人類共同語的例證還有很多，這裡就不再贅考。

---

〔註10〕方齡貴：《古典戲曲外來語考釋詞典》，漢語大詞典出版社、雲南大學出版社，
　　　　2001 年，第 447～448 頁。

# 後 記

　　我在小學時聽說九州，但是中學時才注意到《禹貢》。2003 年 11 月在南京大學本科三年級時，開始立志研究《禹貢》，用一個專門的筆記本記載有關九州的研究資料和我的心得。2010 年，我在《北大史學》第 15 輯發表《論九州異說的地域背景》，收入本書第一章。2017 年，陳立柱先生邀我參加 10 月 28～29 日華南師範大學歷史文化學院的九州問題學術研討會，我提交了論文《禹貢新探》，在會議期間使用的論文集刊出。可惜因爲我去德國慕尼黑參加另一個學術會議，而未能到會。我在會前，已經寫出本書前四章，提交給會議的部分收入本書第一章和第二章。

　　我在《地方文化研究》2016 年第 2 期發表了《彭蠡澤名由來與彭氏、雷氏》（遼寧的《中國地名》雜誌社未經本人和原刊同意，擅自縮改此文，刊於《中國地名》2019 年第 2 期，經本人要求，該刊第 3 期最末說明是編輯行爲），擴充爲本書第七章、第八章。2017 年 7 月，我提交《僚人從綦渝北遷閬中與梁州由來》給在重慶綦江舉行的第二屆僚學研究國際學術研討會，收入當年 12 月出版的《僚學研究》第二輯，即本書第三章第四節。我在 2018 年 11 月 17～18 日參加南京大學的「文獻記載與考古發現：海上絲綢之路的新探索」學術研討會，提交《從碣石到南京的方士航路》，擴充爲本書第六章。

　　本書第九章的內容是我在多年前寫出初稿，曾經想收入我 2015 年在花木蘭文化出版社出版的《中國文明起源新考》，後來我在交稿前自己刪除，現在收入本書。2018 年春節前，我連續多日在圖書館查閱《禹貢》半月刊。我在 2018 年春夏，已經寫出本書多數內容。2018 年 12 月以來，我又寫出本書最後幾章，基本完成本書。

　　我的有些觀點，雖然寫成和發表時間較晚，但是我思考和提出的時間則較早。本書從設想到完成，用了十五年。其間我在多所大學讀書、工作，搬家十多次，並娶妻生子。現在終於寫成此書，並有幸出版，可以說是實現了少年時代的一個學術願望。

　　因為古書之間有緊密聯繫，《禹貢》、《山海經》、《王會》、《職方》、《穆天子傳》、《淮南子‧地形》等不可能單獨被破解，必須要統合研究。上古地理學的研究，必須要結合語言文字學、考古學、民族學、生物學和外國史等多學科。因此研究一個問題需要很長時間，破解了一個問題也就破解了很多問題。《禹貢》和其他古書的關係，有些留待未來寫出。九州說在後世的影響，因為不屬於考源的研究，所以本書不多涉及。

　　感謝我的家人、師長、朋友們多年來給我的支持，感謝我的博士導師周振鶴先生給我很多鼓勵並饋贈他的多部相關著作，感謝孔祥軍兄饋贈他的大作《清人經解地理考據研究》。感謝陳立柱先生組織學術研討會，並給我很多重要的學術信息。感謝《地方文化研究》編輯部的吳啓琳兄約稿，感謝綦江區博物館的周鈴館長邀請我到綦江考察並組織學術會議，感謝楊曉春老師邀請我參加南京大學的會議。更重要的是，非常感謝花木蘭文化出版社再次幫我出書。

2019 年 3 月 15 日於廈門家中